"十二五"职业教育国家规划教材 修订版

经全国职业教育教材审定委员会审定

城市轨道交通运营安全管理

第 2 版

主 编 任 萍
参 编 张进奎 宋利明
主 审 朱士友

机械工业出版社

本书是"十二五"职业教育国家规划教材修订版,是根据《教育部关于"十二五"职业教育教材建设的若干意见》及教育部2019年颁布的《高等职业学校专业教学标准》,同时参考城市轨道交通岗位群的职业资格标准编写的。

本书结合职业院校学生的认知特点,语言文字通俗易懂,叙述浅显明了,辅以大量的案例、图片和作业程序,主要内容包括安全设备运用,客运安全管理,行车安全管理,施工安全管理,安全制度管理。

本书可供高等职业院校轨道交通相关专业使用,也可作为相关岗位培训用书。

本书配套有电子课件,选用本书作为授课教材的教师可登录 www.cmpedu.com 下载或来电咨询:010-88379375。

图书在版编目(CIP)数据

城市轨道交通运营安全管理/任萍主编. —2版(修订本). —北京:机械工业出版社,2020.11(2025.6重印)
"十二五"职业教育国家规划教材
ISBN 978-7-111-65371-4

Ⅰ.①城… Ⅱ.①任… Ⅲ.①城市铁路—交通运输安全—交通运输管理—高等职业教育—教材 Ⅳ.①U239.5

中国版本图书馆CIP数据核字(2020)第062521号

机械工业出版社(北京市百万庄大街22号 邮政编码100037)
策划编辑:曹新宇　责任编辑:曹新宇 臧程程
责任校对:杜雨霏　封面设计:张　静
责任印制:单爱军
北京盛通数码印刷有限公司印刷
2025年6月第2版第10次印刷
184mm×260mm・14印张・317千字
标准书号:ISBN 978-7-111-65371-4
定价:45.00元

电话服务　　　　　　　网络服务
客服电话:010-88361066　机 工 官 网:www.cmpbook.com
　　　　　010-88379833　机 工 官 博:weibo.com/cmp1952
　　　　　010-68326294　金 书 网:www.golden-book.com
封底无防伪标均为盗版　　机工教育服务网:www.cmpedu.com

第 2 版前言

城市轨道交通是城市公共交通系统的骨干力量，担负着支撑城市发展、缓解交通拥堵、减少环境污染等重要任务。作为现代化城市建设的重要基础设施，我国城市轨道交通的发展日新月异，开通运营的城市日益增多，运营里程快速增加，线网规模不断扩大，客运量迅速攀升。截至 2019 年 12 月 31 日，我国（不含港澳台地区）已有 40 个城市开通城市轨道交通运营线路，运营里程达 6 733.27km。同时，还有在建里程 6 000km 以上，预计到 2025 年，开通运营城市轨道交通的城市将超过 50 个，运营里程将超过 12 000km。城市轨道交通的快速发展极大地提高了交通便利性，同时也增大了运营安全的压力，对于安全管理提出了更高的要求。

近年来我国发布了一系列技术管理文件，从国家层面对城市轨道交通运营进行了统一规范，改变了过去那种缺乏全国性的统一标准、各城市自成体系的局面。建立统一的技术管理体系是城市轨道交通发展的需要，使各地城市轨道交通运营走上统一规范的道路，有利于促进行业进步及技术提升，大大加强了安全风险管控能力，保证了技术设备的安全稳定运行及运营组织的高效有序运转。

城市轨道交通的高速发展和技术规范的逐步统一，是推动本书修订的直接原因。现对修订内容进行介绍：首先，增加了基于交通运输部文件的安全制度管理，删除了带有地方色彩的安全监督和事故处理制度；其次，修订过时老旧的内容，例如，删除了车站安全护栏和站台安全线以适应车站装设屏蔽门为主流的现实情况、采用了新的危险品种类分类标准、增加了通过计算机实现智能化施工管理的内容等；第三，对部分章节顺序进行了调整，使得教材编排更有逻辑性；第四，新增或更换了警示性和时效性更高的案例。

城市轨道交通是一个庞大的系统，安全是永恒的主题，本书紧紧围绕运营安全，向学生灌输安全第一的思想，牢固树立安全生产意识。同时，本书以进步与安全为主线，在强化专业知识的同时，以潜移默化的方式帮助学生形成正确的价值观。学生通过学习城市轨道交通的快速发展、技术的不断进步、管理的逐步规范，感受到祖国的繁荣昌盛，增强爱国热情和民族自豪感，培养职业荣誉感与专业认同感。

本书由河北轨道运输职业技术学院任萍担任主编，参编为河北轨道运输职业技术学院的张进奎、广州市地下铁道总公司的宋利明。具体分工如下：任萍编写了第一章、第三章、第五章，张进奎编写第二章，宋利明编写第四章。

随着城市轨道交通的不断发展，新的技术管理规章及文件必然会不断出台，本书也必然不断面临与时俱进的问题。因此，在使用时，不应只拘泥于教材内容，应充分结合当时现行的新规定新办法。

限于作者的水平，书中难免有疏漏与不足之处，恳请各位读者批评指正。

编 者

第1版前言

本书是按照教育部《关于开展"十二五"职业教育国家规划教材选题立项工作的通知》，经过出版社初评、申报，由教育部专家组评审确定的"十二五"职业教育国家规划教材，是根据《教育部关于"十二五"职业教育教材建设的若干意见》及教育部新颁布的《高等职业学校专业教学标准（试行）》，同时参考城市轨道交通岗位群的职业资格标准编写的。

本书经过长时间的调研，总结吸收了部分地铁、轻轨企业的安全管理经验，面向高职院校的学生，从安全的角度阐述城市轨道交通管理；突出了职业教育的特点，围绕职业能力的形成，着眼于培养技能型人才。本书不仅仅满足于岗位需求，还充分考虑了学生的职业能力发展，除了要求学生学会站务员、值班员、调度员等主要就业岗位的安全知识和技能之外，还注重教育学生站在基层管理者的角度，从安全方面思考城市轨道交通的整个运营体系。

本书结合职业院校学生的认知特点，尽量减少生涩难懂的专业术语，语言文字通俗易懂，叙述浅显明了，讲解细致，容易理解，并辅以案例，力求让有城市轨道交通基础知识的学生通过自学也能够看得懂，并尽可能使用图片、图示、作业程序等形式，直观形象、生动活泼、逻辑性强，可以增强学生的感性认识，在头脑中留下更深刻的印象。

本书主要内容包括安全管理概述，轨道交通安全技术，客运安全管理，行车安全管理，施工安全管理，轨道交通安全监督管理，事故报告、调查、分析与处理。每个教学内容主要分为理论知识、拓展提高、复习训练三大部分。"理论知识"由具体生动的案例引入，以叙述为主，辅以图片、图示和作业程序等，以通俗的语言介绍城市轨道交通安全管理的有关知识。"拓展提高"主要介绍新型安全设备或技术、与安全有关的作业知识、特殊情况的安全措施等，可以拓宽学生视野，进一步延伸相关知识。"复习训练"包含"理论复习"和"实践训练"两部分，"理论复习"是对理论知识的综合检验，包括填空题、选择题、判断题和简答题四种常见题型，总量100道左右，可以为期末试题提供参考；"实践训练"要求学生站在城市轨道交通管理人员的角度，在假想的工作情景中，从各方面寻找安全有效的管理办法，提高学生解决实际问题的能力。

本书编写团队由行车专业教师、客运专业教师和地铁公司管理人员组成，编者在各自领域都有20多年的从业经历，专业知识扎实，教学和实践经验丰富。本书由河北轨道运输职业技术学院任萍主编，广州市地下铁道总公司朱士友任主审，参编人员包括河北轨道运输职业技术学院牛凯兰、张进奎、李欣辉和广州市地下铁道总公司宋利明。具体分工如下：牛凯兰、李欣辉编写第一章、第六章、第七章，任萍编写第二章、第四章，张进奎编写第三章，宋利明编写第五章。

第1版前言

　　本书在编写过程中，得到了广州地铁、深圳地铁、南京地铁、上海地铁、天津滨海快速交通等公司的大力支持，在此表示衷心的感谢！本书还参考了部分城市轨道交通企业的运营资料及一些学者发表的相关文献，具体名称已列于书后，在此谨向各个部门及各位作者表示诚挚的谢意。本书经全国职业教育教材审定委员会审定，教育部专家在评审过程中对本书提出了很多宝贵的建议，在此对他们表示衷心的感谢！

　　目前，城市轨道交通并没有形成全国统一的标准，各个城市，甚至同一个城市的各条线路，在设备设施、作业方式和运营管理等方面均有较大差异。编者未能介绍全国所有城市的轨道交通，书中内容难免有局限之处，请各位读者谅解。另外，由于编者水平有限，对安全管理的认识和分析尚有许多不足，真诚地希望读者和同行予以批评指正。

编　者

目 录

第2版前言
第1版前言
第一章 安全设备运用 1
理论知识 1
    第一节 列车安全设备运用 1
    第二节 车站安全设备运用 13
    第三节 消防系统运用 30
    第四节 环境控制系统运用 39
拓展提高 43
    疏散平台介绍 43
    防淹门介绍 44
复习训练 44
    理论复习 44
    实践训练 46

第二章 客运安全管理 47
理论知识 47
    第一节 客运职工安全管理 47
    第二节 乘客安全管理 59
    第三节 客运票务安全管理 71
    第四节 客运突发事件应急处理 79
拓展提高 97
    地铁发生火灾时乘客逃生指导 97
    地铁列车相撞时乘客应急逃生指导 98
    地铁现场紧急救护 98
复习训练 99
    理论复习 99
    实践训练 100

第三章 行车安全管理 101
理论知识 101
    第一节 列车运行安全管理 101
    第二节 行车调度安全管理 119
    第三节 车站作业安全管理 132
    第四节 调车作业安全管理 151
    第五节 行车事故救援 154
拓展提高 161
    公交接驳 161
    控制中心紧急疏散 162
    车站紧急疏散 162
复习训练 163
    理论复习 163
    实践训练 166

第四章 施工安全管理 167
理论知识 167
    第一节 施工组织安全管理 167
    第二节 施工作业安全规范 179
拓展提高 192
    抢修作业组织 192
复习训练 193
    理论复习 193
    实践训练 194

第五章 安全制度管理 195
理论知识 195
    第一节 安全生产预防制度 195
    第二节 运营险性事件管理制度 200
    第三节 应急处置管理制度 204
拓展提高 214
    城市轨道交通初期运营前安全评估 214
复习训练 215
    理论复习 215
    实践训练 215

参考文献 216

第一章

安全设备运用

城市轨道交通系统是指采用专用轨道导向运行的城市公共客运交通系统，包括地铁系统、轻轨系统、单轨系统、有轨电车、磁浮系统、自动导向轨道系统和市域快速轨道系统。在这个庞大的系统里，又包括轨道、车辆、供电、通信、信号、通风空调与采暖、给水排水和消防、火灾报警、环境及设备监控、自动售检票、自动扶梯和电梯、屏蔽门、乘客信息等技术设备。每一个技术设备都是城市轨道交通安全运营的物质基础，都与安全息息相关，在正常使用时，应符合安全性、可靠性、可用性和可维护性的基本要求。城市轨道交通技术设备应具备可靠的安全性能，能够有效地防火、防淹、防雪、防滑、防爆和防雷等。对于城市轨道交通系统中保证安全的技术设备，应易于辨识，设于方便操作的位置，并训练及教育有关人员熟练使用，一旦发生故障、事故或灾难，可迅速按规范操作，防止不良后果进一步扩大。其中供乘客自行操作的安全技术设备，即使发生乘客操作不当，也不至于发生危及乘客安全的事件。

理论知识

第一节　列车安全设备运用

案例引入

案例 1：乘客误动车门紧急解锁装置导致列车紧急制动

一名 10 岁左右的小男孩乘坐某地铁列车时，站在椅子上打开了紧急解锁装置的防护罩，并转动手柄，使车门打开不到 10mm 的缝隙，列车失去牵引力，在尚未进站的情况下紧急制动，晚点 3min。列车司机收到紧急解锁手柄被解锁的信息后，立刻前往该车厢，使用钥匙对该紧急解锁装置进行复位，确认车门关闭良好，列车恢复运行。

案例2：乘客在停站期间擅自操作车门紧急解锁装置导致列车报警

某市地铁二号线一列车于11:10在某站上行站台作业完毕后，驾驶室显示5车1门蓝色报故障，列车司机再次开关门该故障解除。经查看监控视频得知，列车行驶至该站后，有乘客于11:09:36打开车门紧急解锁装置罩板操作紧急解锁手柄，又于11:10:02恢复紧急解锁装置，然后离开了车站。

案例3：列车在区间隧道发生故障，利用紧急疏散门疏散乘客

因大雨造成某市地铁隧道道床隆起，导致列车抬升并故障，接触网损坏断电，使列车被迫停于隧道中。

位于运行方向第二节车厢里的乘客感觉"列车突然咯噔好几下"，停车后，"在两节车厢的连接处，突然噼里啪啦地冒起了火花。车厢内部的电线好像在被一种外力拉扯，然后连接处不断地冒出烟和火光。站在连接处两边的乘客都吓得往一边躲，尖叫声此起彼伏"。由于接触网遭到损坏断电，车厢里一片漆黑。几十秒后应急供电启动，恢复供电，可能电压不稳，车厢里灯光闪烁，烟雾蒙蒙。第一节车厢和第二节车厢连接处错位形成台阶状，第一节车厢高出十多厘米。由蓄电池维持的应急供电仅能提供应急通风，空调制冷功能丧失。时值8月，天气炎热，大家感到闷热难受，尤其是一些老年乘客出现了心慌、胸闷、感觉缺氧的状况，乘客都要求下车。

列车司机从第一节车厢的驾驶室赶过来，说明没有脱轨，车身安全，请乘客放心。因蓄电池仅能维持45min左右的应急供电，需要抓紧时间疏散乘客。列车司机指导乘客与连接处保持距离，所有前面车厢的乘客往后面车厢转移。然后列车司机去往列车尾部驾驶室，通过广播不停地安慰乘客，劝说大家不要着急，现在是安全的。同时，列车司机打开尾部驾驶室紧急疏散门，放好应急梯，然后使用钥匙打开列车尾部驾驶室通道门，指引乘客经过驾驶室通道门、紧急疏散门安全有序地下车，向车站方向撤离。列车司机一直站在车门口，扶着每一位下来的乘客。地铁工作人员在隧道内给乘客带路，提醒隧道行走的注意事项，指引乘客不要走到轨行区里。

相关知识

现代城市轨道交通列车的驾驶室和客室内均配备一定的安全应急设施，以备紧急情况下使用。从以上案例可知，当列车在运营中遇到异常情况时，可以充分利用列车上配备的安全设施来维持列车安全运行或使乘客安全撤离，以便最大限度地保证人身安全和行车安全。常见列车安全应急设施主要包括各类车门打开装置、应急通信、应急供电、灭火器和安全锤等。

一、列车车门安全

列车车门是乘客上下车的通道，车门的数量、净开度和高度等都决定了乘客乘降的速度，直接影响车站的作业效率。由于列车车门数量众多、运转频繁，故障率相对较高，给城市轨道交通安全运营带来了很大影响。列车车门不能正常开启或关闭时，会延误列车运行及乘客出行，影响乘客情绪，给城市轨道交通运营企业造成负面影响。列车开错车门或开门运行，有造成旅客掉落轨道的危险。遇危险情况车门不能及时打开，乘客不能快速疏散，将会造成难以估计的后果。所以说，列车车门的安全性对乘客安全意义重大，直接决定了乘客安全和行车安全。在城市轨道交通列车上有四种车门：驾驶室侧门、驾驶室通道门、紧急疏散门以及客室侧门，分别担负着不同的任务。

1. 驾驶室侧门

驾驶室侧门仅供列车司机进出驾驶室使用，与客室侧门在结构和功能上有所不同。驾驶室侧门从驾驶室内、外都能使用钥匙打开和锁定。驾驶室侧门未关好时，列车不能牵引。驾驶室侧门两侧应设有扶手和防滑脚蹬，方便列车司机从轨道旁直接进入驾驶室。驾驶室侧门上安装有玻璃窗户并能打开，便于列车司机探出头观察车外情况，如图1-1所示。

图1-1　驾驶室侧门

2. 驾驶室通道门

列车驾驶室与客室之间设有连通门，其净开宽度不小于550mm，高度不低于1 800mm。驾驶室通道门上设有仅能从驾驶室察看客室的观察孔，有些城市轨道交通车辆的驾驶室通道门上安装有玻璃窗。该门通常使用机械锁进行锁闭，防止乘客未经允许进入驾驶室。在驾驶室一侧，列车司机操作按钮开关，可以打开驾驶端驾驶室通道门，也可以远程打开另一端的驾驶室通道门。在客室一侧，驾驶室通道门可以使用钥匙打开，也可以使用紧急手柄打开。紧急手柄通常位于驾驶室通道门上方，在紧急情况下，乘客可以根据标记的操作方法，自主打开通道门，进入驾驶室通过紧急疏散门逃生。紧急手柄在正常情况下不准使用，应标注警示通告。采用紧急方式打开驾驶室通道门时，驾驶室控制台将会报警并显示有关信息。驾驶室通道门如图1-2所示，驾驶室通道门紧急操作手柄如图1-3所示。

图 1-2　驾驶室通道门

图 1-3　驾驶室通道门紧急操作手柄

3. 紧急疏散门

（1）紧急疏散门介绍　根据有关规定，在未设安全通道的线路上运行的列车两端应设紧急疏散门。当列车因故不能继续运行，需要疏散乘客，而客室侧门又不具备下车条件时，就可以启用驾驶室前端的紧急疏散门，作为人员撤离通道，保证列车具有在特殊情况下紧急疏散乘客的能力。

紧急疏散门的安装位置通常有两种：一种安装在驾驶室正、副驾驶台中间的前端墙上，如图 1-4、图 1-5 和图 1-6 所示；另有一种安装于驾驶室驾驶台一侧的前端墙上，如图 1-7 和图 1-8 所示。门扇的开启方式一般也有两种：一种是向车外一侧开启（图 1-7）；还有一种是向车外顶部开启（图 1-8）。紧急疏散门的形式较多，主要有坡道式和踏梯式两种结构，坡道式又分为结合式和分开式两种。

图 1-4　从驾驶室外看紧急疏散门

图 1-5　从驾驶室内看紧急疏散门

（2）紧急疏散门的打开方式

1）结合式紧急疏散门。结合式紧急疏散门是指门扇和疏散通道结合成一体，即门扇兼作疏散通道，只能采用坡道式，由门扇向车外轨道方向展开形成的斜坡面担当疏散通道。结合式紧急疏散门的缺点是质量大、成本高、结构复杂、门扇上无法安装玻璃视窗，故驾驶室视野较差；其优点是操作时间短、疏散能力强。

需要打开紧急疏散门时，拉开解锁手柄，向车外推出门扇，门扇自动向轨道方向倒下形成坡道，再翻转下部踏板即完成整个操作，用时约30s。门扇内侧面作防滑处理，关闭后作为驾驶室的内装面。结合式紧急疏散门如图1-6所示。

图1-6 结合式紧急疏散门

2) 分开式紧急疏散门。分开式紧急疏散门的门扇和疏散通道是相互独立的两部分，疏散通道有坡道式和踏梯式两种，如图1-7和图1-8所示。坡道或踏梯折叠后，放在门扇后面的规定位置，并加防护罩保持驾驶室美观（图1-5）。门扇上安装有玻璃视窗，扩大了驾驶室的视野。坡道式紧急疏散门的缺点是质量大、成本高、结构复杂；优点是操作时间短，乘客可以跑步下车，疏散速度快，全车乘客在30min左右可疏散完毕。踏梯式紧急疏散门的优缺点与坡道式正好相反，其质量小、成本低、结构简单、操作时间长、疏散能力弱。

需要打开紧急疏散门时，要移开坡道或踏梯的防护罩，先打开门扇，再放下疏散通道。打开向上开启的门扇时，先拉开门扇解锁手柄，将门扇向外推出，空气弹簧会自行继续推动门扇直至完全开启的位置并固定。放下疏散通道时，先打开坡道或踏梯的锁闭机构，向外推出坡道或手动打开折叠梯。打开紧急疏散门的全部操作，坡道式大约需要20s，踏梯式大约需要60s。

图1-7 分开坡道式紧急疏散门　　　　图1-8 分开踏梯式紧急疏散门

(3) 紧急疏散门的安全要求

1) 紧急疏散门应有锁闭装置。对于分开式的紧急疏散门，门扇和疏散通道应分别安装锁闭装置，防止在列车运行过程中由于紧急制动等原因自行打开。

2）疏散通道的坡度应适当，以保证旅客方便与安全，长度应满足安全到达轨道和安全到达救援列车的要求。

3）疏散通道的走行表面应进行防滑处理。

4）疏散通道的载荷强度应能承受最大实际人数而无永久变形。

5）疏散通道两侧应提供扶手，以便适合各个年龄段的人员在紧急情况下安全通行。

6）驾驶室控制台上应能显示紧急疏散门的开启或关闭状态。

7）紧急疏散门要求结构简单、安全可靠、易于操作，开门所需的力要小，即使是女性一个人，也能完成全部操作。

8）紧急疏散门平时不得随意开启。

9）紧急疏散门应标注操作步骤，内容简单明了，通常不超过 3 步，非专业人员无须进行针对性训练，也能保证在紧急情况下快速打开。

4. 客室侧门

（1）安全要求　为适应客流量大、停站时间短的需要，客室侧门应分布均匀，数量充足，净开度大。一般情况下，每节车厢每侧有 4 个或 5 个门。客室侧门的净开宽度不小于 1 300mm，高度不低于 1 800mm。

客室侧门的开闭指令只能来自运行驾驶室（紧急开门指令除外），可以由列车司机手动控制，也可由 ATC 自动控制。列车运行时，车门被锁闭；只有当列车速度为 0 时，列车司机才能从驾驶室打开车门；车门没有关好就锁闭，列车不能起动。开关车门指令应按单侧控制，禁止打开非站台侧车门，防止乘客掉落于轨道里。驾驶室设有控制客室左、右两侧车门开关的按钮，选定侧的按钮仅可操纵同侧车门。每个客室侧门的内、外车体上装有车门指示灯，车门打开时指示灯点亮，车门关闭时指示灯熄灭，车门处于移动状态时指示灯闪烁。

单个客室侧门应具有系统隔离功能，在发生故障时能与门控系统切除。每个车门均安装有切除装置，使用钥匙隔离某个侧门后，客室内侧该门上方的红色指示灯点亮，表示该车门被切除，但是不影响其他车门的正常操作。切除后的车门被机械锁闭，脱离控制系统，并丧失了所有运动功能，既不能通过驾驶室开门，也不能使用紧急解锁装置开门。

正常关门时如果遇到障碍物，车门可重新打开，再次关闭，以防止夹人夹物。当重复数次而障碍物仍未排除时，由列车司机手动操作对该门进行单独开关门控制。使用关门按钮后，车门仍未关闭，则切除该车门。

驾驶室控制台可以显示每扇车门的开关、切除以及紧急解锁等状态。

（2）车门紧急解锁装置　客室侧门配备紧急解锁装置，分车内和车外两种，其作用原理相同。使用紧急解锁装置后，需要使用专用钥匙插入右转将其复位。遇紧急情况，列车停于车站，列车门与屏蔽门相对应，而列车门因故不能打开时，可使用车门紧急解锁装置，打开车门疏散乘客。

1）内部车门紧急解锁装置。车内紧急解锁装置安装在客室内侧门附近，每辆车安装多个，主要是供乘客在紧急情况下自行疏散时使用。旁边应标注清楚醒目的操作说明，操作步骤应简单明了,并有警示通告。车内紧急解锁装置不上锁,为了防止滥用而影响列车运行,有的城市轨道交通车辆会加盖防护罩,但是防护罩应易于撤除。车内紧急解锁装置可由乘客按说明手动操作,也可由列车司机使用钥匙操作。

使用紧急解锁装置解锁车门后,在列车运行状态下,车门一般情况下不会自动打开,还需要手动开门。但是,在列车运行中解锁车门后,能否立即手动打开车门,车辆型号不同,情况也不相同。有的列车在速度较高时,不允许打开车门,只有在静止状态或速度较低时,方可手动开门,而且用较小的力就可以向两侧推开;有的列车在速度较高时,允许打开车门,但是需要花费相当大的力气;有的列车不论是否运行,车门均可较轻松地打开。如果在开门过程中停止施力,一般情况下,车门会停在该位置,不会自动关闭。

使用紧急解锁装置能否引发列车紧急制动,我国尚无统一的技术标准。根据目前车辆设计情况,大致有以下几种处理方式:第一种是使用紧急解锁装置后,列车在运行中自动施加紧急制动,在车站停车时则不能缓解;第二种是使用紧急解锁装置后,列车不会发生紧急制动,但会失去牵引力惰行;第三种是使用紧急解锁装置后,列车在站台区域内紧急制动,在线路区间不受影响可继续运行;第四种是使用紧急解锁装置后,列车无论在什么位置,均不受影响可继续运行。由于使用紧急解锁装置后,会向驾驶室报警,如果列车不发生紧急制动,可由列车司机根据具体情况决定是否停车。各种内部车门紧急解锁装置如图1-9所示。

 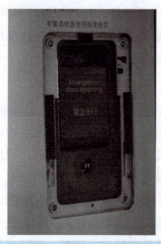 

图1-9 各种内部车门紧急解锁装置

2)外部车门紧急解锁装置。外部车门紧急解锁装置安装在车体外侧,通常每辆车每一侧有一个车门可以解锁并打开,操作车外解锁装置需要使用钥匙,可以在紧急情况下开门疏散乘客,也可以供乘务员和维修人员开门使用。

(3)乘客使用车门紧急解锁装置后的处理 列车运行途中,乘客遇到异常情况慌乱、出于好奇心等原因,可能会使用车门紧急解锁装置。这时,驾驶室会接到报警,列车司机应通过门状态显示、摄像头显示的客室内情况、与乘客紧急通话等方式,了解车门开关状态、乘客状况以及客室内发生的事情等,使用广播安抚乘客,并向行车调度员报告,根据具体情况做出相应处理。车站应按乘客的需求,提供必要的帮助。

车门紧急解锁装置被使用，列车运行中造成紧急制动或列车停站期间造成不能缓解时，应立即前往相应车门进行复位；车门紧急解锁装置被使用，列车运行中未造成列车紧急制动，可维持运行到前方站进行复位。在车站复位时，根据具体位置，由车站工作人员或列车司机完成。

需要由车站进行复位时，待列车到站后或启动前，由车站控制室告知站台工作人员进行复位操作。站台工作人员需了解清楚需要复位的车门紧急解锁装置的具体位置，携带钥匙前往正确的车厢。复位成功后，在站台向列车司机显示"好了信号"，并报告车站控制室。

二、列车广播安全

列车通信系统也称列车乘客信息系统，由视频通信子系统和音频通信子系统（即列车广播系统）组成。列车视频通信子系统包括列车外部显示单元和列车内部显示单元两部分。列车外部显示单元设于列车两端，循环显示目的地、列车号等信息；列车内部显示单元包括媒体显示器和动态地图显示器。媒体显示器用来播放乘车须知、目的地、到站信息、开门侧、天气、新闻和广告等；动态地图显示器实时显示列车运营路线、列车运行方向、列车始发站与终到站、前方站、当前停靠站、换乘站及换乘线路和车门打开侧等信息。同时通过列车内监控摄像头，控制中心、车站、列车司机实时观察车内情况，及时发现安全隐患并提前处理。列车音频通信子系统，即列车广播系统，包括无线广播和有线广播两种。无线广播是指运营控制中心向列车的广播；有线广播主要包括数字化自动广播、列车司机向客室人工广播、驾驶室之间对讲、驾驶室与客室紧急通信。

1. 控制中心向列车的广播

控制中心设有无线调度台，车站（车场）设有无线固定台，列车两端驾驶室分别安装车载无线电台，有关人员配备无线手持电台，以便实现控制中心、车站（车场）、列车等之间的通信。控制中心与列车司机之间的通信是双向的，调度员向列车司机发布有关命令和口头指示，列车司机向调度员汇报列车有关情况。

同时，车载无线电台具有与列车有线广播设备的接口，列车司机可以操纵相关按钮，使控制中心需要播放的信息从车载无线电台送入列车有线广播设备，实现控制中心对客室的直接广播。控制中心对客室广播可以针对一列车，也可以针对其管辖范围内的所有列车。

2. 驾驶室向客室的自动广播

数字化自动报站装置根据预先录制储存的音频信息，实现驾驶室向客室的自动广播。两列车重联运行时，由受控驾驶室对两列车的客室进行广播。该广播是单向的，用于向乘客播报终点站、前方停车站和开门侧等信息，一般提供中文与英文两种语言。列车司机可以根据实际情况设定起点站和终点站，也可以根据需要选择相关信息对乘客进行广播。

3. 驾驶室向客室的人工广播

遇自动广播故障或发生特殊情况时，列车司机对客室进行单向的人工广播。两列车重联运行时，由受控驾驶室对两列车的客室进行广播。人工广播应使用普通话，口齿清楚，内容简洁。

各种特殊情况的人工广播内容举例如下：

（1）临时运行调整　"各位乘客请注意，本次列车因故将在××站退出服务，请下车后听从工作人员的安排改乘下次列车。不便之处，深表歉意。"

"各位乘客请注意，本次列车因故将在××站不停车通过，请您改在邻近车站下车。不便之处，深表歉意。"

（2）列车清客疏散　"各位乘客请注意，本次列车因故不能继续运行，请全体乘客服从工作人员的指挥立即下车，谢谢您的配合。"

"各位乘客请注意，本次列车因故不能继续运行，需要在列车两端（或尾部）紧急疏散，请全体乘客听从指示，按顺序进入驾驶室，打开疏散门下车，步行前往最近车站，工作人员会予以协助。"

"各位乘客请注意，本次列车因故不能继续运行，需要在列车头部紧急疏散，请全体乘客沿列车前进方向按顺序进入驾驶室下车，步行前往最近车站，工作人员会予以协助。"

（3）安抚乘客情绪

"乘客您好，因列车故障暂时停车，不会危及人身安全，请不要惊慌。"

"乘客您好，因列车故障，正在处理，请耐心等待，谢谢您的合作。"

"乘客您好，现在是临时停车，请耐心等待。"

（4）提醒乘客注意安全

"各位乘客请注意，现在是乘车高峰期，请先下后上，注意安全，不要拥挤。"

"各位乘客请注意，列车准备退行，请扶好站稳，注意安全。"

4. 驾驶室之间的内部通信

列车首尾驾驶室之间能够进行内部通话，即使只有蓄电池供电，驾驶室之间也能保持通信。当两列车重联运行或两列车救援连挂时，四个驾驶室之间能够互相通话。

正常情况下，列车司机应在列车前进方向的前端驾驶室驾驶列车。当前端驾驶室故障或施工、救援时，列车可推进运行，这时前端驾驶室必须有引导员监控列车运行，并随时与其他驾驶室保持联系。

救援列车连挂故障列车推进运行时，列车司机可以在前进方向的救援列车前端驾驶室驾驶，故障列车前端驾驶室应配备列车司机或引导员协助瞭望，并保持通话顺畅。当驾驶室之间无法实现内部通话时，前、后端列车司机应携带无线手持电台进行联系。

5. 驾驶室与客室的紧急通话

（1）紧急通话装置介绍　列车的每个客室内设置若干个紧急通话装置，具有双向通信功能，列车司机和乘客之间能够相互通话。紧急通话装置的按钮一旦被按下，立即向列车司机报警。几个紧急通话装置的按钮被同时按下，系统将排队处理。驾驶室具备立即识别报警车辆的功能，列车司机能够查阅到是哪节列车传来的报警信息。

紧急通话装置的种类较多，操作方法各异，但功能类似，应在旁边标注使用说明。由于该装置主要是提供给不具备专业知识的乘客在紧急情况下使用的，操作步骤应简明清楚，防止琐碎复杂的说明造成使用不当,从而延误紧急事件的处理。各种样式的列车紧急通话装置如图 1-10 所示。

图 1-10　各种样式的列车紧急通话装置

（2）乘客使用列车紧急通话装置后的处理　在列车上遇到火灾、爆炸、毒气、人身伤害以及突发疾病等紧急情况时,乘客按下紧急通话装置的按钮,驾驶室立刻接到语音报警,列车司机操作相应按钮后,乘客就可以通过按钮旁边的内藏对讲装置与列车司机通话。接到乘客报警后,列车司机必须确认并接受请求,立即与乘客通话,了解具体情况。客室设有摄像头时,也可以通过视频,观察报警客室内发生的情况。列车司机应及时报告行车调度员,根据具体情况进行处理。如果列车启动尚未离站,应立即停车;如果列车在区间运行,应尽可能维持到前方车站停车处理;遇紧急情况,必须立即停车处理。

行车调度员根据列车司机的汇报,及时通知车站派人赶赴现场处理。车站根据乘客的需求,提供必要的帮助。

使用列车紧急通话装置后,在复位之前,其他乘客无法使用其他紧急通话装置与列车司机通话。为了保证紧急通话装置在列车继续运行中能正常使用,车站人员需对使用过的紧急通话装置及时复位,复位办法为使用专用钥匙插入右转。

车站控制室接到复位紧急通话装置的通知后,待列车到站后或启动前,告知站台工作人员进行复位操作。站台工作人员需了解清楚需要复位的紧急通话装置的具体位置,携带钥匙前往正确的车厢。复位成功后,在站台向列车司机显示"好了信号",并报告车站控制室。如果在停站时间内无法找到需复位的紧急通话装置,可随车查找,完成复位后下车,报告车站控制室。

三、列车应急供电

向列车供电的方式主要有三种：DC750V 的接触轨（即第三轨）供电、DC1500V 的接触轨（即第三轨）供电和 DC1500V 架空接触网供电。通过集电靴或受电弓取得的电用于整个列车设备,通常提供高、中、低三种电压。DC1500V 和 DC750V 的高压电用于列车牵引系统和静态逆变器工作。中电压有 AC400V（或 AC380V）和 AC230V（或 AC220V）两种，供冷却风扇、空气压缩机、客室与驾驶室空调、客室正常照明、客室与驾驶室外接负载插座等设备使用。DC110V 的低电压来自蓄电池充电器和蓄电池，用于开闭车门、客室应急照明、客室和驾驶室的各种指示灯、列车头灯和尾灯、驾驶室照明、客室与驾驶室应急通风、列车视频与音频通信、列车牵引控制和制动控制、受电弓驱动等工作。电动刮水器和风窗玻璃除霜器的用电，有的由中压电提供，有的由低压电提供。

1. 列车蓄电池应急供电

蓄电池充电器输出两路电源：一路给蓄电池充电，另一路给所有低压负载供电。每列车安装若干个蓄电池，每个蓄电池均由各自的蓄电池充电器负责充电。当一个蓄电池充电器发生故障时，其所在车辆的蓄电池不会放电，而是由另外的充电器给予充电，列车可继续运行。即使只有一个蓄电池充电器工作，蓄电池也不会放电。

蓄电池的基本功能有两个：一是列车启动时用于激活列车；二是整列车无外部高压电输入时，提供应急供电。为保证库存列车停放较长时间后仍能正常启动，对于拔掉列车司机主控制器钥匙并且停放 60h 的列车，蓄电池仍有足够的容量来满足连接系统正常工作。因故障导致整列车失去外部高压供电时，蓄电池开始应急供电，此时列车不能继续运行。蓄电池提供的应急供电在地下线路不低于 45min，在地面与高架线路不低于 30min。这么长时间的应急供电仅可满足部分低压负载使用，这些低压负载包括客室应急照明、列车头灯和尾灯、驾驶室照明、客室与驾驶室应急通风、列车有线广播和无线通信、车载安全设备以及所有客室侧门的一次开关。

以地铁列车为例，说明一下应急供电程序。在故障情况下，整列车缺少外部高压电输入后，列车不能继续运行，空调制冷或加热功能丧失，空调应急通风启动，客室正常照明灯熄灭，驾驶室照明灯、客室应急照明灯、广播与无线通信、列车头灯与尾灯等保持不变。蓄电池供电 45min 后，应急通风切断。继续供电不少于 5min 之后，应急照明灯熄灭。

列车正常运行时，客室应急照明灯和普通照明灯一起处于工作状态。为了在应急供电时获得尽可能均匀的照明，应急照明灯均匀分布于客室内。在每对门之间，应至少设置一组应急照明灯，以保证乘客安全。

目前，有部分新型列车不专门设置应急照明电路，客室内没有应急照明灯。当处于蓄电池应急供电的情况时，客室内所有照明灯的照度降低，与应急照明灯相比，其照度分布更加均匀，更有利于乘客安全。

2. 列车蓄电池紧急牵引

在缺少外部高压供电的情况下，可利用蓄电池实现紧急牵引列车。2009 年 9 月投入运营的北京地铁四号线列车在国内率先使用了该技术。蓄电池紧急牵引技术可以使列车在较低速度的条件下，实现短距离的移动。该技术在两种情况下的运用突出表现了其在安全保障方面的重大意义，一是区间供电故障的处理，二是接触轨供电列车的库内检修。当区间高压供电设备发生故障时，列车利用蓄电池供电将列车紧急牵引至前方站，既可避免区间救援造成的延误，又可避免区间疏散乘客造成的混乱恐慌。对于接触轨供电的列车，车辆段不必铺设第三轨，利用蓄电池牵引列车入段，可以防止检修人员触电事故的发生，最大限度地保证了车辆段作业人员的安全。

四、列车其他安全设备

列车应具有良好的防火性能，所用材料（包括电线、电缆）均应具有高阻燃性，燃烧后不散发有毒气体，并配备数量和容量足够的灭火器具。列车上各类设备电气绝缘性能良好、水密性良好，耐腐蚀、耐冲击，并有防霉、防虫以及防啮齿类小动物的措施。

驾驶室内应设置紧急停车操纵装置、警惕按钮和鸣笛装置等安全技术设施，能够显示客室侧门开闭状态与车载信号状态等，车窗视野应保证列车司机方便、清楚地瞭望前方线路、信号、接触网和站台。驾驶室外部前端应设置头灯和尾灯，以满足列车在夜间及隧道行车的瞭望条件，并防止续行列车追尾。驾驶室还应配备便携式应急灯、无线手持电台和急救箱等，以备应急使用。

客室地板应耐磨防滑，座椅布置应考虑列车载客量及方便乘客流动，立柱和扶手应数量足够并便于抓握，座椅、立柱与扶手等的强度应能承受乘客拥挤。客室内应配备车门紧急解锁装置、紧急通话装置、灭火器具、安全锤和各种警告标志，充分保证乘客安全。列车客室内配备的安全锤如图1-11所示。

1. 灭火器

客室和驾驶室均配备足够数量的灭火器，通常客室内配备两个，驾驶室内配备一个。灭火器的性能和容量应符合国家标准，适合于电气装置与油脂类灭火，一般使用干粉灭火器。客室灭火器应存放在显眼且便于取用的位置，并清楚地标示其位置及使用方法。列车客室内配备的灭火器如图1-12所示。

图1-11 客室内配备的安全锤

图1-12 客室内配备的灭火器

2. 列车头灯和尾灯

驾驶室外部前端安装头灯（也称前照灯），目的是照亮轨道，方便列车司机瞭望线路，保证行车安全，并确定列车运行方向。头灯显示白光，有"远光"和"近光"两种亮度，由列车司机根据实际情况选择。头灯应有足够的照明强度，当列车以80km/h运行时，在前端紧急制动距离处，照度不小于2lx（勒克斯）。

驾驶室外部前端还装有红色防护灯，即尾灯，尾灯与头灯成对安装。尾灯起防护作用，使列车能够被续行列车司机看见，防止追尾事故。在列车救援中，尾灯也能提示救援列车救援地点，便于救援列车控制速度。列车尾灯应保证足够的可视距离，在视线不受阻的情况下，应能在一定距离内清晰地看到。每个头灯和尾灯单独供电。

3. 列车警示标志

驾驶室内的所有设备均采用中文标志，紧急制动装置、带电高压设备、消防设备及电器箱内的设备，应标注操作警示。

客室内涉及乘客安全的标志可采用安全标志和警示语两种方式，应选择适当位置，易于辨识，并保证持久耐用。文字标志应采用中文和英文两种，内容通俗易懂，不易产生歧义。列车应遵守《安全标志及其使用导则》(GB 2894—2008)，使用"禁止吸烟""禁止倚靠""当心夹手"等安全标志。列车常见警示语有："小心站台间隙""请勿阻止车门关闭""请勿扶靠车门""灯亮铃响，请勿上下车""请勿将手伸入车门间隙""小心车门夹手"等。

第二节 车站安全设备运用

案例引入

案例1：地铁电梯倒转事故

7月5日9时36分，某地铁四号线动物园站A口，因自动扶梯零件损坏，正在上行的电梯突然倒转为下行，导致正在搭乘电梯的乘客纷纷摔倒并发生踩踏。事故造成1人死亡，2人重伤，26人轻伤。

案例2：地铁乘客夹在屏蔽门与列车之间死亡事故

某年7月15日下午3时34分，某地铁站轨道交通一号线，列车与屏蔽门已经发出声光报警，列车即将起动。一名男子强行上车，由于未能挤进拥挤的车厢，被夹在屏蔽门和列车之间。列车正常起动后，这名男子不幸被挤落轨道身亡。

地铁运营商提醒乘客：列车门内有紧急开门装置，列车内的乘客可以打开车门，帮助受困乘客进入列车；屏蔽门内侧也有紧急开门拉手，受困乘客也可以自行打开屏蔽门返回站台。

由此引发屏蔽门与列车门关门顺序的讨论：列车门先关，乘客被夹在这个空间的可能性较大；屏蔽门先关，乘客挤不上列车，被夹在该空间的危险性仍然很大。相对来说，屏蔽门与列车门同步关门的危险程度要小。

关于确认该空间空闲的讨论：依靠列车司机确认列车尾部的软光管来确认该空间空闲的办法不可靠，一是曲线车站不适用，二是列车司机可能疏忽。建议安装类似电梯防夹的红外线感应装置。

案例3：乘客好奇按下车站紧急停车按钮导致列车停车

某年10月17日下午6时58分，一名29岁男子在某市地铁某站按下紧急停车按钮，导致一列车被迫停在了隧道中,并影响了后续列车的运行。车站值班站长报警,警方于19日11点左右找到嫌疑人。据该男子交代,在站台候车时看到紧急停车按钮,心里想"不知道真的假的",就想"按一下试试",于是弄破防护玻璃罩后按下按钮,当听到报警声后慌了,赶紧逃离了现场。警方根据《中华人民共和国治安管理处罚法》相关规定,以扰乱公共场所秩序对该男子进行了行政罚款。

相关知识

车站各个部分的设计均应考虑乘降安全、疏导速度,并有良好的通风、照明、防灾及无障碍设施。地面材料应防滑耐磨,其他材料应具有防火、防潮、防腐、低烟和防雷击等特性。车站公共区广告的位置、色彩不得干扰导向标志、事故疏散标志和乘客服务标志。车站控制室应高于站厅地面450～600mm,并设于便于观察人行楼梯、自动扶梯和售检票口的位置。

车站出入口作为车站与外界的分界点,是车站安全的第一道屏障。车站出入口通常设置卷帘门,满足封闭管理的要求,并且防止非运营期间无关人员进入,以免威胁车站安全。车站出入口的地面标高还应高于室外地面,防止地面积水涌入站内,影响站内人员及设备安全。

车站管理用房区、站台与站厅乘客疏散区应设置若干个安全出口,直通车站外部空间。设备及管理用房到最近安全出口的距离不得超过35m,最坏条件下其最大距离也不得超过上述距离的1/2。站台任一点到疏散楼梯和通道口,不得大于50m。即使在客流高峰时发生火灾的情况下,出口楼梯和疏散通道的宽度、数量应保证将一列车乘客、站台候车乘客和工作人员6min内全部撤离站台。

一、站台屏蔽门安全

屏蔽门安装于车站的站台边缘,是站台区与轨道区隔离的屏障。屏蔽门整体结构应有一定的强度、刚度和抗疲劳强度,不应因人群挤压、隧道活塞风压等变形,应满足全年365天运行、每天连续运行20h、每90s开/关一次的运行强度。屏蔽门应进行防漏电和绝缘处理,并采用安全玻璃,防止造成乘客意外伤害。

屏蔽门分为全高屏蔽门和半高屏蔽门两种类型,全高屏蔽门又分为全高封闭式和全高非封闭式。全高封闭式屏蔽门多用于有空调系统的地下车站,采用从站台到顶棚全封闭的结构。其优点是防止人员和物品跌落轨道,降低车站空调能耗,降低列车噪声,减少隧道活塞风吹吸乘客并将轨道杂物吹入站台;缺点是初期投资大,后期维护费用高,隧道热量散发困难,列车功率消耗大。全高非封闭式屏蔽门多用于没有空调系统的地下车站,空气通过敞开的上部在站台与轨道间流通。半高屏蔽门多用于地面车站与高架车站,门体高度不小于1.2m,结构简单、造价低、维修养护成本低。全高非封闭屏蔽门与半高屏蔽门的主要作用是保证乘客安全,所以也称安全门。全高封闭式屏蔽门如图1-13所示,半高屏蔽门如图 1-14 所示。

图 1-13　全高封闭式屏蔽门　　　　　图 1-14　半高屏蔽门

1. 屏蔽门系统的基本组成

屏蔽门系统（PSD）涉及建筑、机械、暖通、电气、自动控制、网络技术、铁路车辆、铁路信号和铁路线路等多个学科，是一个典型的机电一体化设备。屏蔽门系统包括机械和电气两部分，机械部分由门体结构和门机结构组成，电气部分由电源系统和控制系统组成。

屏蔽门的门体主要有固定门（FIX）、滑动门（ASD）、应急门（EED）和端门（PED）四种。固定门是固定于站台的玻璃隔墙，不能打开，设于滑动门之间。滑动门是正常运营时乘客上、下车的通道，一般为中分双开式，可滑动开启，数量和位置与列车门相对应，正常情况与列车门联动，非正常情况可手动打开。应急门供紧急情况时使用，不能自动开闭，平时作为固定门使用，在单侧站台设置不少于两处，站台每端各设置一处。端门位于站台两端，与侧向屏蔽门、屏蔽门设备室构成一个全封闭的系统，用于站台与轨道之间进出，只能手动打开。

屏蔽门的门机是开启与关闭滑动门的执行机构，包括驱动机构、传动机构和锁紧机构等。驱动机构主要指驱动电动机，传动机构是牵引门扇运动的机械传动部件，锁紧机构是将滑动门锁紧或解锁的装置，应急门与端门也有锁紧机构。

屏蔽门电源系统包括驱动电源和控制电源，并设置相应的后备电源。驱动电源为门机提供电源，控制电源为系统控制线路提供电源。后备电源是指在外电中断情况下提供后续能量，获得应急处理的时间。驱动电源的后备电源容量应至少满足完成车站全部滑动门开/关三次的循环，控制电源的后备电源容量应至少满足负载持续工作 30min。

屏蔽门控制系统主要由中央控制盘（PSC）、就地控制盘（PSL）和门控器（DCU）等组成。中央控制盘是车站的屏蔽门控制中心，布置在屏蔽门设备室内。就地控制盘是控制单侧屏蔽门的站台就地控制装置，布置在每侧站台出站端。门控器是对单个门单元进行监控的装置，每个滑动门配置一个，安装在门体上部的顶盒内。屏蔽门操作共分五级，优先权从低到高依次为：由信号系统（SIG）对屏蔽门进行开关控制、由就地控制盘（PSL）对屏蔽门进行开关控制、通过综合监控后备盘（IBP）对屏蔽门进行开关控制、通过就地控制盒（LCB）对屏蔽门进行开关控制、站台侧使用钥匙或轨道侧使用把手就地手动操作。

2. 信号系统（SIG）对屏蔽门的开关控制

屏蔽门系统和信号系统相互联锁，屏蔽门系统通过信号系统获得开/关门命令，并且使滑动门与列车门的开/关能够自动同步进行。屏蔽门各自独立，某道屏蔽门故障隔离后，不会影响其他屏蔽门的开闭。当屏蔽门发出故障报警却未及时隔离时，相对应站台的出站信号机及所有通向该站台进路的始端信号机将不能开放，如果已经开放，将立即关闭。

（1）正常开关门控制　列车到站并停在允许的误差范围内，列车门与滑动门对准，信号系统向屏蔽门中央控制盘发出开门命令，中央控制盘向门控器发出开门命令，门控器控制门机系统打开滑动门。在开门过程中，每道滑动门门头上安装的门状态指示灯闪烁；滑动门完全开启后，门状态指示灯稳定点亮。

列车准备发车时，信号系统向中央控制盘发出关门命令，中央控制盘向门控器发出关门命令，门控器控制门机系统关闭并锁紧滑动门，中央控制盘向信号系统发出所有滑动门、应急门关闭且锁紧的信息，列车允许以自动驾驶模式离站。在关门过程中，门状态指示灯闪烁；门关闭并锁紧后，门状态指示灯熄灭。

（2）屏蔽门障碍物探测　滑动门应有探测障碍物的功能，能够探测到最小厚度5mm、最小宽度40mm的刚性障碍物。

滑动门在关闭过程中探测到障碍物，该门立即停止关闭并重新打开到预先设定的宽度，延迟一定时间（在0～10s内可调节）后重新关闭。如果障碍清除，门关闭并锁紧。如果障碍物依然存在，关闭/重开连续循环若干次（在1～5次内可调节）。如果障碍物仍然不能清除，滑动门打开到最大宽度并保持不动，同时发出声光报警。由站台工作人员人工清除障碍物后，手动关闭并锁紧滑动门。

阻止滑动门关闭的力小于等于150N，完全在人体能承受的压力范围内。即使乘客不慎被滑动门夹住，关门的机械冲击力也不会对人体造成伤害。

（3）屏蔽门与列车之间防夹人夹物装置　屏蔽门与列车门都关闭后，屏蔽门与列车之间仍有一定的空间，但是信号系统已经允许列车离站。如果乘客在关门过程中未能挤进列车，可能会被夹在这个空间中，由于这个空间光线较暗，不易发现，列车起动很容易造成危险。因此，有必要预防此类事件的发生。为防止屏蔽门与列车之间夹人或夹物，应对乘客进行安全警示，列车司机及站台工作人员要加强确认，并提高屏蔽门与列车门开/关的同步性，另外还应设置必要的安全装置。目前，屏蔽门与站台边缘之间使用的安全防护装置主要有以下四种。

1）屏蔽门轨道侧下缘安装楔形挡板。在屏蔽门下缘轨道一侧安装楔形挡板，可以有效消除屏蔽门与列车的间隙。楔形挡板成本低，不会干扰信号，没有特殊环境要求。但是楔形挡板较低，身材瘦小的乘客仍有可能被夹在这个空间。另外，楔形挡板一般只安装在滑动门上，乘客可能跨过挡板进入固定门或应急门与列车间的空隙中。滑动门下缘轨道侧的楔形挡板如图1-15所示。

图 1-15 滑动门下缘轨道侧的楔形挡板

2）屏蔽门端门处安装软光管。在屏蔽门端门处轨道一侧安装软光管，当列车在车站停车时，列车尾部的软光管点亮。列车发车前，列车司机通过确认软光管的灯光没有被遮挡，即可认定屏蔽门与列车之间没有夹人夹物，这时才准许起动列车。软光管成本低，易于实现，但是列车司机一旦疏忽大意，未按标准确认软光管灯光，仍有发生危险的可能性。另外，软光管仅适用于直线站台，对曲线站台不适用。

3）红外线探测装置。红外线探测装置平时处于休眠状态，列车进站停车开门，乘客上下完毕后屏蔽门关闭，探测装置发射端立即自动发射红外线进行扫描，如果屏蔽门与列车之间夹人夹物，光幕被障碍物阻断，红外线接收端无法接收到完整信号，就会发出声光报警提醒列车司机注意。但是，红外线有一定的发散角，受列车振动、隧道尘埃、列车灯光、站台灯光、列车车体反射光和屏蔽门玻璃反射光等干扰，红外线探测装置存在误报警、漏报警的可能性。

4）激光探测装置。激光探测装置由光源发射器、光束接收器和报警装置等组成。当车站无车，屏蔽门关闭时，激光探测装置处于待机工作状态。列车进站停车，开门待乘客上下完毕，激光探测装置检测到屏蔽门关闭并锁紧信号后，立即供电进入工作状态。如果屏蔽门与列车之间夹人夹物，光源发射器与光束接收器之间的光束受到阻断，发出声光报警提醒列车司机，障碍物清除后延迟一定的时间自动断电，退出工作状态，恢复初始待机状态，直至下一列车进站。激光发散角小，光束集中，波长单一，抗干扰能力强，可靠性好。

3. 就地控制盘（PSL）对屏蔽门的开关控制

就地控制盘用于就地控制单侧屏蔽门，布置在每侧站台出站端，设置要求是方便操作并便于观察其面板显示的指示灯状态，安装位置不得影响列车司机向站台的瞭望。在列车停车位置不正确、信号系统故障、屏蔽门系统与信号系统通信中断、中央控制盘对门控器的控制失败等非正常情况下，造成滑动门不能正常打开或关闭，由列车司机或被授权操作人员操作就地控制盘进行控制。不同型号的屏蔽门，操作方式略有差别。现以西屋屏蔽门为例，说明就地控制盘的操作，如图 1-16 所示。

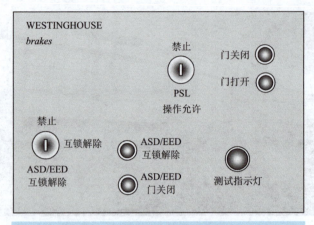

图 1-16 西屋屏蔽门的就地控制盘

（1）就地控制盘开关门操作 按下"测试指示灯"按钮，测试就地控制盘的指示灯会点亮，主要是用来检查面板上的指示灯状态是否良好。

需要开门时，列车司机或站务人员把钥匙插入开关禁止位，转动到"门关闭"位停顿 1s，再继续转动到"门打开"位保持 5s，确保整侧滑动门打开。在滑动门打开过程中，就地控制盘的"门打开"指示灯点亮，滑动门门头上的门状态指示灯闪烁。滑动门完全打开后，就地控制盘的"门打开"指示灯熄灭，滑动门门头上的门状态指示灯长亮。

需要关门时，将钥匙转到"门关闭"位置保持 5s，确保整侧屏蔽门关闭且锁紧，待"ASD/EED 门关闭"绿灯点亮后，才能将钥匙转动到"禁止"位拔出。在滑动门关闭过程中，就地控制盘的"门关闭"指示灯点亮，滑动门门头上的门状态指示灯闪烁。滑动门关闭后，就地控制盘的"门关闭"指示灯和滑动门门头上的门状态指示灯均熄灭。就地控制盘向信号系统发出屏蔽门关闭并锁紧的信号，允许列车离站。

（2）互锁解除操作 屏蔽门系统应连续不断地向信号系统提供"屏蔽门关闭且锁紧"的信息，当该信息异常或信号系统收不到该信息时，列车将紧急制动，不允许进站或离站。此时，需要使用就地控制盘的互锁解除功能强制解除屏蔽门系统和信号系统的联锁检查。站务人员将钥匙插入互锁解除开关禁止位，转动至"互锁解除"位并保持，"ASD/EED 互锁解除"及"ASD/EED 门关闭"指示灯点亮，待列车出站并行驶到安全区域或列车进站停在正确位置后，将钥匙转回到"禁止"位拔出，系统恢复自动模式，"ASD/EED 门关闭"指示灯熄灭。

4. 综合监控后备盘（IBP）对屏蔽门的开关控制

综合监控后备盘设于车站控制室内，能够显示主要设备的运行状态，并在紧急情况下进行控制操作。通过综合监控后备盘可实现如下紧急控制功能：电力监控系统（SCADA）的直流开关控制、环境与设备监控系统（BAS）的控制隧道和车站通风、自动售检票系统（AFC）的闸机紧急释放控制、信号系统紧急处理（紧急停车，扣车和放行，显示启动信息）、屏蔽门系统监视及紧急开门/关门控制、火灾自动报警系统（FAS）的消防泵及排烟风机的控制、视频监控系统（CCTV）的摄像机紧急启动、电梯监控及紧急停止等。

遇火灾等紧急情况时，可以使用综合监控后备盘控制单侧屏蔽门的开门与关门。综合监控后备盘有显示屏蔽门状态的指示灯，紧急控制屏蔽门时需要使用钥匙。以西屋屏蔽门为例，将钥匙插入控制开关，转到"门开启"位置，整侧滑动门打开；转到"门关闭"位置，整侧滑动门关闭。

5. 就地控制盒（LCB）对屏蔽门的开关控制

就地控制盒是就地控制每道滑动门的控制装置，安装在每道滑动门上，主要用于滑动门的维修与测试。使用钥匙操纵就地控制盒，可以实现单个滑动门的开门、关门、隔离和恢复自动控制。单个滑动门因故障隔离后，该门控器的电源被切断，该滑动门从整个屏蔽门系统中脱离出来，不会影响其他滑动门的正常工作，便于单独维修。故障排除后，将钥匙分别转到开门、关门位进行测试。确认状态良好后，将钥匙转到自动位置，该门纳入屏蔽门系统，恢复自动控制状态。

6. 手动打开屏蔽门

手动打开屏蔽门包括解锁和开门两个步骤，手动解锁力小于等于67N，手动开门力小于等于150N，可以确保力气小的乘客在紧急情况下也能轻易开门逃生。

（1）手动打开滑动门　在电气控制方式开门失效、列车没有停在正常位置、乘客需要从轨道侧进入站台逃生等情况下，可以使用手动方式打开滑动门。在站台侧，由站务人员使用钥匙打开滑动门。在轨道侧，由列车司机通过广播指导乘客使用手动解锁把手将滑动门解锁，双手向两边拨开滑动门。滑动门的手动解锁把手如图1-17所示。

图1-17　滑动门的手动解锁把手

（2）手动打开应急门　如果没有设置应急门，那么列车进站停车后，列车门一旦没有对准滑动门，就只能对着固定门，遇无法调整位置的情况时，就会面临无法打开屏蔽门疏散乘客的状况。所以，屏蔽门中必须设置一部分应急门，平常作为固定门使用，遇紧急情况作为应急疏散通道。在站台侧由站务人员使用钥匙打开，在轨道侧由列车司机广播指导乘客推压推杆锁打开。应急门手动打开后，向站台方向90°开度保持定位，开度小于90°时自动关闭。应急门使用完毕后，必须确保关闭并锁紧，以便纳入自动控制系统。应急门推杆锁如图 1-18 所示。

（3）手动打开端门　端门主要供工作人员从站台端部进入轨道区进行设备操纵与维修等作业，紧急情况下也可以作为乘客由轨道区向站台疏散的通道。端门的操纵方式与应急门相同，在站台侧使用钥匙，在轨道侧推压推杆锁，使端门向站台方向打开 90°定位，小于 90°自动关闭。需要注意的是，当隧道风机运行或列车进站与出站时，由于轨道区和站台区的风压差较大，打开端门困难，解锁后的端门也容易被风推开造成设备损坏和人员伤害。端门位置如图 1-19 所示。

进入端门需经车站控制室准许，由站务人员使用钥匙打开后，工作人员方可经端门进入轨道，并由站务人员负责关闭。当进入轨道人员需由端门返回站台时，自行推压推杆锁打开端门，但应负责将端门关好。

图 1-18　应急门推杆锁

图 1-19　端门位置

二、车站电梯安全

为方便乘客进出车站和乘坐列车，车站各层之间设有步行楼梯与各种电梯。步行楼梯应保持畅通，不得堆放任何物品，任何人员不得滞留，除供乘客上、下外，还应满足紧急情况的疏散需要。电梯主要有垂直电梯、自动扶梯和楼梯升降机三种类型，主要功能是提高车站效率和增强乘客的舒适度，自动扶梯还可作为事故疏散通道，但垂直电梯不得作为安全出口。设于车站控制室的综合监控后备盘（IBP）能够监控电梯运行状态，接收故障报警，必要时可控制电梯停止。

1. 自动扶梯安全

车站不间断的客流导致自动扶梯运转频繁，故障发生概率大。而自动扶梯一旦状态不良，很容易造成车站拥挤，甚至危及人身安全。因此，车站必须加强对自动扶梯的管理、监控和维护，以保证其良好的运行状态。工作人员使用钥匙对自动扶梯进行操作时，应严格执行操作规程，不要使用过大的力转动钥匙，防止钥匙断在钥匙孔内。

（1）自动扶梯启动安全　自动扶梯每天投入运行前，需要检查处于有效使用期内、安全警示标志没有破损、防护设施良好、设备没有表面损坏、干净无异物。发现状态不良及妨碍运行的杂物，应及时进行维护、清除，必要时通知维修人员。检查完毕准备启动前，确认自动扶梯及周围没人，确认紧急停止按钮没有被按动。在自动扶梯上下两端做好防护，防止在启动过程中有人进入，造成伤害。使用钥匙启动自动扶梯后，观察其运行状态，确认正常后撤除两端防护设施，供乘客使用。如果发现异响或振动，立即使用紧急停止按钮停止运转，并通知维修人员。

（2）自动扶梯运行安全　自动扶梯各个梯级保持水平，两边装有与梯级同步运行的扶手装置，并装设多种安全装置，供乘客站立、扶手，保证安全。车站应张贴安全警示标志，引导乘客正确使用自动扶梯，及时制止乘客的危险行为。遇雨雪天气，车站应做好自动扶梯的防滑措施，并提示乘客，防止摔伤。车站可视具体情况关闭自动扶梯，并做好乘客引导提示。车站还应对自动扶梯的使用做出严格限制，禁止运送超长和超重、铁器等沉重物品，站内商户不得利用自动扶梯运送货物。

（3）自动扶梯停运安全　自动扶梯运行中突然加速、减速、发出异样声响或振动时，站务人员应阻止乘客继续搭乘，确认自动扶梯及周围没人后，准备停运检查，使用钥匙使自动扶梯停止运行。在自动扶梯上下两端做好防护，设置临时警示标牌，禁止乘客将其当作楼梯使用，并通知维修人员排除故障。

车站正常运营结束后，也应按上述办法停运自动扶梯，认真检查并清洁出入口、梯级和扶手等部位，确认梯级、梳齿和扶手带等部位没有石子、钉子以及碎纸等妨碍运行的杂物。

（4）自动扶梯转换运行方向安全　如果一个车站在早晨上班高峰时段进站客流量大、出站客流量小；在傍晚下班高峰时段进站客流量小、出站客流量大。为满足运营高峰时段的需要，车站可以根据实际情况设置自动扶梯运行方向，早晨增加进站方向的自动扶梯，傍晚增加出站方向的自动扶梯。

转换自动扶梯运行方向时，应在自动扶梯上、下两端做好防护，确认自动扶梯上及其周围没人。先将自动扶梯停运，再将自动扶梯启动到所需的方向。确认运行状态良好后，撤除两端的防护设施，提供给乘客使用。

（5）自动扶梯紧急停止安全　自动扶梯端部设有紧急停止按钮，高差较大时，扶梯中段也会增设紧急停止按钮。自动扶梯在运行中发生乘客摔倒、衣服被夹、手被夹和掉落异物卡住电梯等紧急情况时，按下紧急停止按钮，自动扶梯就会停止运行。

按压紧急停止按钮前，站务人员应向乘客发出"电梯紧急停止，请站稳扶好"等通知。自动扶梯紧急停止后，站务人员应立即了解乘客受伤情况，进行相应救护。确定自动扶梯上没有人后，在上、下两端做好防护，设置临时警示标牌，通知维修人员检查，排除故障恢复正常后，重新启动，投入运行。

遇紧急情况，可以在车站控制室内操纵综合监控后备盘（IBP），将站内全部自动扶梯同时停止，作为固定楼梯疏散乘客。

2. 垂直电梯安全

（1）垂直电梯简介　垂直电梯主要供残障人士、老年人以及携带大件行李等特殊乘客使用，装设空调通风、应急照明、防火和减振等安全装置。垂直电梯具有障碍物检测功能，当两扇门之间夹人夹物时，电梯门将自动打开。当电梯实际载重达到额定载重时，会有警铃提示，直到载重降至标准才能关门运行。乘客在轿厢内遇紧急情况时，可以使用紧急通话装置或报警按钮与车站控制室联络，寻求帮助。车站控制室可以监控电梯状态，紧急情况下，操纵综合监控后备盘（IBP）使电梯迫降到基站（站厅层或出入口地面）停止运行。

（2）垂直电梯困人的处理　垂直电梯运行中因供电中断、故障等停驶，将乘客困于轿厢时，应按以下程序处理。

1）车站控制室发现或接到乘客困于电梯的信息后，立即通知电梯厂家或运营单位设备维修部门的专业人员前来处理，并报告值班站长、控制中心。

2）立即组织站务人员到现场维持秩序，疏散围观人群，与被困乘客对话，安抚乘客，缓解乘客情绪。

3）站务人员应与被困乘客保持联系，详细了解被困人数、有无老幼病残孕人员、电梯内照明和通风等状况。

4）确认乘客身体不适，出现晕厥、呼吸困难等有可能危及人身安全的情况时，应及时通知120急救人员。

5）为避免发生危险，除安抚被困乘客保持镇静外，还应告知以下注意事项：不得将身体倚靠在电梯门上，不得自行扒开、撬砸轿厢门，不得将身体探出开启的电梯门，不得按动电梯内的按钮，不得拍打电梯。

6）如果轿厢门处于开启状态，应先将其关闭，然后设法将垂直电梯移动到就近平层位置，救出被困乘客。

7）被困乘客救出后，及时了解乘客身体状况，根据情况进行救助。

8）救出被困乘客后，与维修人员确认电梯状态，确定是否开启使用，并向控制中心汇报具体情况。

9）确认电梯暂时不能使用时，关闭电梯门，并保证在外力的作用下无法打开，停止电梯运行，关闭电梯总电源。设置电梯暂停服务标志，设置隔离带，停用维修。

3. 楼梯升降机安全

楼梯升降机是专门将坐轮椅的乘客运送至站台或站厅的设备，安装在步行楼梯的一侧，平时折叠，以便节省空间，使用时使用钥匙打开。楼梯升降机的运行可以由乘客在轮椅平台上自行操作，也可以由站务人员在升降机外操作。楼梯升降机到达顶层或底层后，倾斜板自动降下，乘客进入，锁定轮椅制动。升降运行中，护栏自动放下，伴随声光报警提醒步行楼梯上的人员注意，并保证前进方向无障碍物。楼梯升降机到达底层或顶层后，自动减速并停止，运行方向的护栏自动抬起，倾斜板自动降下，乘客离开。乘坐楼梯升降机遇紧急情况时，可以操作呼叫按钮通过语音请求帮助，也可以按压紧急按钮停止运行。楼梯升降机如图1-20所示。

第一章 安全设备运用

图1-20 楼梯升降机

三、车站监控广播安全

通信系统为控制中心、车站和车辆段等各系统、各部门之间实现语音、数据以及图像等信息的传输。通信系统通常包括传输系统、无线通信系统、电话系统、时钟系统、乘客信息系统、视频监控系统和广播系统等子系统。

传输系统是通信系统中最重要的子系统之一，为其他通信子系统、列车自动监控系统（ATS）、火灾自动报警系统（FAS）、车站环境与设备监控系统（BAS）、自动售检票系统（AFC）和电力监控系统（SCADA）等提供信息传输和信息交换的通道。

无线通信系统是控制中心的调度员与处于移动状态的列车司机、站务人员和检修人员等工作人员实现通信的手段，也是处于移动状态的作业人员、检修人员以及抢险人员相互之间联系的手段。

电话系统包括公务电话、调度电话、站内电话和轨旁电话。公务电话用于控制中心、车站、车辆段和维修部门等各单位对内对外的通信联系。调度电话为控制中心的行车调度员、电力调度员、环控调度员和维修调度员提供与车站、车辆段以及设备室等处所的迅速、直接、点对点的通话，不允许其他无关用户接入，可实现通话录音，具有单呼、组呼、全呼和紧急呼叫功能。站内电话是独立的车站内部电话，不与外部建立联系，主要提供站内各岗位、相邻车站、车站与联锁站之间的直接通信。轨旁电话设于区间线路轨道旁，每隔150～200m设置一部，供列车司机或维修人员在紧急情况下联系车站及有关部门。

时钟系统通过全球卫星定位系统（GPS）接收时间信息，为全线各车站、城市轨道交通各系统提供标准时间。

以下将对车站乘客信息系统、视频监控系统、广播系统的安全功能进行详细的叙述。

1. 车站乘客信息系统的安全功能

车站乘客信息系统是一个以运营信息为主、公益及商业信息为辅的多媒体综合服务平台。公益及商业信息包括影视播放、天气预报、时钟、新闻、赛事、股票、政府公告、公安提示、公益宣传和商业广告等。运营信息包括常规信息、即时信息和紧急信息。常规运营信息包括乘车须知、换乘信息、车站周边情况、乘客引导和避险逃生指导等；即时运营信息包括列车到达时间、列车出发时间、车站服务时间和特别服务安排等；紧急运营信息包括停电、临时停止服务等重要通知，火灾、台风、洪水突发事件警报，紧急出口、疏散路线等逃生指示等。除了由分布在车站各处的显示终端播放以上信息外，乘客还可以通过自行操作触摸式查询机获得符合个人需求的信息。

紧急运营信息具有最高优先级，可以中断当前信息的播放，并且不能被其他信息打断。直到警告解除，其他信息才能继续播放。

遇列车运行调整较大、列车退出运营和车站运营终止等情况时，车站应及时告知乘客。从事件发生至恢复正常，不间断地发布简明扼要的信息，信息内容应包括发生情况、运营安排、时间调整和表达歉意，以便帮助乘客做好出行安排，并对乘客进行疏导。

遇发生火灾、列车阻塞、恐怖袭击等紧急情况时，车站控制室可启动综合监控后备盘（IBP）的乘客信息系统紧急模式，显示导向标志引导旅客疏散方向。

2. 车站视频监控系统的安全功能

视频监控系统（CCTV）也称闭路电视，用于有选择地实时监控或事后察看站台和站厅状况，主要监控设备、列车、客流、客运作业和行车作业等。列车监控的主要内容是接车前的线路空闲情况，列车进、出站时的运行情况以及列车在车站停留时的作业情况。客流监控的主要内容是乘客进、出站情况，乘客在站厅及站台逗留情况以及乘客乘降列车情况。作业监控的主要目的是监督、指导售检票工作、接发列车工作以及巡视服务工作等。监视终端一般设于控制中心、车站控制室、站台端头列车司机立岗处，为调度员、车站值班员和列车司机提供相关的视觉信息。控制中心通过视频监控可以掌握客流变化，及时进行列车运行调整；通过监控也可以及时发现危及行车和人身安全的隐患，进行有效处理。车站通过视频监控发现异常情况时，应及时操作相关设备，掌握并记录现场情况，根据实际情况采取相应的应急措施。列车司机通过视频监控可以观察乘客的上、下车秩序及列车门、屏蔽门开关情况，防止意外事故的发生。

3. 车站广播系统的安全功能

广播系统主要由车辆段广播、中心广播和车站广播组成。车辆段广播系统是一套针对车辆段范围的、独立的区域广播系统。中心广播台设于控制中心，可以对控制中心广播，也可以对全线各车站的任何区域广播。车站广播台有站长广播台和站台广播台两种。站长广播台设于车站控制室，可以对站台、站厅和办公区同时进行广播，也可以选定区域单独广播。站台广播台设置在站台监控亭或站台中部墙上，每个站台设一个，是仅面向站台的定向广播，在恶劣环境下仍能全天候使用，有防护门，能够防水。

车站广播有自动、人工两种模式，正常情况下采用自动广播，遇设备故障或广播质量不良时改用人工广播。广播方式分为音乐广播和语音广播，音乐广播的目的是营造良好的候车气氛，语音广播主要面向乘客、运营人员及驻站人员等。语音广播主要起三方面的作用：一是向乘客通告列车运行、提供向导等服务信息；二是向检修、抢修及其他工作人员发布作业命令和通知；三是紧急情况下，通过广播发布通知，组织运营人员协同配合，指挥事故抢险，疏导乘客及车站人员安全撤离。客流量大小决定广播频度，站内乘客人数较多时，循环广播的间隔时间应适当缩小。

（1）正常运营广播　正常情况下，对乘客的广播主要是通报运营信息，如列车到发时刻、线路换乘办法、车站运营时间、车票使用办法、提醒乘客文明礼貌、告知乘车及候车注意事项等。

（2）运营变化广播　非正常情况下，需要向乘客广播行车变化与客运安排，如车次变更、列车晚点、列车越站、时间表变化和车票处理等。

（3）安全提醒广播　对乘客的安全广播提醒主要有：安全线注意、乘坐电梯注意、雨雪天气防滑注意、财物防盗、人身安全等。

（4）紧急广播　当出现列车计划调整较大、暂时停运或车站运营终止等情况时，车站应及时向乘客进行人工广播。广播内容原则上应包括：吸引乘客注意，说明事实（注意语调和措辞，防止引起乘客恐慌或不安），说明安全状况与运营安排，告知需要乘客配合的行动，并表达歉意以及对乘客的合作致谢等。

1）运营时刻发生变化。由于天气不良、列车故障、地面设备故障、乘客进入轨道和物品掉落轨道等原因，导致列车运行调整，造成运营时刻发生变化，车站应向乘客广播，说明原因、列车调整计划和列车预计到达时刻等。

广播用语为："各位乘客请注意，由于天气不良（前方列车发生故障、前方车站发生事故、设备故障等），列车时刻调整如下：行车间隔由×分钟调整为×分钟，开往××方向的列车将于×点×分后到达（发出），请您耐心等候。"

2）运营暂时中断。发生行车设备故障暂时无法修复、列车撞人撞物以及大型异物侵限等情况，造成列车长时间中断，行车计划改变较大，列车运行时间不确定，车站应及时向乘客广播，说明原因及情况。

广播用语为："各位乘客请注意，由于设备故障（前方列车发生故障、前方车站发生事故等），运营暂时中断。有急事的乘客可以到客服中心办理退票手续改乘其他交通工具，给您带来的不便敬请原谅。"

3）运营终止疏散乘客。发生火灾、水淹等灾害或爆炸、毒气等公共安全事件时，车站需终止运营，应广播通知乘客，积极组织疏散。

广播用语为："各位乘客请注意，由于车站发生紧急情况，运营暂时中断，请您在站务人员引导下迅速、有秩序地离开车站，您以后可持车票到车站办理退票手续。"

四、车站紧急停车按钮

1. 紧急停车按钮的作用

遇到人或物坠落轨道、侵入限界以及夹人夹物开车等紧急情况，列车继续运行可能危及行车或人身安全而列车司机不能及时发现时，站务人员或乘客可以按压紧急停车按钮，使列车紧急停车。

紧急停车按钮被按压后，站台附近的轨道电路区段为有效范围，使进入限速区段的列车紧急制动。岛式站台的有效停车范围为按压侧站台的一条线路，侧式站台的有效停车范围为两侧站台间的两条线路，双岛式站台内侧的有效停车范围为中间两条线路，双岛式站台外侧的有效停车范围为被按压侧的一条线路。

紧急停车按钮触发后，相对应站台的出站信号机及所有通向该站台进路始端信号机不能开放，如果已经开放，将立即关闭。

紧急停车由信号设备集中站控制室恢复，如所在站不是信号设备集中站，由所属控制站恢复。紧急停车恢复后，相应管辖范围的紧急停车限制被解除，列车恢复运行。

2. 紧急停车按钮的操作

站台和车站控制室分别安装紧急停车按钮。需要紧急停车时，侧式站台可以按压任意紧急停车按钮；岛式站台必须按需停车的线路，选择相应侧的紧急停车按钮。

（1）站台紧急停车按钮操作　遇紧急情况，站务员或乘客可砸碎紧急停车按钮的玻璃罩，按下红色按钮，使列车紧急停车。站务员按压紧急停车按钮或发现有人按压紧急停车按钮后，立刻报告车站值班员，前往现场处理，根据实际情况采取适当措施，迅速出清线路或进行安全防护。

车站值班员得到站务员报告或发现紧急停车按钮被按压后，立即了解现场情况，组织站台人员采取有效措施，并报告行车调度员。待现场处理完毕，车站值班员应确认线路出清，确认行车条件恢复后，报告行车调度员，解除紧急停车。站台紧急停车按钮如图1-21所示。

（2）车站控制室紧急停车按钮操作　车站值班员通过视频监控系统（CCTV）发现紧急情况，或接到紧急通知后，直接按下车站控制室紧急停车按钮的红色按钮，然后立即了解现场情况，组织站台人员采取有效措施，并报告行车调度员。确认线路出清，恢复行车条件后，报告行车调度员，解除紧急停车。车站控制室紧急停车按钮如图1-22所示。

图1-21　站台紧急停车按钮

图1-22　车站控制室紧急停车按钮

五、车站应急照明

城市轨道交通工作场所照明种类可分为正常照明、应急照明、值班照明和过渡照明。正常照明是指在正常情况下使用的室内外照明,应急照明是指因正常照明的电源失效而启用的照明,值班照明是指非工作时间为值班设置的照明,过渡照明是指为减少建筑物内部构筑物与外界过大的亮度差而设置的、亮度可逐次变化的照明。

应急照明包括备用照明和疏散照明,正常情况下由交流电源供电。当交流电失效时,自动转换为蓄电池供电;交流电源恢复后,又自动转换为交流电源供电。应急照明持续供电时间不小于 60min,由正常照明转换为应急照明的切换时间不大于 5s。

备用照明用于确保正常活动继续进行,车站控制室、站长室、消防泵房和变配电房等应急指挥和应急设备应用场所的备用照明照度不小于正常照明照度的 50%,其他工作场所的备用照明照度不小于正常照明照度的 10%。

疏散照明用于帮助人们在火灾初期的浓烟中辨认方向,沿着灯光顺利疏散,由出口标志灯、指向标志灯和疏散照明灯组成。出口标志灯设于站台出口、站厅出口、车站出口、设备房及其他通向外界的应急出口处的上方。指向标志灯设于站台、站厅、自动扶梯、楼梯口、疏散通道间隔不大于 20m 处、疏散通道转弯处或交叉口、安全出口。疏散照明灯设于站台、站厅、自动扶梯、楼梯口、疏散通道、安全出口、房间通道、风道以及区间隧道等处。

六、车站安全标志及警示语

车站安全标志由图形、箭头、文字和色彩组成,使用中文和英文两种文字,主要起指示引导和安全提醒的作用。标志位置要便于乘客看到,标志内容要易于理解,不得遮挡,发现破损及时更换。

指示引导类的标志包括导向标志、定位标志和信息服务等。导向标志一般带有箭头符号,指引乘客完成进站、购票、检票、候车、乘车、换乘以及出站的全过程。定位标志的作用是标明服务场所的地点,如出入口、问讯处、售票口、补票口、自动售票机、卫生间、公共电话、商店、设备用房等。服务信息采用图示、表格和文字等方式,涂刷、张贴在建筑物上,也可以通过乘客信息系统显示,例如列车运营时刻表、乘车规定、列车线路图、车票使用办法、车站示意图、换乘线路、车站周边街道及公交车信息、安全检查通告和天气预报等。

安全提醒标志包括通用安全标志和文字警示语两类,目的是提醒乘客注意潜在危险,及早采取预防措施,避免人身伤害和财产损失。

1. 车站安全标志

城市轨道交通车站属于人群聚集的公共场所,使用的安全标志应符合有关规定。安全标志是用以表达特定安全信息的标志,由图形符号、安全色、几何形状(边框)或文字构成,应坚固耐用、图形清楚,采用规定颜色,设于明亮醒目的固定地点,不得有妨碍认读的障碍物,并有足够的时间来注意它表示的内容。

(1)安全色 安全色是传递安全信息含义的颜色,包括红、蓝、黄、绿四种颜色。红色传递禁止、停止、危险或提示消防设备、设施的信息，蓝色传递必须遵守规定的指令性信息，黄色传递注意、警告的信息，绿色传递安全的提示性信息。对比色是使安全色更加醒目的反衬色，包括黑、白两种颜色。黑色用于安全标志的文字、图形符号和警告标志的几何边框；白色用于安全标志中红、蓝、绿的背景色，也可用于安全标志的文字和图形符号。安全色与对比色同时使用时，应按规定搭配使用，红色与白色搭配，蓝色与白色搭配，黄色与黑色搭配，绿色与白色搭配。安全色与对比色的相间条纹为等宽条纹，倾斜约45°。红色与白色相间条纹表示禁止或提示消防设备、设施位置的安全标记；黄色与黑色相间条纹表示危险位置的安全标记；蓝色与白色相间条纹表示指令的安全标记，传递必须遵守规定的信息；绿色与白色相间条纹表示安全环境的安全标记。

（2）安全标志　安全标志分禁止标志、警告标志、指令标志和提示标志。安全标志可加文字辅助标志，文字辅助标志的基本形式是矩形边框，有横写和竖写两种形式。文字辅助标志横写时，写在标志的下方，可以和标志连在一起，也可以分开；禁止标志和指令标志为白色字，警告标志为黑色字；禁止标志、指令标志衬底色为标志的颜色，警告标志衬底色为白色。文字辅助标志竖写时，写在标志杆的上部，禁止标志、警告标志、指令标志和提示标志均为白色衬底，黑色字，标志杆下部色带的颜色应和标志的颜色相一致。

禁止标志是禁止人们不安全行为的图形标志，基本形式是带斜杠的圆边框，如图1-23所示。车站常用禁止标志有"禁止吸烟""禁止烟火""禁止攀登""禁止跳下""禁止倚靠"等。

图1-23　车站常用禁止标志

警告标志是提醒人们对周围环境引起注意、以避免可能发生危险的图形标志，基本形式是正三角形边框，如图1-24所示。车站常用警告标志有"当心触电""当心碰头""当心夹手"等。

图1-24　车站常用警告标志

指令标志是强制人们必须做出某种动作或采用防范措施的图形标志，基本形式是圆形边框，如图 1-25 所示。

图 1-25　车站常用指令标志

提示标志是向人们提供某种信息（如标明安全设施或场所等）的图形标志，基本形式是正方形边框。提示标志提示目标的位置时要加方向辅助标志：按实际需要指示左向时，辅助标志应放在图形标志的左方；如指示右向时，则应放在图形标志的右方，如图 1-26 所示。当车站发生意外需要紧急疏散时，安全提示标志可引导乘客及工作人员由站台公共区、站厅公共区、设备区，沿着其指示的方向，迅速疏散至出入口。起疏散引导作用的提示标志应设于站台、站厅、楼梯口、自动扶梯、疏散通道拐弯处及交叉口、设备管理区内的走道、沿通道走向每隔不大于 20m 处、安全出口等处。疏散提示标志在没有外部照明条件下能自动发光，并设有玻璃门或其他不燃烧材料制作的保护罩，设置位置为门洞边缘或上部、柱面、墙面等处，距地面小于 1m，不应设置在门、窗和其他可移动的物体上，间距不应过大。在站台、站厅、疏散通道等人员密集处所，应保持视觉连续设置。

图 1-26　车站常用提示标志

2. 车站警示语

车站警示语以提醒人们注意安全为目的，应文明庄重，醒目易懂，言简意赅。进出站警示语有："请勿携带易燃易爆有毒危险品进站乘车""车票已回收，请尽快出站""禁止携带宠物""禁止携带气球"。屏蔽门、站台警示语有："文明乘车，先下后上""列车开关门时，请勿抢上抢下""列车蜂鸣器响、屏蔽门门灯红闪时，请勿上下车""请不要倚靠屏蔽门""小心站台间隙""当心门体滑动，请勿靠近""禁止跳下路轨"等。自动扶梯警示语有："禁止在电梯上嬉戏奔跑""小心电梯夹脚，请勿逆行""请站稳，紧握扶手""老幼病残孕，请勿单独乘梯""禁止运送货物""请按顺序乘梯，请勿拥挤"等。

七、车站应急救援备品

车站储备的救援器材和应急物资应由专人保管,应保证数量充足,不得随意挪用,保持良好状态,定期检查维护,按期更新,当出现故障、损坏或数量不足时应及时补充,一旦发生意外事件,能够迅速提供到位。

应急备品应明确存放地点和位置,按照说明操作,在有效期内使用。带电备品应使用专用充电器及时充电,保持经常有电,保证随取随用。机械备品应注意加油保养,防止生锈。布制、草制类备品应经常检查清点,防止发霉虫蛀。高压电备品应定期进行漏电检测,保持其绝缘性。

1. 客运应急备品

用于大客流、停电、票务设备故障以及天气不良等客流组织的应急备品包括铁马、隔离栏杆、隔离带、预制车票、临时售票亭、临时告示牌、临时导向标志、手提广播、对讲机、手持应急灯及其充电器、防滑垫、钢卷尺和相机等。

用于客运服务的应急备品有借用雨伞、针线包和医药箱等。医药箱内可准备清凉油、人丹、风油精、酒精棉花和创可贴等常见药品。

2. 救援抢险备品

职工人身安全防护用品有防寒服、安全帽、荧光衣、纱手套、口罩、绝缘手套、绝缘鞋、安全带、雨衣、雨鞋、防毒面具和空气呼吸器等。

车站行车安全备品有手信号旗(灯)、红闪灯、口笛、钩锁器、手摇把、臂章、调度命令、路票、无线手持电台及其充电器、下轨梯、高压绝缘杆、拾物钳和各类专用钥匙等。

防洪除雪抢险器材有水泵、铁镐、铁锹、挡水板、扳手、草垫、沙袋、扫帚、编织袋、麻袋片、铲子、桶、融雪剂、防冻液、道岔清雪器和道岔苫布等。

人员救治用品有急救箱、担架、湿毛巾和存尸袋等。

第三节 消防系统运用

  案例引入

案例1:因好奇按压消防报警按钮

某日中午12时09分,某市地铁2号线某站突然发出警报,站厅的广告牌灯光熄灭,通道内的防火卷帘门纷纷落下,车站监控室的门禁开启,车站工作人员、警察、保安纷纷冲出来,一边检查一边询问。经仔细检查后,并未发现火情,及时处置后,恢复了设备,没有影响地铁运营,也未引起乘客恐慌。

调取监控录像后,发现是一名八九岁的小男孩出于好奇按下了通道内的火灾手动报警按钮,当相关设备被触发后,小男孩吓坏了,贴着墙走向通道拐角处躲了起来。民警对小男孩和他的妈妈进行了批评教育。

案例2：伦敦国王十字地铁站火灾事故

1986年11月18日傍晚，英国首都伦敦的国王十字地铁站发生重大火灾，这是世界地铁系统有史以来发生的第一次大火，大火烧了4h才被扑灭，造成32人死亡、100多人受伤。

国王十字站是伦敦最繁忙的地铁站，是伦敦市地铁的枢纽站，也是5条主要地铁干线的交汇点，每天接纳30多万名乘客。地铁站的自动扶梯是陈旧的木质电梯，已有40多年的历史，大火就是从一部自动扶梯的底部开始燃烧的。火势迅速蔓延，浓烟弥漫，候车的乘客无比恐惧，惊慌失措，有许多人不辨方向地四处奔跑，也有许多人横七竖八地躺在地上，咳嗽、流泪、呻吟、尖叫，一片混乱。

火灾发生以后，当时的英国运输大臣保罗·简能立即赶往现场指挥救援，伊丽莎白女王表示震惊，首相撒切尔夫人亲赴事故现场视察并前往医院探视伤员。警察和消防队员堵住一些危险出口，防止失去理智的乘客自投火海。地铁方面调来一辆列车，运走部分被大火包围的乘客。由于消防队员没有及时获得地铁通道分布图，灭火工作一度受阻。150多名消防队员奋勇灭火，但是许多人没有携带防毒面具，灭火工作异常艰险，最终造成两名消防队员重伤、一人殉职。

大火的起因众说纷纭，伦敦警方认为是电梯下面的垃圾被电梯发动机打出的火星引起，也有人说是由于被丢弃尚未熄灭的烟头引起。伦敦地铁大火之后，英国地铁系统全面禁止吸烟，许多国家的地铁管理部门普遍加强了消防工作。

相关知识

城市轨道交通车站空间狭小，人员密集，其中地下铁道还与地面隔离。一旦发生火灾，烟雾不易排出，到处浓烟滚滚，难以辨认方向，疏散困难。大型消防车辆及装备又难以靠近火灾现场，大大增加了灭火难度。因此，城市轨道交通更需要重视消防工作，加强自身消防系统的建设和完善。城市轨道交通的消防系统包括火灾自动报警系统、消火栓系统、自动灭火系统和灭火器。常见自动灭火系统有自动喷水灭火系统、高压细水雾自动灭火系统和自动气体灭火系统。自动喷水灭火系统的不足是容易造成地面湿滑，在火灾时影响人群疏散速度。高压细水雾自动灭火系统是一种新型灭火系统，在城市轨道交通中的应用尚不广泛。自动气体灭火系统是城市轨道交通行业应用较为普遍的灭火系统。

一、火灾自动报警系统

1. 火灾自动报警系统的功能

火灾自动报警系统（FAS）是一种自动消防设施，通过火灾探测器监控火灾发生时烟雾、热量等特征的变化，确定火灾发生的地点，以进行报警，并自动控制消火栓系统、自动灭火系统、防烟排烟系统、应急广播和应急照明等消防救灾设备，实现对火灾的早期发现和扑救，在火灾防救中发挥着重要作用。

火灾自动报警系统（FAS）通常按中央级和车站级两级设置，中央级设备和车站级设备通过通信网络连接。中央级设置在控制中心,与各车站、车辆段的火灾自动报警系统(FAS)进行通信,接收全线火灾信息,发布消防控制命令,留存火灾事件历史资料,实现对全线消防设施的日常监管和监控管理。车站级设置在车站控制室和车辆段,与中央级火灾自动报警系统(FAS)、车站环境与设备监控系统(BAS)进行通信,采集记录火灾信息并报送中央级火灾自动报警系统(FAS),控制消防救灾设备的启停并显示其运行状态,启动防烟、排烟模式,停止通风、空调系统运行,切断相关区域的非消防电源,独立执行或接受控制中心指令,发布火灾联动控制指令,实现对车站或车辆段管辖范围内的火灾监视和控制。通信网络使得管辖范围内任意地点的火灾信息和控制中心下达的指令均匀地、迅速地、无阻碍地传输,有利于火灾的早期发现和救援。

火灾探测器是火灾自动报警系统(FAS)中最基本、最重要的设备之一,它通过不间断地捕捉火灾发生时冒烟、生热和发光等特征,检测出火灾信息,向火灾自动报警系统(FAS)报警。常见火灾探测器有感烟探测器、感温探测器、感光探测器(又称火焰探测器)和可燃气体探测器,适用于不同的环境和场所。在车站的站厅、站台、各种设备机房、库房、值班室、办公室、走廊、配电室、电缆隧道或夹层均应设火灾探测器,长度超过60m的出入口通道应设火灾探测器,设有气体自动灭火系统的房间应设两种火灾探测器。在防护区内不得有吸烟、烧焊等产生烟雾的行为,防止感烟探测器误报警。设备用房内有空调控制温度,火灾初起时防护区的温度不会迅速升高,感烟探测器会比感温探测器较快感应。

手动报警按钮是以手动方式向火灾自动报警系统(FAS)产生报警信号,作用等同于火灾探测器。手动报警按钮应设于明显和便于操作的部位,安装在墙上时其底边距地高度宜为1.3～1.5m,而且应有明显的标志。手动报警按钮应设于有火灾探测器的场所、有人活动的公共场所、地下区间隧道、长度超过30m的出入口通道以及消火栓处,从一个防火分区内的任何位置到最邻近的一个手动火灾报警按钮,距离不应大于30m。

2. 火灾自动报警系统的消防联动控制

火灾自动报警系统(FAS)有自动和手动两种触发方式,设置消防联动控制设备。消防联动控制设备包括火灾报警控制器、自动灭火系统控制装置、室内消火栓系统控制装置、防烟排烟系统及空调通风系统控制装置、常开防火门及防火卷帘控制装置、电梯回降控制装置、应急广播控制装置、火灾警报控制装置、应急照明与疏散指示标志控制装置等。实现下列控制及显示功能:启停消防水泵,启停自动灭火系统并发出声光报警,关闭常开防火门,关闭防火卷帘,启停防烟和排烟风机,开启车站屏蔽门和自动检票闸机,显示报警位置,显示保护对象的重点部位、疏散通道及消防设备所在位置的平面图或模拟图等,显示系统供电电源的工作状态,火灾警报与应急广播,切断有关部位的非消防电源,接通应急照明灯和疏散标志灯,控制电梯全部停于首层并接收其反馈信号等。

位于疏散通道上的防火卷帘两侧设置火灾探测器及手动控制按钮,防火卷帘可以自动控制,也可以手动控制。火灾自动报警系统(FAS)对疏散通道上的防火卷帘控制如下:感烟探测器动作后,卷帘下降至距地面1.8m处;感温探测器动作后,卷帘下降到底。如果防火卷帘仅起防火分隔作用,火灾探测器动作后,卷帘自动下降到底。

屏蔽门和自动检票闸机是控制乘客进出站的主要限制关口，确认发生火灾后，通过火灾自动报警系统（FAS）紧急开启站台屏蔽门和自动检票闸机，意味着开放了所有限制通行的关口，可以迅速疏散乘客和车站工作人员。

排烟系统与正常通风空调系统合用，日常运行由车站环境与设备监控系统（BAS）监控管理。火灾自动报警系统（FAS）确认火灾后，向车站环境与设备监控系统（BAS）发布预定的防烟、排烟模式指令。环境与设备监控系统（BAS）接收救灾指令后优先执行操作，进行运行模式转换，并反馈指令执行信号。火灾自动报警系统（FAS）将与防烟、排烟无关的通风、空调设备关机，切断非消防电源，组织烟气排放，防止火灾蔓延，确保火灾现场的救灾人员安全。

二、气体自动灭火系统

1. 气体自动灭火系统简介

（1）气体自动灭火系统的安全要求　在车站控制室、信号设备室、变电所、通信设备室、环控电控室和屏蔽门控制室等电气设备房，仪器精密，设备复杂，环境封闭，不宜用水灭火，通常设置气体灭火系统。气体灭火系统具有自动报警和自动消防的功能，对于无人值守的电气设备房非常有效。气体自动灭火系统采用全淹没灭火方式，要求防护区的空间密闭，以保证在规定的时间喷放规定用量的灭火剂能均匀地充满整个防护区。但是受灭火剂来源限制，气体自动灭火系统不能持续灭火。

防护区的门必须能从防护区内打开，向疏散方向开启，并且能自行关闭。防护区的疏散通道和出口设置应急照明与疏散指示标志，能保证人员在30s内疏散完毕。防护区外的入口处设置标志牌来说明所采用的气体灭火系统类型，并设火灾声光报警器和灭火剂喷放指示灯。防护区内设火灾声音报警器，可根据情况增设闪光报警器。防护区应设置机械排风装置，供灭火后的防护区通风换气，排风口应设在防护区下部并直通室外，地面车站或高架车站也可依靠窗户自然通风。灭火剂喷放指示灯应保持到防护区通风换气后，以手动方式解除。防护区外入口处的气体灭火系统标牌、灭火剂喷放指示灯和紧急启停按钮如图1-27所示。

图1-27　防护区外入口处的气体灭火系统标牌、灭火剂喷放指示灯和紧急启停按钮

（2）烟烙尽（IG541）气体自动灭火系统介绍　气体灭火系统采用的灭火剂应具有灭火快、用量省、久储不变质、不导电和对设备损害小等特点，常见的灭火剂有二氧化碳、七氟丙烷、气溶胶和烟烙尽（IG541）等。烟烙尽（IG541）气体自动灭火系统在城市轨道交通中应用较广泛。

烟烙尽（IG541）气体由52%的氮气、40%的氩气和8%的二氧化碳组成，这三种惰性气体自然存在于大气，灭火后其有效成分回归自然，对臭氧层没有任何破坏，是真正意义上的绿色环保灭火剂。烟烙尽（IG541）气体灭火设计浓度一般为37%～43%，在该浓度内短时间停留，不会对人体造成生理影响。在灭火中不产生任何分解物，不会腐蚀设备，有利于保护精密仪器。烟烙尽（IG541）气体无色无味，喷放时没有浓雾，不会造成视野不清而影响辨认方向。烟烙尽（IG541）系统的灭火原理是迅速降低氧气浓度至不支持燃烧的范围，达到物理窒息的目的。当烟烙尽（IG541）气体按设计的浓度喷放于防护区时，可以在1min之内将区域内的氧气浓度降至12.5%，使火焰无法继续燃烧。

烟烙尽（IG541）气体自动灭火系统由机械部分和电控部分组成，机械部分是指用来储存、输送气体灭火剂的管网系统，电控部分是指用于自动报警和喷放灭火剂的报警控制系统。

烟烙尽（IG541）管网系统由钢瓶、启动阀、气体输送管网和喷头等组成。钢瓶用来储存气体灭火剂，启动阀用于释放钢瓶中的气体，输送管网强度要能承受高压气体。

烟烙尽（IG541）报警控制系统包括中央控制单元、火灾探测器、声光报警设备和辅助开关设备等。中央控制单元收到火灾探测器传来的信号后，进行逻辑判断，发出声光报警，并根据报警条件启动相应设备动作。火灾探测器主要采用灵敏度级别高的感温探测器和感烟探测器，通过感受防护区内的温度变化和空气颗粒变化来收集火灾信息。辅助开关设备主要包括手动/自动转换开关、紧急止喷按钮、手拉启动器，手动/自动转换开关实现气体灭火系统在自动控制和手动控制之间切换，紧急止喷按钮用于火灾误报时在30s的延时阶段紧急停止系统启动，手拉启动器用于设备不能自动喷放时手动启动系统。

2．烟烙尽（IG541）系统灭火流程

烟烙尽（IG541）气体自动灭火系统的启动方式有三种：自动控制、手动控制和机械应急操作。自动控制装置收到两个独立的火灾信号后才能启动，单独的火灾信号仅使系统处于预报警状态。在有人工作的防护区，采用手动控制方式更为安全可靠。手动/自动转换开关应设在防护区门外距地面1.5m处便于操作的地方，机械应急操作装置应设在储瓶间内或防护区门外便于操作的地方。

（1）自动控制流程

1）将手动/自动转换开关置于自动位，使系统处于自动控制状态。

2）防护区内的一个火灾探测器感应到火灾信号时：

①车站控制室的火灾自动报警系统（FAS）发出报警。

②防护区只有警铃鸣响，表示火灾预报警。

③车站控制室马上在火灾自动报警系统（FAS）上查明火警地点，确认属于气体灭火防护区，派人赶赴现场确认。

④如属误报，消除报警，并将系统复位。

第一章　安全设备运用

3）同一防护区内两个火灾探测器感应到火灾信号时：
①车站控制室的火灾自动报警系统（FAS）发出报警。
②防护区除警铃鸣响外，还发出声光报警，表示火灾报警。
③气体灭火系统进入 30s 延时启动状态，以便进行火灾确认、人员疏散。
④需要进入防护区查看或者确认设备误报时，在 30s 之间按下防护区的紧急止喷按钮，紧急停止灭火系统启动。
⑤确认发生火灾，现场人员必须在 30s 之内迅速撤离，并关闭好门窗。
⑥30s 延时结束，灭火系统启动，烟烙尽（IG541）气体喷入防护区灭火。
⑦通风系统的防火阀自动关闭，保证防护区的密闭性。
⑧灭火期间，防护区的声光报警持续工作，灭火剂喷放指示灯点亮，警告其他人员不得进入。为防止乘客听到报警产生惊慌情绪，也可以人工消除报警。
⑨确认火灾熄灭后，将系统复位。
⑩操纵机械装置对防护区排气，未设机械排风装置的地面车站或高架车站打开门窗通风换气。

（2）手动控制流程
1）当设备故障无法自动喷放气体、属于有人值守的防护区、值班人员先于火灾探测器发现火情时，将手动/自动转换开关置于手动位，使系统处于手动控制状态。
2）现场确实发生火灾，确认防护区内无人后，关闭门窗，使防护区处于封闭状态。按下防护区的手动启动器，系统立即启动，不再延时，烟烙尽（IG541）气体直接喷入防护区灭火。
3）关闭防护区通风系统的防火阀。

（3）机械应急操作流程
1）当自动控制和手动控制失效，系统不能发出灭火指令时，通过机械应急操作启动气体灭火系统。
2）派人到气瓶间通过机械装置直接启动瓶头启动阀，人工启动气体灭火系统，钢瓶内被释放的烟烙尽（IG541）气体迅速喷入防护区灭火。
3）关闭防护区通风系统的防火阀。

三、消火栓灭火系统

消火栓灭火系统使用方便、性能可靠、价格低廉、灭火效果好、适用范围广，是目前城市轨道交通最基本的灭火设备。

1. 消火栓灭火系统简介

消火栓灭火系统分为室外消火栓系统和室内消火栓系统。室外消火栓设置在建筑物外，主要供消防车取水，也可以直接连接水带、水枪出水灭火。室内消火栓负担建筑物内部灭火，通常安装在消火栓箱内。车站出入口及风亭口设置室外消火栓，地下车站、高架车站、地面车站、隧道区间均设置室内消火栓。地面区间和高架区间主要依靠市政消防能力，一般不设消火栓系统。

消火栓系统由消防给水系统和消火栓等组成。车站消防水源来自市政给水系统，市政给水系统足以满足深埋于地下的车站消防用水压力,所以地下车站可采用直接接入市政给水管网的方式。地面及高架车站则需要通过消防泵增压来满足消防用水需求。当市政管网容量不允许时,可修建高位消防水箱储水。消防泵能够人工控制启停,一旦启动不能自动停止。消防水池可设置在低处,依靠消防水泵提高消防用水的压力和流量;也可设置在建筑物或消防给水系统的最高处,最低有效水位压力能满足最不利灭火地点的用水压力和流量。消防水池的有效容积应满足 2h 消防用水量,足够一次灭火所需。高位消防水箱设置在建筑物或消防给水系统的最高处,主要用于扑救初期火灾,其压力和有效容积能满足初期火灾的灭火用水量,有的车站储存 10min 的消防水量。

车站消火栓通常包括消火栓箱内的水带、水枪、消火栓阀门、消防软管卷盘、消火栓按钮等及箱外的消防电话插孔、手动报警按钮等。水带有内衬里,长度不应超过 25m。所采用的自动消火栓系统不需要其他任何动作,敷设水带后仅打开消火栓阀门,在任何时间和地点都能达到灭火要求的出水流量。消防软管卷盘是消火栓系统中的一种辅助灭火器材,用水量少,用于扑救初期火灾,其构造简单、操作方便,不需要经过专门训练也能使用。设有消防泵的消火栓处设有消火栓按钮,用于远程启动消防泵,给消火栓补水。消防电话塞孔与消防对讲电话配套使用,用于灭火时与现场保持通信联系。设有消火栓按钮时,手动报警按钮只有报警功能;未设消火栓按钮时,手动报警按钮兼具报警和启动消防泵的功能。消火栓阀门、水枪、水带、消火栓按钮、消防电话插孔、手动报警按钮分别如图 1-28、图 1-29 和图 1-30 所示。

图 1-28　消火栓阀门和水枪

图 1-29　水带和消火栓按钮

图 1-30　消防电话插孔和手动报警按钮

车站的站台及站厅等公共区客流量大，发生火灾时灭火困难，宜将消火栓和灭火器共箱设置，上格箱内配备水带、水枪和消防软管卷盘，下格箱内放置灭火器。车站其他部位的消火栓箱可不设消防软管卷盘，箱内也不必放置灭火器。消火栓和灭火器共箱设置的消火栓箱如图 1-31 所示。

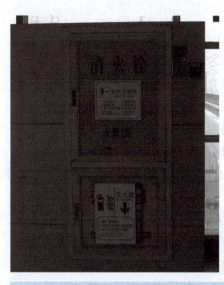

图 1-31 消火栓与灭火器共箱设置的消火栓箱

由于消火栓箱在隧道里不容易固定好，一旦侵入限界，列车就可能碰撞箱体，所以区间隧道不设消火栓箱。又由于隧道潮湿，为防止水带受潮腐烂，区间隧道也不配水带，而是将水带放在邻近车站站台端部的消火栓箱内。

消火栓的布置原则是同一平面两支水枪的两股充实水柱能同时到达任何部位。当消火栓设计用水量不大于 20L/s 或建筑物整体全部设置自动喷水灭火系统时，可采用一支水枪的一股充实水柱到达任何部位的方式布置。消火栓的布置间距应根据行走距离计算，两支水枪的充实水柱能同时到达任何部位时不大于 30m，一支水枪的充实水柱同时到达任何部位时不大于 50m，隧道内不大于 50m。

消火栓应设于明显且方便取用的地点，周围不准堆放物品，防止遮挡消火栓或影响消火栓开启。消火栓箱门应保证能随时打开，最好采用玻璃门，以便紧急时敲碎玻璃，迅速启用消火栓灭火。对消防水池、消防泵和消火栓等应定期检查，随时保证器材齐全、水压正常。

2. 消火栓系统灭火流程

（1）消防软管卷盘灭火流程

1）遇微小火灾，两人互相配合，使用消防软管卷盘自行灭火。

2）打开消火栓箱，将卷盘转 90°，拉出软管。

3）一人拖着软管奔向着火地点，到达目的地后打开软管上的水枪阀门，将水枪对准火源。

4）通知守候在消火栓箱边的另一人准备就绪，另一人打开卷盘控制阀门供水。

5）灭火过程中，两人保持联系，确认出水流量和压力。
6）如果水压不足，守在消火栓箱边的人按下消火栓按钮，启动消防泵，提高水压。
7）灭火完毕，关闭卷盘控制阀门，排净软管余水。
8）将软管绕在卷盘上，关闭消火栓箱。
9）通知有关人员检修。

（2）水带灭火流程

1）发现火灾时，迅速打开消火栓箱，紧急时可击碎玻璃门。
2）取出水带，两手托住，用力向着火点方向抛出铺开。
3）把水带一端的接头与消火栓接头对接，顺时针转动直至卡紧。
4）把水带另一端的接头与水枪连接，拖着水带，奔向着火地点。
5）到灭火地点站稳，胳膊夹紧水带，双手紧握水枪对准火源。
6）另一人守候在消火栓箱边，确认灭火人员已准备就绪，缓缓打开消火栓阀门，完全打开后立即前往着火地点协助灭火。
7）观察水枪出水流量及压力，发现压力不足，马上按下消防栓按钮，启动消防泵，增加水压。
8）灭火完毕后，关闭消火栓箱及水泵启动阀门。
9）将水带冲洗干净，置于阴凉干燥处晾干，按原水带安置方式放回原处。

四、灭火器

1. 灭火器简介

灭火器是一种适用于扑灭初起火灾的消防器材，轻便灵活、操作简便，非专业人员稍加训练也能掌握使用方法。使用单位应根据配置场所的火灾种类、配置场所的危险等级、灭火器的灭火效能和通用性、灭火剂对保护物品的污损程度、灭火器设置点的环境温度、使用灭火器人员的体能等，选配类型、规格、形式适用的灭火器。同一配置场所应选配类型和操作方法相同的灭火器，这样既便于培训相关人员使用灭火器，发生火灾时又能方便快速地利用同一种方法连续使用多具灭火器，并且有利于灭火器的维修保养。同一配置场所存在不同火灾种类时，应选用通用型灭火器，通常选择干粉灭火器。

灭火器种类较多，按移动方式分为手提式灭火器和推车式灭火器；按所充装的灭火剂分为清水灭火器、干粉灭火器、泡沫灭火器、卤代烷灭火器和二氧化碳灭火器等。考虑方便使用、易于维护、布局美观和火灾种类等因素，城市轨道交通车站主要使用手提式干粉灭火器和手提式二氧化碳灭火器。

灭火器设置地点应明显醒目，有视线障碍的设置点应有指明其位置的发光标志，以便保证发生火灾时，能够及时、就近取得灭火器，避免寻找灭火器而浪费时间。灭火器应摆放稳固，手提式灭火器应置于不上锁的灭火箱内或挂钩、托架上，高度适宜，不应过高或过低，要便于取用，防止不易取出造成时间延误，从而失去扑灭初起火灾的最佳时机。灭火器应选择适当的位置和方式设置，不得影响行人走路和安全疏散。灭火器摆放时应铭牌朝外，人们就能经常看到灭火器的性能和用法，一旦发生火灾，能够正确使用。

一个计算单元内，灭火器的配置数量不得少于两具。其好处是发生火灾时，使用两具灭火器共同灭火，可以提高灭火效率。同时，两具灭火器还可以相互备用，即使其中一具失效，另一具仍可正常使用。每个设置点的灭火器数量不宜多于五具。如果灭火器配置数量过多，发生火灾时，太多的人员涌向同一个地点取用灭火器，并手提灭火器奔向同一个着火点，相互间干扰较大，反而容易延误灭火。况且配置数量过多时，灭火器及其辅助设施占用空间较大，对于空间狭小、人群密集的城市轨道交通车站，不利于乘客行走和人员疏散。

灭火器是一种常规、备用的消防器材，存放时间长，使用时间短，使用次数少。为了不影响灭火器的使用性能和安全性能，应经常检查铅封是否完好、压力是否正常、是否在有效期内、零部件是否损坏，以保持灭火器时刻处于良好状态。

2. 灭火器的使用方法

使用干粉灭火器和二氧化碳灭火器时，按下压把前必须把牢喷嘴或喇叭筒，否则灭火剂喷出时，喷管会剧烈晃动，容易打伤身体。

（1）干粉灭火器的使用方法　干粉灭火器适用于可燃气体、可燃液体、油脂、带电设备及固体有机物类的初期火灾扑救。

1）一手握压把，一手托着灭火器底部从存放处将其取下。

2）将灭火器上下摇动数次，防止灭火器内灭火剂凝固，影响灭火效果。

3）提着灭火器奔向着火地点。

4）到达距离燃烧物 2～3m 处，拔出压把上的保险销。

5）一手用力按下压把，另一手紧握喷嘴，对准燃烧物火焰根部左右扫射，尽量将干粉均匀喷射在燃烧物上，直至将火扑灭。

（2）二氧化碳灭火器的使用方法　二氧化碳灭火器适用于电气火灾和仪器、仪表、重要资料的初期火灾扑救。二氧化碳灭火器不能倒置，使用时将喇叭筒往上扳 70°～90°。灭火过程中严禁对着人员喷射，身体任何部位不要接触喇叭筒外壁或金属连接管，防止冻伤。

1）握住压把，提着灭火器奔向着火地点。

2）到达距离燃烧物 2～3m 处，站在上风位置，拔出压把上的保险销。

3）一手用力按下压把，另一手紧握喇叭筒端部，对准燃烧物火焰根部左右喷射，尽量使喷射物均匀喷射在燃烧物上，并不断向前推进，直至将火扑灭。

第四节　环境控制系统运用

环境控制系统主要针对城市轨道交通的地下线路，相对于地面和高架线路，地下线路深埋于地下，空气环境与地面有较大差异。环境控制系统控制空气温度、空气湿度、空气质量、气流速度、气流组织和噪声等环境因素，为乘客和工作人员营造安全、舒适的候车和工作环境，并满足设备正常运转的需要。

一、环境控制系统的功能

城市轨道交通的地下线路除出入口和风井、排风口等通风道口与外界连通外，基本上与大气隔绝。列车运行、设备运转和人体等会散发大量的热，地下环境潮湿，人群大量呼出二氧化碳，都会使空气变得污浊不堪，难以忍受。仅依靠自然通风不能达到改善空气环境的目的，必须通过环境控制系统的机械和电气手段处理空气。由于城市轨道交通地下铁道的走向一般沿着城市道路，多数新风口设于人群密集、机动车集中的道路两侧，引入的新风中含有粉尘和有害物质，环境控制系统必须进行有效过滤。城市轨道交通车站是人群大量聚集的公共场所，病菌传播速度较快。为此，环境控制系统还应具有杀菌的功能。

环境控制系统应具有三方面的功能：一是正常情况下，对空气进行降温、除湿、通风、滤尘和杀菌；二是列车阻塞在区间隧道时，保证阻塞处有效通风；三是区间或站内发生火灾时，进行排烟与通风。

城市轨道交通的地下线路空间封闭，满足人员生理及心理要求的空气环境完全依靠环境控制系统，一旦环境控制系统失效，空气环境将迅速恶化，不仅影响舒适性，甚至危及生命安全。因此，设置环境控制系统时，必须保证系统局部失效时，整体功能仍可维持在适宜的水平，能够满足人员最基本的生理需求，并在条件允许的情况下适当提高舒适度。

二、正常工况的环境控制系统

环境控制系统分为通风系统（含活塞通风）和空调系统两种方式。从降低成本、节约能源的角度出发，优先采用通风系统（含活塞通风）。环境控制系统主要由隧道通风系统、车站站厅和站台通风与空调系统、车站设备和管理用房通风与空调系统组成。车站站厅和站台通风与空调系统也称环控大系统，车站设备和管理用房通风与空调系统也称环控小系统。

1. 地下隧道区间通风系统

地下隧道区间是一个狭长的空间，列车在隧道内相当于一个活塞，高速运行会产生活塞效应，形成活塞风。这种通风方式不费能源，应优先考虑使用。正常情况下，地下隧道就采用活塞通风。当活塞通风不能满足排除余热要求或布置活塞风道有困难时，设置机械通风系统。活塞通风不能满足要求的情况主要有三种：一是活塞效应产生的换气量有限，不能满足排除隧道余热的要求；二是受周边环境影响，活塞风道无法修建；三是由于风亭出口位置的关系，活塞风道过长，活塞效应失效。

隧道夏季的最高温度标准为：列车不设置空调时，不得超过33℃；列车设置空调、车站不设置屏蔽门时，不得超过35℃；列车设置空调、车站设置屏蔽门时，不得超过40℃。当隧道温度过高时，必须对隧道进行冷却通风。为了不影响列车运行，冷却通风一般在夜间进行。冷却通风的办法为：开启隧道两端车站的事故冷却风机，一端车站向隧道送风，另一端车站从隧道向外排风；第二天改变方向，原送风车站改为排风，原排风车站改为送风。

2. 车站站厅和站台通风与空调系统

地下车站应设置通风系统，当通风系统达不到空气环境标准时，设置空调系统。设置空调系统的具体条件如下：夏季当地最热月的平均温度超过25℃，且地铁高峰时间内每小时的行车对数和每列车车辆数的乘积大于180；夏季当地最热月的平均温度超过25℃，全年平均温度超过15℃，且地铁高峰时间内每小时的行车对数和每列车车辆数的乘积大于120。

地下车站通常同时设置通风和空调两种系统，两种系统共用一套风管系统，但运行时启用的设备不同。通风系统和空调系统的运行按季节进行转换，一般情况下，从十月中旬至第二年五月底通风系统运行，从六月初至十月中旬空调系统运行。不论哪种系统运行，车站温度不应超过30℃。

地面车站和高架车站一般采用自然通风，必要时站厅可设置机械通风系统或空调系统。站厅采用通风系统时，最高温度不应超过35℃；采用空调系统时最高温度不应超过30℃。

3. 车站设备及管理用房通风与空调系统

车站设备用房主要有通信设备室、信号设备室、环控机房、环控电控室、牵引变电所、降压变电所、照明配电室和电源设备室等，管理用房主要是车站控制室、票务室、值班室、站长室、备品库、会议室、更衣室、休息室、卫生间、垃圾间和清扫工具间等。这些房间因用途不同，对空气环境的要求也不同。

地下车站的各类用房应根据其使用要求设置机械通风系统。对卫生标准较高或生产条件有限制的用房，当通风系统不能满足其要求时，可设置空调系统。地下牵引变电所和降压变电所应设置机械通风系统，考虑到设备发热量大，使用通风系统难以实现或不够经济时，可设置冷风系统。地面变电站采用自然通风就能达到降温效果，当自然通风不能满足要求时，采用机械排风、自然进风。通信设备室、信号设备室等特殊设备用房，对环境温度、湿度有一定的要求，需使用空调系统，维持设备正常运转。为防止卫生间的臭气向站台、站厅扩散，卫生间应设置独立的通风系统，采用机械排风、自然进风，所排出的气体宜直接排出地面。

4. 车站采暖

地下土壤和围护结构是个极大的容热体，夏天吸收热量并储存起来，到冬天再释放出来。再加上列车运行产生的大量热，使得地下车站和隧道在冬天的温度能维持在5～12℃以上。因此，地下车站及区间隧道可不设采暖系统。地下车站的设备和管理用房有特殊要求时，可以局部采暖。

地面车站和高架车站是否设置采暖系统，取决于最冷月份室外平均温度。高于–10℃时，站厅、站台可不设置采暖系统；低于–10℃时，只在站厅设置采暖系统，站台不设。站厅设采暖系统时，厅内温度不低于12℃。车站设备用房根据工艺要求设置采暖装置。地面车站和高架车站需要采暖时，应尽可能利用附近的城市热力网，以保证采暖效果可靠，减少维护管理，降低造价。

三、事故工况的环境控制系统

地下空间狭小，一旦发生意外，疏散通道较少，撤离路程较长。封闭的地下空间使火灾产生的烟雾散发出口很少，积聚在地下，弥漫在隧道中，使能见度降低，更加延缓了疏散速度，并且很容易受到烟雾伤害。所以，在地下车站及区间隧道内必须设置防烟、排烟与事故通风系统，使人、烟分流，用机械设备使烟雾顺着一个方向流动并排出，人员则朝另一个方向撤离。

为节省空间，通常防烟、排烟系统与事故通风和正常通风以及空调系统合用。这时，通风与空调系统应符合防烟、排烟系统的要求，并采用可靠的防火措施，还应具有从正常工况快速转换为事故工况的功能。

1. 列车阻塞在区间隧道的通风

由于非火灾因素的故障，造成列车停在区间隧道，不能继续运行，称为列车阻塞在区间隧道。这种情况下，无论是将乘客暂时滞留于列车中，还是组织乘客向两端车站疏散，乘客都会在区间隧道待一段时间。在这段时间内，列车由于停车失去了活塞效应，隧道活塞通风终止，列车空调停止运转，列车和乘客还在散发热量，大量乘客不断吸入氧气呼出二氧化碳，区间隧道的温度迅速上升，空气含氧量急剧下降，很容易造成身体不适。为了使乘客呼吸到新鲜空气，当列车阻塞在区间隧道时，应对阻塞区间进行有效的机械通风。事故通风办法为：开启隧道两端车站的事故冷却风机，一端车站向隧道送风，另一端车站从隧道向外排风。

2. 区间隧道发生火灾的通风排烟

区间隧道发生火灾有两种情况，一是列车着火，二是隧道设施着火。当列车在区间隧道发生火灾时，应尽量运行至前方站，因为在车站组织乘客疏散和进行排烟救火更为便利。当列车着火被迫停在区间隧道时，就需要疏散乘客。隧道设施起火后，列车司机可以根据火势大小和烟雾浓淡，决定继续前行或停车退回，这时不需要疏散乘客。因隧道起火造成牵引供电中断，列车被迫停于区间，这时就需要疏散乘客。

区间隧道发生火灾，不论是否需疏散乘客，都需要迅速启动隧道排烟系统，采用推拉式排烟，一端车站送风，另一端车站排烟。需要进行区间疏散时，迎着多数乘客疏散方向送风，背着多数乘客疏散方向排烟。不需要疏散乘客时，排烟方向根据现场情况决定。至于从列车头部排烟还是尾部排烟，取决于疏散方向和着火位置。当列车运行方向的头部着火时，乘客只能向列车尾部方向疏散，这时由后方车站迎着乘客送风，前方车站排烟；当列车运行方向的尾部着火时，乘客只能向列车头部方向疏散，这时由前方车站迎着乘客送风，后方车站排烟；当列车中部着火时，乘客只能向两端车站疏散，由于靠近车站一端的乘客能很快疏散到站，考虑大多数人的安全，由远端车站送风，近端车站排烟。

随着城市轨道交通的发展，长、大区间隧道开始出现，给隧道通风排烟带来了复杂性，需要将区间划分成多个排烟分区，并在隧道中间设置中间排风机井和排烟设备。

3. 车站发生火灾的通风排烟

站厅发生火灾时，火灾探测器报警，将火灾自动报警系统（FAS）置于自动位，将自动检票闸机设为紧急模式，关闭屏蔽门，将气体灭火系统置于自动位，将环境控制系统设为站厅火灾模式进行排烟，关闭站厅送风和站台排风，开放站厅排风和站台送风，形成站台送风、站厅排风的气流，站厅和站台之间形成气压差，避免烟雾扩散到站台。新风来自两个方向：站外新风从出入口流入站厅，站台新风从楼梯口向上流入站厅。这时，车站应组织乘客向出入口方向疏散。

站台发生火灾时，启动站台火灾模式进行排烟，形成站厅送风、站台排风的气流，利用压差原理防止烟雾扩散到站厅。新风来源只有站厅新风，从楼梯口向下流入站台，组织乘客迎着新风向站厅方向疏散。

设备和管理用房发生火灾时，要区分不同情况进行处理。设置气体灭火系统的房间设有机械通风系统，送风管和排风管上装有防火阀，气体灭火时防火阀关闭，灭火完毕后，打开排烟系统，将气体直接排出地面。未设置气体灭火系统的房间发生火灾时，使用灭火器灭火，并关闭送风管防火阀，使排风管处于开启状态，以便及时排烟。灭火完毕，烟雾排尽后，逐步恢复设备运行。

四、环境系统的控制

地下区间隧道的通风系统以及地下车站通风和空调系统采用中央控制、车站控制和就地控制的三级控制，地下车站设备及管理用房通风与空调系统采用车站控制、就地控制的两级控制。中央控制设于控制中心，对全线环境系统进行监控，使全线的环境系统协调运行。车站控制设于车站控制室，对本站及其管辖区间的环境系统进行监控，用于单独、迅速地处理车站的特殊情况。就地控制就是在各环境系统的电源控制柜处操作控制按钮，用于检修和调试，具有优先权。

拓展提高

疏散平台介绍

在成都、杭州、广州、郑州、石家庄等地，某些线路的地铁列车未设紧急疏散门，而是在区间隧道内铺设疏散平台。疏散平台一般安装在区间隧道侧壁上，也有的安装在高架区间内。相对于列车紧急疏散门，区间安装疏散平台，遇紧急情况乘客可以开启多个车门下车，沿疏散平台撤离到就近车站，疏散能力更强。遇乘客隧道中因意外情况慌乱，自行开门逃生时，疏散平台也能有效防止乘客进入接触轨供电的轨道，避免触电，更为安全可靠。乘客在轨道上行走时，因障碍物较多，速度较慢，容易绊倒，疏散平台则避免了这些问题，加快了疏散速度。但是疏散平台提高了工程造价，增加了施工难度，带来了后期的维修养护问题，并且由于受联络通道、道岔区等影响，疏散平台无法连续设置。未设紧急疏散门的列车如图 1-32 所示，隧道内的疏散平台如图 1-33 所示。

图 1-32　未设紧急疏散门的地铁列车

图 1-33　地铁隧道内的疏散平台

防淹门介绍

防淹门设置于穿越河流或湖泊等水域的地铁隧道两端适当位置，一旦发生意外洪水涌进，关闭防淹门可有效防止人员伤亡和设备损失。当水位超过设定值或水位上升速度超过设定值时，防淹门系统会发出报警。防淹门的监视功能有中央级、车站级和就地级三级，控制功能有车站级、就地级两级。接到防淹门报警后，按压请求关门按钮向信号系统发送请求关门的信号，信号系统确认区间没有列车运行，发出允许关门信号，再按下关门按钮，即可关闭防淹门。在没有电源的情况下，也可以手动关闭防淹门。防淹门平时极少使用，主要有升降式和平开式两种。升降式防淹门止水性能好，适用于有站厅层的两层车站，一般悬挂于站厅层。平开式防淹门采用普通民用门的形式，分为一扇式和两扇式，止水性能差，关闭时不需要拆除接触网，适用于只有站台层的单层车站，掩存于隧道侧壁。

理 论 复 习

一、选择题

1. 列车两端紧急疏散门锁闭装置的打开方式是（　　）。
   A. 由列车司机从列车内部使用钥匙打开
   B. 由列车司机从列车外部使用钥匙打开
   C. 由列车司机或乘客从列车内部手动打开
   D. 由列车司机或乘客从列车外部手动打开

2. 列车客室侧门的内部车门紧急解锁装置的打开方式是（　　）。
   A. 只能使用钥匙打开
   B. 需要列车司机输入密码后才能使用钥匙打开

C. 可以手动打开

D. 需要列车司机输入密码后才能手动打开

3. 乘客按下列车客室内的紧急通话装置后，（　　）。

   A. 只能对列车司机说话，不能听到列车司机说话

   B. 只能听到列车司机说话，不能对列车司机说话

   C. 乘客与其他客室的乘客可以相互通话

   D. 乘客与列车司机可以相互通话

4. 列车蓄电池提供的应急供电在地下线路不低于（　　）。

   A. 45min　　B. 30min　　C. 20min　　D. 60min

5. 列车蓄电池提供的应急供电可提供（　　）的用电。

   A. 空调制冷　　　　　　B. 应急通风

   C. 空调制冷和通风　　　D. 空调采暖

6. 屏蔽门的主要门体有（　　）。

   A. 固定门、滑动门、应急门和端门

   B. 客室侧门、滑动门、应急门和端门

   C. 固定门、滑动门、应急门和驾驶室通道门

   D. 固定门、紧急疏散门、应急门和端门

7. 屏蔽门关门时探测到障碍物后，（　　）。

   A. 立即停止关闭并重新打开到预先设定的宽度

   B. 立即停止关闭并重新打开到最大宽度

   C. 立即停止关闭并保持在该位置不动

   D. 继续关闭至夹碎障碍物后锁紧

8. 自动扶梯上设有（　　）。

   A. 紧急停止按钮　　　　B. 紧急通话按钮

   C. 手动火灾按钮　　　　D. 紧急开门按钮

9. 乘客按压站台紧急停车按钮后，会造成（　　）。

   A. 自动扶梯紧急停止　　B. 列车紧急停车

   C. 屏蔽门紧急打开　　　D. 列车门紧急打开

10. 火灾自动报警系统的作用是（　　）。

    A. 只能自动报警，不能自动灭火

    B. 只能自动灭火，不能自动报警

    C. 既能自动报警，又能自动灭火

    D. 既不能自动报警，又不能自动灭火

11. 气体自动灭火系统适用于（　　）。

    A. 站厅公共区　　　　　B. 站台公共区

    C. 区间隧道　　　　　　D. 车站控制室

12. 烟烙尽（IG541）气体自动灭火系统自动控制装置收到（　　）后才能启动。
   A. 两个独立的火灾信号　　　B. 单独的火灾信号
   C. 三个独立的火灾信号　　　D. 四个独立的火灾信号
13. 关于区间隧道内设置的消火栓系统，说法正确的为（　　）。
   A. 区间隧道设置消火栓箱，不配水带
   B. 区间隧道不设置消火栓箱，不配水带
   C. 区间隧道设置消火栓箱，配备水带
   D. 区间隧道不设置消火栓箱，配备水带
14. 地下车站站台通常采用（　　）改善空气环境。
   A. 自然通风　　　　　　　　B. 活塞通风
   C. 环控大系统　　　　　　　D. 环控小系统
15. 列车发生事故停于区间隧道，需要疏散乘客，采用（　　）通风办法。
   A. 自然　　B. 活塞　　C. 机械　　D. 空调

二、判断题

1. 紧急疏散门安装于列车客室。　　　　　　　　　　　　　　　　　（　　）
2. 遇紧急情况，乘客可使用车门紧急解锁装置自行打开客室侧门。　（　　）
3. 客室内的紧急通话装置具有单向通信功能。　　　　　　　　　　（　　）
4. 屏蔽门是安全门的一种。　　　　　　　　　　　　　　　　　　（　　）
5. 信号系统（SIG）对屏蔽门开关控制的优先权最低。　　　　　　（　　）
6. 使用就地控制盘打开的是单个滑动门。　　　　　　　　　　　　（　　）
7. 遇紧急情况，可以将自动扶梯停止运行，作为固定楼梯疏散乘客。（　　）
8. 站台广播台设置在站台上，是面向站台、站厅的定向广播。　　　（　　）
9. 车站紧急停车按钮设于站厅。　　　　　　　　　　　　　　　　（　　）
10. 车站应急照明持续供电时间不小于45min。　　　　　　　　　　（　　）
11. 消火栓按钮用于远程启动消防泵。　　　　　　　　　　　　　　（　　）
12. 地下区间隧道内采用室外消火栓系统。　　　　　　　　　　　　（　　）
13. 地下车站是人员密集场所，站台上配备的灭火器越多越好。　　　（　　）
14. 正常情况下，地下隧道采用活塞通风。　　　　　　　　　　　　（　　）
15. 站台发生火灾时，采用站台送风、站厅排风的气流组织形式。　　（　　）

实 践 训 练

1. 乘坐你所在城市的轨道交通列车，撰写列车常用安全设施调查报告。
2. 到你所在城市的轨道交通车站，撰写车站常用安全设施调查报告。
3. 撰写以下设施的操作说明及警示通告。

列车紧急疏散门、车门紧急解锁装置、驾驶室通道门紧急手柄、列车紧急通话装置、站台紧急停车按钮、屏蔽门手动解锁装置、自动扶梯紧急停止按钮以及手动火灾报警按钮。

第二章

客运安全管理

在城市轨道交通运输中,保证乘客从进站、购票、进闸、候车、上车、乘车、下车、出闸及出站整个过程中的人身和财物安全,是城市轨道交通运输公司的重要职责和任务,"安全第一",对城市轨道交通公司来说不仅仅代表着经济效益,还具有更重要的社会效益。根据人—机—环境系统工程理论,保证乘客安全,不仅需要城市轨道交通车辆、通信信号、供电、线路、通风与空调、给水排水与消防、综合自动化、电梯、屏蔽门及自动售检票等系统设备具有适应这一环境特点的完备功能,在运营中能保持良好的性能状态,还要充分考虑人(职工和乘客)的因素,发挥其主观能动性,制订各种突发事件应急处理预案。应遵循"安全第一,预防为主,综合治理"的方针。

客运安全管理主要包括客运职工安全管理、乘客安全管理、客运票务安全管理、客运突发事件应急处理等内容。

第一节 客运职工安全管理

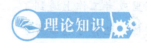

案例:地铁有必要为职工引入心理咨询

随着地铁线路不断延伸、客流不断增长,安全运营、优质服务与快节奏工作等各方面的要求越来越高,不少地铁线路实际上已经是满负荷甚至超负荷运转,无形中使地铁从业人员感到压力重重。

12月4日,上午8时30分左右,一列三号线列车到达Z站下客后准备关门时,一名40岁左右的男子急匆匆地从车厢里跑出来,下车后情绪激动,突然向附近正在站台工作的一位女站务员挥拳,拳头打在女站务员的左眼上。由于事发前女站务员和该男子一直无任何语言交流和肢体接触,包括被打员工在内的所有人均搞不清情况,直到工作人员增援现场时才了解到，该男子可能因车厢比较拥挤，差点下不了地铁而情绪激动，故而指责，继而向工作人员动粗。事发后，该男子被迅速赶到的地铁公安人员带至警务室接受调查处理，至中午12时45分左右，公安处理完毕，打人男子向女站务员书面道歉，并赔偿1500元。

"这不是个案！"该地铁公司相关负责人向记者介绍，近年来，诸如乘客醉酒闹事、违规携带物品以及违法摆卖等情况时有发生。据统计，当年1~10月，为了维护广大乘客的乘车环境，在处理上述事件中发生地铁员工被殴打、被恐吓事件147宗，其中被殴打102宗，被恐吓45宗。地铁员工在查处票务违规、处理车站出入口违法摆卖、疏导乘车秩序及检查违规物品进站乘车过程中发生被打、被恐吓的情况尤为突出，共108宗，占总数的73%。"经调查，该类情况多发于地铁员工依规履行工作职责、维护车站正常运营秩序的过程中。"该地铁公司强调，极少数违规乘客的行为往往有主观故意、突发性强的特点，已经给地铁员工带来身体伤痛和心理阴影。该地铁公司已对类似事件采取了多种措施：一是加大与公安协调力度，依法追究肇事者的法律责任；二是制订有针对性的应对程序和注意事项，加强对员工的服务技巧培训和人身安全教育；三是公司重点对服务一线员工开展了心理疏导培训，与某医科大学心理健康中心合作，开设24h热线电话，提供"员工帮助计划"心理健康咨询服务。同时，事件发生后，及时安抚、探望受影响员工，按规定为员工报销医疗费用，免除员工的后顾之忧。

对于打人男子的行为，该医科大学附属医院心理科主治医师从心理学角度进行了分析。她表示，这位中年男子如果因为地铁拥挤自己差点挤不下车，就拳打地铁车站人员，这不太符合正常人的行为方式。一般人遇到交通拥挤时，互相理解一下就算了。这名男子为什么会打人？可能与当时他的心理状况有关系，有可能他在家里或者工作上遇到了一些事情，遇到出行不畅时，情绪上容易失控，要寻找一个发泄途径；也有可能该男子人格上存在障碍或欠缺，不能理解别人，遇到小事也会出现暴力行为。对于地铁公司开设员工心理辅导一事，该主治医师认为，服务行业压力大，向员工开展心理健康咨询服务很有必要。她告诉记者："企业或者社区，在有条件的情况下配备心理辅导服务，这是社会发展的一个趋势。如果个人发现有严重心理问题，一定要接受专业的心理治疗。"

目前，各地铁公司一般与心理机构合作，通过开展职工心理健康测评、投射测评分析、企业内部心理咨询师培训、心理健康讲座、职工心理健康咨询、团体辅导活动、危机干预、心理问题鉴别培训等活动，为企业员工心理压力疏导、新员工入职教育、突发事件危机干预做相关工作，促进单位及职工个人对心理健康的重视和关爱，引导员工们立足岗位，从自身出发，通过自我调节，迎接更加积极的人生，帮助职工转变观念、调整心态、改善沟通的方式，来提升他们的幸福感。部分地铁公司还专门建立了以员工心理咨询辅导为主的员工关爱机构，向员工提供EAP（员工援助计划）服务，缓解员工的工作压力和生活压力，帮助员工增强心理调节能力，消除或缓解心理疾病，从而提高生产效率，降低离职率和缺勤率。

第二章　客运安全管理

 相关知识

在城市轨道交通运营企业中，与乘客有最直接接触，并从进站、购票、进闸、候车、乘车、下车、出闸和出站整个运输过程中为乘客提供服务和保障乘客安全的基本岗位主要包括客运值班员、售检票员、站厅站务员和站台站务员等。

一、客运岗位职责和主要作业内容

1. 客运值班员

客运值班员的岗位职责和主要作业内容如下。

1）执行运营公司、部、中心和车站的有关规章制度，有令必行、有禁必止，在值班站长的领导下，主管车站客运、票务管理，处理相关客运、票务和乘客事务，组织站务员从事客运服务工作。

2）与交班客运值班员按规定进行备用金、票款及车票，AFC 设备、门禁卡（钥匙）、工器具、备品备件及对讲设备，行李票与发票，与票务、客运相关的文件及通知，台账与报表等的交接。

3）登录 AFC 票务室车站计算机（SC）系统，将相关数据输入 SC 系统，及时填写各类台账、上交票务报表。

4）在首班车到站前按规定时间给各售票岗配好票、备用金，对票务处理机（BOM）进行管理卡认证。班中及时为售票员配票、补币和补票，更换、清点自动售票机（TVM）钱箱、票箱，与各售票员结账，进行预收款工作。

5）监控自动售检票系统（AFC）的设备、系统运行，负责票务设备故障的报修与处理、车站客流组织与控制、失物处理及乘客投诉等工作。

6）负责各种票务收益单据的填写及保管、本班组售票组织及车站营收统计工作。

7）协助值班站长组织管理售检票员、站厅站务员、站台站务员，为乘客提供优质服务。

8）按规定全面巡视车站，维护车站安全，防止意外事件发生；检查售票员工作情况，进行必要的复核，监督票务政策的执行；监督和协助售检票员、站厅站务员、站台站务员岗位工作。

9）保持 AFC 票务室及客服中心整洁，并检查是否有车票、现金遗漏，检查发票使用情况。

10）按程序关站，做好对乘客的宣传解释工作。

11）运营结束后更换钱箱和票箱，开启钱箱、清点并打包、结账；填写报表，按要求封好要加封的车票、现金，及时将相关数据输入车站计算机（SC）系统。

12）在规定的解行时间内实施车站收益解行工作：在 AFC 票务室验明押运员身份，填写"现金缴款单"和"城市轨道交通公司装箱清单"，将缴款单、装箱清单与清点打包的票款一同装入缴款钱箱并上锁加封盖章，然后交与押运人员，共同在押运单上签字。

13）在非运营时间值守车站，负责统计汇总当日的客运量和营收情况；协助值班站长、行车值班员做好车站非运营期间的工作，确保非运营期间的车站安全；开站前20min巡视车站各个出入口。

14）与接班客运值班员按规定进行交接，退出AFC票务室SC系统，签走。

2. 售检票员

售检票员的岗位职责和主要作业内容如下。

1）执行运营公司、部、中心和车站的有关规章制度，有令必行、有禁必止。

2）在客运值班员的领导下，负责车站售票工作，妥善处理坏票、补票等与乘客相关的票务工作。

3）领取、清点和签收车票、备用金、票务备品（票箱、硬币托盘、验钞机、结算单、发票和乘客事务单）等，领取客服中心钥匙、票务处理机（BOM）管理卡。

4）检查对讲设备情况，AFC设备和票务备品的状态、数量，客服中心卫生以及栏杆、立柱的摆设等；按规定时间开关售票窗口，上岗前应备足票、卡，票、卡用完要及时请领。

5）开启票务处理机（BOM），进行管理卡认证。主动兑换硬币，按规定处理假币，售票中执行"一收、二唱、三操作、四找"的作业程序，准确发售票、卡，按规定提示乘客确认票、卡面值。

6）热情接待乘客，文明礼貌地处理与乘客相关的事务，对乘客提出的问题，根据规定妥善解决，为乘客提供优质服务。

7）对无法过闸机的票、卡进行分析，按规定处理。

8）班中需要替换岗位时，在票务处理机（BOM）上退出登录，做好票务钥匙、设备、备品和对讲设备的交接工作。

9）准确填写结算单，交清当班票款。携带本班所有的现金、车票及各类报表到AFC票务室与客运值班员共同清点钱、票（须在监控摄像头有效范围内清点），并填写《售票员结算单》，完毕后双方签章确认。

10）正确使用设备，确保设备清洁及客服中心内部的整洁。

11）加强防范，确保票、卡、款安全。

12）售票结束后，将所剩的车票交回客运值班员，晚班交班还需交还客服中心的钥匙并进行相关登记；归还票务备品、对讲设备，到车站控制室签走。

3. 站厅站务员

站厅站务员，也称厅巡，主要在站厅、通道巡视，维护乘客在非付费区域的安全秩序，进行闸机引导和购票引导，及时处理乘客进出站时遇到的问题，不能处理的问题向值班站长或客运值班员请示。巡视的重点位置是进出站闸机、自动扶梯口等。

站厅站务员的岗位职责和主要作业内容如下。

1）执行运营公司、部、中心和车站的有关规章制度，有令必行、有禁必止，服从值班站长和客运值班员的安排与指挥，接受本班工作重点和注意事项等。

2）带齐相关钥匙、对讲设备等工作备品准时到岗，配合值班站长开启车站，正确使用

AFC 设备。

3）负责巡查站厅层公共区、楼梯、自动扶梯、垂直电梯、地铁出入口，保证设备设施的正常运行，并做好巡视台账，发现设备故障、安全隐患及时报修处理，发现有违反运营管理办法及乘客守则的行为应及时劝止，并报告车站控制室。

4）巡视范围内（一般包括地铁出入口外面 5m 内的范围）发生治安事件时，应及时到场，保护现场，通知车站控制室，寻找两名以上目击证人。

5）负责站厅、出入口以及进出闸机的客流组织工作，乘客较多时，加强宣传和引导，防止乘客过度拥挤，必要时根据值班站长或客运值班员的要求，采取相应的限流措施。

6）发现乘客携带超长、超大、超重物品时，应阻止其进站，并做好相应的解释工作。

7）发现精神异常乘客时，应及时汇报车站控制室，并禁止其进站乘车，必要时请求公安、保安或同事协助处理，保护自身安全。

8）耐心正确地解答乘客的咨询，对重点乘客（老、幼、病、残、孕等乘客）重点关注，防止发生意外；对初次乘坐地铁及需要帮助的乘客进行重点关注，引导其购票和进闸乘车；在出站客流高峰期，守候出站闸机，引导乘客出闸和防止单程票流失。

9）发现地面有水渍、垃圾杂物等，及时通知保洁人员处理，同时设置警示牌，防止乘客摔倒摔伤。

10）负责及时处理 AFC 设备的简单故障，遇到解决不了的问题应立即向车站控制室汇报。

11）引导不能正常进出闸机的乘客到客服中心办理，协助客运值班员更换钱箱、票箱和清点钱箱。

12）按规定每天巡查车站公共区消防器材和每周巡查车站设备区消防器材，并按规定填写《灭火器检查记录》卡。

13）根据值班站长或客运值班员安排进行替换岗位工作，按照车站规定的内容，与接班厅巡进行交接。

14）运营结束后，执行关站程序，配合值班站长关闭车站。

15）参加由站长或值班站长组织的车站交接班会，学习各相关文件和业务知识；将相关钥匙及对讲设备交还车站控制室，并在相应台账上注销，交接完毕后签走。

4. 站台站务员

站台站务员主要负责维持站台乘客候车秩序，负责站台乘客安全，及时处理站台乘客的问题。站台站务员要全面巡视站台的行车安全，乘客人身安全以及相关设施、设备运行情况和卫生情况，掌握信号灯使用及其显示规定、必须使用工具的操作和维护知识及站台层发生各种意外情况时的处理方法，保证行车安全和站台上乘客的安全。

站台站务员的岗位职责和主要作业内容如下。

1）服从值班站长或客运值班员的指挥，执行值班站长或客运值班员的命令，协助进行事故处理。

2）执行运营公司、部、中心和车站的有关规章制度，有令必行、有禁必止，保证乘客安全。

3）负责站台的接发列车工作，乘客乘降安全的监控工作。

4)维护车站正常的候车秩序,组织乘客有序乘降,巡视关注站台乘客动态,防止乘客挤下站台、跳下站台或进入隧道。

5)客流较多时,负责站台、自动扶梯和楼梯的客流组织工作,必要时采取限流措施。

6)引导乘客在站台安全线内候车,当列车进站时,在靠近紧急停车按钮处立岗,提醒乘客站在安全线内、不要拥挤、不要手扶车门等,注意列车和屏蔽门的间隙。

7)列车关门时,密切注意乘客动态和车门状态,防止在关门过程中乘客被夹伤。

8)解答乘客的问询,关注重点乘客,主动为其提供服务。

9)遇有清客或列车不停本站时,做好解释劝说工作和站台秩序的维护。

10)发现地面有水渍、垃圾杂物等,及时通知保洁人员处理,同时设置警示牌,防止乘客摔伤。

11)车站发生伤亡事故时,做好现场保护,协助公安人员清理现场,并做好取证工作。

12)清理站台,确认站台区域无滞留旅客、无异常情况,配合值班站长清客、执行关站程序。

13)在非运营时间,定时巡视全站及出入口,配合行车值班员对施工单位进行监控;开站前,负责在规定时间检查站内轨行区,确认线路空闲后报行车值班员,按时开启员工通道及所有出入口。

14)参加车站交接班会,将对讲设备等交还车站控制室,并在相应台账上注销,交接完毕后签走。

根据以上客运基本岗位的职责和主要作业内容的描述,客运职工安全管理可以从职工安全意识与安全能力、职工职业道德和职工心理健康三方面着手,提高职工安全管理工作的效率。

二、强化安全教育培训,提高安全意识和安全能力

客运职工不仅要进行岗位业务知识、服务技能技巧以及设备操作维护等方面的学习和培训,为了实现轨道交通运输安全,还必须通过各种形式和方法,对广大职工进行经常性的安全教育培训,提高职工安全意识和安全能力,新入职人员经培训、考试合格后,方可正式上岗工作。

1. 客运职工安全教育的主要内容

(1)安全思想教育　对职工进行安全思想教育是安全教育的重点所在,内容包括安全生产方针、政策、重要意义、劳动纪律、作业纪律、各项规章制度和典型事故案例教育等。通过正反两方面的教育使基层作业人员和各级管理人员牢固树立"安全第一"的思想,强化"预防为主"的意识,从而把安全行为贯彻在客运服务工作中的方方面面,正确处理好安全与效率、效益的关系。

(2)安全知识教育　安全知识教育包括安全生产技术知识和安全管理知识教育,目的是解决职工应知的问题。安全生产技术知识包括运营生产特点、安全特性、设备性能、各部

门作业方法及规范要求、事故成因及预防等；安全管理知识教育主要是针对安全管理人员而进行的安全教育，内容包括运营安全管理体制、各部门安全管理体系的构成与运作、事故预测和预防、安全系统评价的基本原理和方法。

（3）安全技能教育　安全技能教育是通过对作业人员进行长期、反复训练及本人实践，把所学到的安全知识转化为动手能力的过程，主要是解决职工应会的问题。安全技能教育的内容包括岗位熟练操作、防止误操作和处理异常情况的技术、知识和能力。

（4）事故应急处理教育　事故应急处理教育一般应包括事故应急处理知识教育、自我保护和自救互援教育、事故现场保护方法教育和事故应急处理演习等。通过上述教育能有效地防止事故损失扩大，为清理事故和迅速恢复正常运输秩序创造有利条件。

此外，对乘客和非员工的保安、保洁、商铺等从业人员进行的安全知识和安全法制宣传、教育也是安全教育管理的重要内容。

安全教育培训使职工明确安全是城市轨道交通运输的生命线，是城市轨道交通永恒的主题，也是轨道交通运营公司员工安身立命之本，全员必须树立"安全第一，预防为主"的生产服务理念，当班工作中要时时讲安全、事事讲安全、处处讲安全、人人讲安全，拥有高度的安全责任意识，确保乘客生命财产安全，同时保证职工自身安全。

2. 客运职工安全管理要求

通过安全教育培训，要求客运职工能做到以下几方面安全管理要求。

（1）在上岗安全要求方面

1）时刻牢记，安全第一。

2）坚守岗位，遵章守纪。

3）当班期间，专心致志，履行本岗职责。

4）遵守安全规程，保证安全作业。

5）牢记应急程序，发现异常，立即按程序处理。

（2）在日常工作安全注意事项方面

1）注意警示标志，谨防意外。

2）注意地面状况，谨防滑倒。

3）注意高空坠物，谨防砸伤。

4）注意扶梯运作，谨防夹伤。

5）注意设备异常，谨防发生事故。

6）通过道口，注意"一站，二看，三通过"。

7）线路附近，注意不准舞动绿色、黄色、红色物品。

（3）在日常工作中的严禁事项方面

1）严禁擅自进入行车重地和主要设备场所。

2）严禁擅自触动非本人操作的设备、电闸、阀门以及各种开关按钮等。

3）严禁携带易燃、易爆和剧毒等危险物品进站、上车。

4）严禁在车辆行驶中上、下车。

5) 严禁擅自移动、改换、拆除防护装置和警示标志。
6) 严禁在地铁限界内坐卧、休息和吸烟。
7) 严禁钻车、爬车和跳车。
8) 严禁攀登机车、车辆。
9) 顺着线路走时，严禁脚踏钢轨面和道岔尖轨。

（4）在消防安全方面
1) 严禁在易燃易爆物品处动火。
2) 严禁随意移动消防器材和阻碍消防器材的使用。
3) 不准随意使用消防水。
4) 发现火灾，立即报警。
5) 发生火灾，有义务组织引导乘客按逃生线路离开现场。
6) 熟练掌握灭火器材的使用方法，会扑救初起火灾。
7) 懂得本岗位的火灾危险性，懂得预防火灾的措施（控制可燃物、隔绝空气、消除着火源），懂得扑救火灾的方法（隔离法、窒息法、冷却法、抑制法）。

（5）当班工作中的要求
1) 班前要充分休息，班前、班中禁止饮酒，当班时要精神饱满、高度集中，对发生的异常情况能及时应对。
2) 主动提醒乘客安全候车，礼貌疏导客流，及时制止乘客的违章行为。
3) 遇到影响乘客安全或车站服务的情况时，应立即采取相应的行动。
4) 宽容大度、与人为善，预防和避免与乘客发生服务冲突。

三、加强客运职工职业道德教育

所谓职业道德，就是同人们的职业活动紧密联系的符合职业特点要求的道德标准、道德情操与道德品质的总和。职业道德是社会道德在特定职业生活中的具体化。

在内容方面，职业道德鲜明地表达了职业义务、职业责任以及职业行为上的道德准则，表现为某一职业特有的道德传统和道德习惯，以及从事某一职业的人们所特有的道德心理和道德品质。

在表现形式方面，职业道德往往比较具体、灵活、多样。它总是从本职业的交流活动的实际出发，采用制度、守则、公约、承诺、誓言、条例以及标语口号等多种形式，这些灵活的形式既易于为从业人员所接受和实行，而且易于形成一种职业的道德习惯。

从调节的范围来看，职业道德一方面用来调节从业人员内部关系，加强职业、行业内部人员的凝聚力；另一方面，它也用来调节从业人员与其服务对象之间的关系，用来塑造本职业从业人员的形象。

从产生的效果来看，职业道德既能使一定的社会或阶级的道德原则和规范"职业化"，又能使个人道德品质"成熟化"。

职业道德具有强烈的纪律性。纪律也是一种行为规范，但它是介于法律和道德之间的一种特殊的规范。它既要求人们能自觉遵守，又带有一定的强制性。就前者而言，它具有道德色彩；就后者而言，又带有一定的法律色彩。总之，一方面，遵守纪律是一种美德；另一方面，遵守纪律又带有强制性，具有法令的要求。

职业道德具有调节职业交往中从业人员内部以及从业人员与服务对象间的关系、有利于维护和提高本行业的信誉、促进本行业的发展、提高全社会的道德水平的作用。

城市轨道交通行业职业道德也不例外。在我国城市轨道交通建设和发展中，加强城市轨道交通行业职业道德建设居于十分重要的地位，是做好城市轨道交通建设和运营各项重点工作的重要保证。

首先，加强客运职工职业道德建设有助于不断提高城市轨道交通员工队伍的整体素质，促进城市轨道交通行业的发展。

城市轨道交通行业技术装备的科技化、现代化和信息化，对员工综合素质有很高的要求。依靠职业理想、职业道德的激励，激发员工的敬业精神和进取精神，促进人人自觉努力学习，不断提高自身素质，增强员工做好本职工作的自觉性和积极主动性。

其次，加强客运职工职业道德教育有助于推动城市轨道交通行业安全文化建设，促进安全生产。

安全是城市轨道交通运输的生命线，安全不仅取决于城市轨道交通设备设施等硬件，还取决于安全文化等"软件"。安全文化是安全价值观、安全理念和安全行为准则的总和，应形成由安全文化环境建设、安全管理机制建设和安全意识形态建设构成的有机统一、互相交织、不可分割的整体。具体来说，安全文化建设有表层、中层以及深层三个层面的内容。

表层主要是指包括站容站貌、职场环境等可见之于形、闻之于声的文化环境的建设；中层主要是指包括组织机构、规章制度和作业标准等安全管理制度及其运作和落实机制的建设；深层主要是指包括安全思维方式和行为准则、安全理念、安全道德观和价值观等积淀于广大员工思想深处的安全意识形态的建设。它是安全文化建设的核心，起着支配、决定表层和中层安全文化建设的作用，而表层和中层安全文化建设也会促进和推动深层安全文化建设，三个层次是一个有机统一、不可分割的整体。

职业道德是安全文化的深层内容，对安全生产具有重要的思想保证作用。通过职业道德建设，引导员工树立正确的安全观，将"安全第一、安全责任重于泰山"等安全意识牢筑于心，才能促进员工自觉遵章守纪，确保运输安全。

第三，加强客运职工职业道德教育有助于创新服务理念，增强服务意识，自觉做到仪表端庄、用语文明、服务周到、作业标准、环境整洁的服务要求，在工作中做到"心到、话到、眼到、手到"，多巡视、多观察、多提醒，积极主动为乘客提供服务和帮助，提高服务质量和水平，预防意外发生，保障乘客安全，为城市轨道交通运营公司获得更高的经济效益和社会效益。

第四，加强客运职工职业道德教育有助于培育良好的行业风气，促进行业企业内部人际关系的和谐。

同时，良好的职业道德的养成，一方面要靠"他律"，即来自社会的培养和组织的灌输教育；另一方面要靠"自律"，即从业人员自身的主观努力，自我修养。两个方面缺一不可，相互作用，相互促进。因此，职业道德修养与职业道德教育相辅相成，是提高全行业员工职业道德水平的重要环节。

城市轨道交通客运职工作为直接与乘客接触的工作人员，在整个运输生产过程中，担负着乘客进站→购票→进闸→候车→乘车→下车→出闸→出站整个过程中提供各种服务和保障其人身财物安全的任务，直接反映着城市轨道交通企业的工作水平和职业道德风貌。加强客运职工的职业道德建设，对于完成日益繁忙的乘客运送任务，实现客运安全管理，在全社会树立城市轨道交通企业及职工的良好形象，具有重要的意义和作用。

四、注重客运职工心理健康

从广义上讲，心理健康是一种持续高效而满意的心理状态；从狭义上讲，心理健康是指认知、情感、意志、人格和行为等基本心理活动的完整和统一，是能够形成完善协调的人格，并能对社会环境予以适应的良好心理状态。

20世纪70年代，联合国世界卫生组织明确指出："健康不仅仅是没有疾病和虚弱状态，还要在生理、心理和社会功能上都处于健全状态。"

著名健康学者马斯洛曾经指出："心理健康比生理健康更重要。"

心理健康对于促进生理健康、保证个体行为健康、增强个体对于环境的适应能力有着非常重要的作用。

1. 客运职工心理健康的衡量标准

客运职工心理健康的衡量标准包括以下几方面。

（1）智力正常　该标准衡量时，关键在于职工自身是否能正常地、充分地发挥社会和工作效能，即有积极向上的生活观，工作热情高效，人际关系和谐。

（2）情绪健康　情绪健康的标志是情绪稳定和心情愉快，包括的内容有：愉快情绪多于负面情绪，积极乐观，对生活充满希望；情绪比较稳定，面对恶劣的环境、枯燥和孤独，善于控制、调整自己的情绪，既能克制又能合理宣泄。

（3）意志健全　意志健全的职工在工作中会表现出自觉的目的性，能适时地做出决定并运用切实有准备的方式解决所遇到的问题，对于工作中的紧张和压力，或者他人的刁难和指责，能采取合理的反应方式，能在行动中控制情绪和言行，而不是行动盲目、畏惧困难或者强硬冲动。

（4）人格完整　人格完整是指有健全统一的人格，即个人的所想、所说、所做都是协调一致的，而不是割裂的。

（5）自我评价正确　正确地自我观察、自我认定、自我判断和自我评价，做到自知，恰如其分地认识自己，摆正自己的位置。

（6）人际关系和谐　人际关系和谐是心理健康的重要标准，也是维持心理健康的重要条件之一。具体表现为：人际交往中心理相容、相互接纳、相互尊重，对人真诚、善良、关心他人，以集体利益为重。

（7）社会适应正常　社会适应能力是指个体对复杂多变的社会环境做出恰当的反应以适应生存和发展的能力，以个体的心理和行为常态是否严重违背一定社会公认的道德规范和行为准则为标准。

心理学家认为，个体的心理最初都是健康的，只是这种健康的内驱力，在朝着自我实现或自我完善前进的过程中，会遇到外部社会力量的阻碍，从而产生心理病理现象。

研究资料表明，交通运输行业员工心理健康状况低于全国平均水平，作为运输一线的城市轨道交通运输客运职工心理健康状况不容忽视，应注重职工的心理健康。

对于客运职工来说，不仅承受着社会经济生活压力，同时承受着巨大的工作压力。工作的复杂性和特殊性，是造成客运职工心理问题产生的主要原因，具体表现在高速度、快节奏的运输方式下，客运职工经常处于神经紧张状态，以及在运能和运量倒挂的情况下，职工高负荷地工作，造成身体机能下降等，在临床医学上表现为经常感到心慌、烦躁、气短、疲累、乏力和经常性头痛等；而在心理学上，表现为注意力不集中、记忆力减退、失眠多梦、反应迟钝、情绪低落、精神不振和厌倦工作等。客运职工在这种心理健康状况下，对完成的客运服务工作的质量和水平无法保证，对客运安全存在着极大的安全隐患，不利于客运职工安全管理的实现。因此，城市轨道交通运营公司管理者应注重客运职工的心理健康，采取有效方法和途径对职工进行心理疏解，减压提效，提高客运服务质量，保证运输安全。比如：应合理安排职工工作班次、时间，保证职工能得到充分休息；关心职工生活，缓解职工工作、生活压力；设立心理咨询室、情绪发泄室，为职工提供心理咨询、心理疏导，释放不良情绪等。同时，对职工应进行心理健康教育，使员工能进行自我心理调整。

2．客运职工自我心理调整的方法

（1）缓解压力　客运职工的压力来源可分为工作环境、生活和个体心理三个方面。在工作环境方面，一是地铁工作节奏快，工作任务繁重，乘客身份复杂，通常员工神经一直处于高度紧张状态；二是工作安全压力大。由于城市轨道交通系统一般都处在地下或高架桥的半封闭空间里，具有隐蔽性、封锁性、人员和设备高度密集等特点，一旦发生重大事故、灾害等突发事件，人员疏散和救援困难，处置不当将产生巨大的人身和财产损失，其环境的特殊性，使员工承担着巨大的安全压力。

员工要积极应对压力，提高个体抗压能力，可以采取以下方法。

1）学会换位思考，学会多角度、全方位看问题。

2）学会宣泄，一吐为快。通过向亲友倾诉、写日记等方式，把自己的不快宣泄出来，压力自然就减轻许多。

3）接受帮助。学会向朋友求助，学会"善假于物"，良好的人际关系可以有效化解压力。

4）学会放松，降低生活期望值。过分完美的生活期望，只会给人平添不必要的心理负担。

5）学会专注，不要同时做几件事。与其同时做几件事，不如一次做好一件事。

6）积极进行体育锻炼，从而放松身心，缓解紧张情绪。

7）养成良好的作息习惯、积极乐观的生活态度，把工作看成一件乐事。

8）学会通过分散注意力、自我暗示等方式来减压。

（2）克服焦虑　焦虑是指一种缺乏明显客观原因的内心不安、无根据的恐惧或者预期即将面临不良处境的紧张情绪。

心理学认为，产生焦虑症的因素主要有：生物学因素，如遗传影响、人身生理机能因素；心理因素，如认知、情绪等；社会因素，如城市过大、人口密度大、居住空间拥挤、环境污染、紧张和工作压力过大等。

面对焦虑情绪，可以试着采用以下"四步法"解除焦虑。

1）评估。首先问自己：我担忧什么？我的恐惧有什么实质的内容吗？对于自己的焦虑内容以及大致程度做出一个大概的评估。

2）理解。针对所焦虑的事情做出认真分析，对自己产生焦虑的原因以及可能引起的结果做出充分理解，做到心中有数。

3）再估。运用自己的常识，同时可以求助亲友、请教专家等，以求做到更加科学合理地再次评估自己是否还有焦虑症状。

4）巩固。通过日常生活行为以及各种缓解焦虑的小诀窍巩固自己先前的成果，争取做到不因为同样的因素复发焦虑症状。

（3）愉悦心理　孤独与枯燥是困扰许多现代人的重要心理问题。具体到城市轨道交通行业员工身上，我们可以看到，工作环境的一成不变，工作内容的简单重复，都是引发员工心理枯燥的重要原因。使自己心理愉悦的方法有：做出微笑、高兴、喜悦的表情，调整心态，把工作当成一件快乐的事；积极帮助别人，享受帮助他人的快乐；劳逸结合，合理安排闲余时间；多找同事或朋友聊天；学会忍耐等。

（4）调适性格　按照性格形态学，性格分为完美型、全爱型、成就型、艺术型、智慧型、忠诚型、活跃型、领袖型、和平型九种。

性格的自我调整可以通过使自己走出自卑、克服自负、战胜狭隘、消除疑心病、减少虚荣心、改掉拖拉的毛病以及不再羞怯、偏执等方法进行。

（5）人际关系

1）面对乘客。一般来说，在面对乘客的刁难时，主要有以下几种应对办法。

①多用礼貌用语。

②运用礼仪手势。

③要争取其他乘客的支持。

2）面对领导。面对领导的批评，不要抱怨，不要赌气，不要一怒之下，辞职而去，而是要学会理解并能够做到换位思考，即时改正不足、认真工作，提高自己的工作能力等，这样不但会减少被领导训斥的情况，还有可能借此提高自己的工作技能，从而将工作做得更好，实现个人职业生涯的发展。

3）面对同事。面对同事时，注意不要因同事排斥而以牙还牙或故意取悦，要不断提升自我各方面的素养，做到与同事和谐相处。

第二节 乘客安全管理

案例引入

案例1：不能携带违禁物品进地铁

8月25日，在某市地铁5号线H站内，一个女子因工作人员不让她把违禁品带进地铁，在地铁站发起了飙，把手里的一瓶喷雾，对着地铁工作人员和周围乘客狂喷，还一边喷一边说：我喷光也不会给你。喷完后，这个女子走向入口时被安检员拦下进行了治安警告。一个小女孩买了个米奇的气球，进地铁时被工作人员拦下了，说气球不能带上地铁。虽然妈妈一直在和工作人员说好话，希望能通融一下，小女孩也在旁边可怜巴巴地请求，但是工作人员并未放行。经过工作人员耐心地解释劝阻，最终小女孩放弃了气球，哭着和妈妈一起进了地铁站。

案例2：举办轨道交通安检宣传展，培养乘客安全意识和行为

7月24日上午9时许，北京市轨道交通反恐防恐社会宣传暨第九届安检宣传展，在地铁燕房线阎村东站正式启动。举办轨道交通安检宣传展，旨在争取乘客对安检工作的理解与支持，推动轨道交通安检工作的有效实施，保障广大市民的出行安全。

仿真枪、子弹、自制模拟爆炸装置、催泪喷射器、手铐、弹簧刀、弩、汽油、酒精、农药等均是北京轨道交通安检工作人员检查出来的危险品。年初至今，北京轨道交通安检乘客10.1亿余人次，查获禁带物品17.2万件次，处理携带危禁品人员145人。

一年间，全市轨道交通共安检人员20.8亿余人次，安检物品16亿余件次，查获禁带物品37.6万余件（军警用具类794件，刀具类管制器具11.2万余件，易燃易爆隐患的危险物品23.8万余件，其他类禁带物品2.5万余件），确保了地铁及乘客的安全。对安检查获的违禁物品，将定期依法进行销毁。

案例3：醉酒乘客乘车

（1）醉酒乘客上车时腿卡在车门和站台之间

1月5日17:57，某市地铁5号线H站一醉酒男乘客在上车时不慎将腿卡在车门与站台之间的缝隙处，后在工作人员与民警的共同配合下才将乘客拉上站台，这名乘客已交有关部门处理。整个救人过程大约用时5min，造成5号线部分列车晚点。

该市地铁"乘客须知"规定："醉酒者需有人陪同进站乘车"。有些酒后乘客因为饮酒过量，经常出现昏迷、坐过站等情况，这样的规定是为了保证这部分乘客的乘车安全，所以希望广大乘客配合，共同维护地铁秩序。

（2）乘客醉酒吐了一站台、工作人员照顾一下午

7月6日下午两点多，年过五旬的刘先生和朋友吃完饭，准备从T地铁站乘车回家，刚走到站台就觉得一阵反胃，吐了一站台，后来因为身体不适干脆躺在地上。工作人员发现后，

带着急救箱赶来，并准备拨打 120，但被刘先生拒绝，随后又通过查询刘先生的手机联系上了家属。刘先生呕吐后，身上沾了不少污物，这名工作人员赶紧找来纸巾帮他擦拭，还递上漱口的清水。因为有事，刘先生的家属两个小时后才匆匆赶来。这名工作人员忙前忙后照顾了刘先生 4 个多小时，直到傍晚六点多，刘先生才渐渐恢复，在家人的陪伴下离站回家。

> **案例 4：某市地铁 1 号线乘客跳下站台造成部分列车晚点**
>
> 12 月 11 日 14 时 19 分～14 时 29 分，某市地铁 1 号线 D 站下行方向（向西方向），有 3 名乘客突然跳下站台，1203 次列车在进站处紧急停车，车站采取接触轨停电处理后，将 3 名乘客带上站台，交由公安部门处理，地铁恢复正常运营。在此事件的影响下，部分列车晚点，没有造成人员伤亡。

相关知识

在城市轨道交通运输中，必须保证乘客从进站、购票、进闸、候车、乘车、下车、出闸到出站整个过程中的人身和财物安全。然而，乘客安全不仅仅在于城市轨道交通公司设备设施的状态良好、安全可靠和工作人员的尽职尽责、整个交通体系运营正常，还在于乘客自身。也就是说，乘客素质对城市轨道交通安全有很大的影响。因此，应加强对乘客的城市轨道交通安全乘车注意事项的宣传，培养乘客的安全意识和安全行为，减少由于乘客的失误而产生的城市轨道交通运营事故和客伤事故。

一、培养乘客安全意识

城市轨道交通运输企业应采用多种形式和手段经常性地对乘客进行地铁运营管理规定、乘客守则、安全乘车注意事项等内容的宣传与教育，培养乘客文明出行、安全出行的意识。

1. 安全教育的内容

1）认识导向标志、警示标志及车站疏散路线通道。
2）自动扶梯乘坐注意事项。
3）进站、乘车携带物品规定。
4）站台候车安全注意事项。
5）上、下车安全注意事项。
6）在车厢内乘车安全注意事项。
7）发生停电、火灾和爆炸等突发事件时的安全疏散事项。
8）急救电话。

2. 安全教育的手段

1）印制和发放安全宣传手册，张贴宣传画。
2）播放安全教育视频资料。
3）广播安全常识。
4）厅巡、站台安全员等工作人员口头提醒。
5）对违反城市轨道交通运营管理规定的乘客进行惩处。

二、培养乘客安全行为

从乘客进站、购票、进闸、候车、乘车、下车、出闸到出站的整个运输过程中,通过以下几个环节的工作,加强对乘客的安全管理,培养乘客安全行为。

1. 对进站乘客携带物品进行安全检查

为了保证运输的安全,禁止乘客携带危险品和超长、超大、超重物品进站、候车。车站人员有责任对乘客携带的物品进行安全检查,杜绝危险品进站。

(1)危险品的种类 危险品是指具有易燃、易爆、毒害、腐蚀、放射性的物品及枪支、管制器具等可能危害公共安全的物品。

1)枪支、械具类(含主要零部件)主要有以下几种。

①公务用枪:手枪、步枪、冲锋枪、机枪和防暴枪等。

②民用枪:气枪、猎枪、小口径射击运动枪和麻醉注射枪等。

③其他枪支:仿真枪、道具枪、发令枪、钢珠枪、催泪枪、电击枪和消防灭火枪等。

④具有攻击性的各类器械、械具:警棍、催泪器、电击器、防卫器、弓和弩等。

2)爆炸物品类主要有以下几种。

①弹药:各类炮弹和子弹等。

②爆破器材:炸药、雷管、导火索、导爆索、爆破剂、手雷和手榴弹等。

③烟火制品:礼花弹、烟花、鞭炮、摔炮、拉炮、砸炮、发令纸及黑火药、烟火剂和引线等。

3)管制刀具:匕首、三棱刀(包括机械加工用的三棱刮刀)、带有自锁装置的弹簧刀以及其他类似的单刃、双刃和三棱刀等。

4)易燃易爆物品主要有以下几种。

①易燃、助燃、可燃毒性压缩气体和液化气体:氢气、甲烷、乙烷、丁烷、天然气、乙烯、丙烯、乙炔(溶于介质的)、一氧化碳、液化石油气、氧气和煤气(瓦斯)等。

②易燃液体:汽油、煤油、柴油、苯、乙醇(酒精)、丙酮、乙醚、油漆、稀料、松香油及含易燃溶剂的制品等。

③易燃固体:红磷、硫黄、松香、铝粉、闪光粉、固体酒精和赛璐珞等。

④自燃物品:黄磷、白磷、硝化纤维(含胶片)、油纸及其制品等。

⑤遇水燃烧物品:金属钾、钠、锂、碳化钙(电石)和镁铝粉等。

⑥氧化性物质和有机过氧化物:高锰酸钾、氯酸钾、过氧化钠、过氧化钾、过氧化铅、过氧乙酸和过氧化氢等。

5)毒害品:氰化物、砒霜、毒鼠强、汞(水银)、剧毒农药等剧毒化学品以及硒粉、苯酚和生漆等。

6)腐蚀性物品:盐酸、硫酸、硝酸、氢氧化钠、氢氧化钾、蓄电池(含氢氧化钾固体、注有酸液或碱液的)等。

7)放射性物品:放射性同位素等。

8）传染病病原体样本和标本：乙肝病毒、炭疽杆菌、结核杆菌、艾滋病病毒等。

常见的危险品还有指甲油、洗甲水、定发水、香精、万能胶水、立时得、松香水、樟脑、油毛毡、沥青纸、染发剂、冷烫精、香水、卸妆水、止汗喷雾、染皮鞋水、鸡眼水、蜡纸改正液、照相红典水、发胶、摩丝、光亮剂、杀虫剂、粘胶、空气清新剂等，应限量携带。

根据城市轨道交通管理规定，易污损、有严重异味、无包装易碎和尖锐的物品定性为危险品。

可能干扰列车信号的强磁化物、除导盲犬和军警犬外的活体动物禁止携带。

（2）危险品的检查流程

1）危险品检查由安检人员负责实施，一般使用通道式安检仪检查。

2）除具有明显可疑特征外，乘客随身携带的小型提袋、手包、书包可不进行人工开包检查，重点对乘客携带的较大、较重的箱、包、袋进行检查。

3）开包检查时应注意不能阻塞乘客通道。

4）检查前对被检查者敬礼示意，采用礼貌用语，态度和蔼，语气平和。

5）实施人工开包检查时，进行视觉检查，请被检查者自行展示所要检查物品，不得翻动乘客物品。

6）对查出的危险品，由乘客自行处理或根据有关规定予以没收。对大量携带危险品，性质恶劣、情节严重者，按有关法律规定处理。

7）被检查者拒不接受合理检查，强行闯入时或被检查者情绪激动，事态有不良扩大趋势时，应立即通知公安部门处理。

2. 对使用自动扶梯的乘客加强引导

1）通过在电梯扶手处张贴宣传画、乘电梯守则，站厅广播和厅巡口头提醒等方式向乘客宣传"右侧站稳，左侧通行"。

2）对坚持乘自动扶梯的老年乘客、小孩，应提示"老人、小孩乘坐扶梯请由家人陪同"。

3. 站台候车安全管理

注意下车乘客的动态，及时引导逗留乘客出站，防止发生意外。

1）通过车站广播、工作人员手提广播向乘客宣传："请在安全线内候车，请不要蹲姿候车"，发现有这种行为的乘客，应及时制止。

2）发现乘客吸烟，应立即加以制止。

3）提醒家长带好自己的小孩，禁止在站台上追逐、打闹、奔跑。

4）在站台有积水处放置"小心地滑"警示牌。

5）乘客物品如掉下站台，防止乘客跳下轨道拾回物品。

6）维持站台秩序，防止乘客拥挤。

7）防止乘客触动站台安全设备。

4. 乘降时的安全管理

1）通过车站广播、工作人员手提广播向乘客宣传"请小心站台与列车之间的空隙"。

2）宣传和防止乘客抢上、抢下，避免被屏蔽门、列车门夹伤。

5. 乘车中的安全管理

通过车厢内的宣传标语、列车广播的方式向乘客宣传，严禁在车厢内攀爬、悬吊、睡卧、追逐、打闹和吸烟等，严禁触动车内安全设备。

三、乘客安全处理

1. 客伤处置

客伤一般是指乘客在车站或者列车上，身体某部位受到伤害，或者突发疾病。车站针对客伤乘客采取的措施即为客伤处置。

（1）乘客人身伤害范围

1）乘客自验票进入闸机时起至收票出闸机时止，在运输期间发生的乘客人身伤害，需城市轨道交通公司承担运输责任的，包括但不限于以下情况。

① 设备设施损坏未及时修复且未设置警示、防护造成的乘客人身伤害。

② 施工作业造成的乘客人身伤害。

③ 列车紧急制动造成的乘客人身伤害。

④ 屏蔽门、列车门夹人造成的乘客人身伤害（乘客强行上、下列车除外）。

⑤ 闸机夹人造成的乘客人身伤害（乘客强行进出闸、无票尾随进出闸等情况除外）。

⑥ 设备设施（垂直电梯、自动扶梯、屏蔽门、列车门和闸机等）发生故障造成的乘客人身伤害（如垂直电梯、自动扶梯突然停止运行或突然启动造成的乘客伤害）。

⑦ 车站或列车内湿滑未及时清理或未及时设置防护警示造成的乘客人身伤害（因不可抗力造成的除外）。

无票人员在付费区内发生的人身伤害，比照乘客进行处理；无票人员（包括已购票的人员）在非付费区域内发生的人身伤害，如因设备设施原因或管理原因造成的，比照乘客进行处理。

2）由下列情形之一造成的乘客人身伤害，城市轨道交通公司不承担运输责任。

① 乘客违反城市轨道交通运营管理规定而造成的本人或他人人身伤害。

② 不可抗力造成的乘客人身伤害。

③ 乘客自身健康原因造成的本人或他人人身伤害。

④ 能证明是乘客故意、重大过失造成的乘客人身伤害。

⑤ 因第三者责任造成乘客人身伤害时，受害者直接向施害者索赔，城市轨道交通公司应予以协助。

（2）客伤处置原则

1）车站处置客伤事件时要以维护城市轨道交通公司形象、保护城市轨道交通公司利益为原则，以乘客为本，给予乘客必要的救助。

2）车站在处置客伤事件时要第一时间取证，尽可能得到旁证及当事人签字确认，实事求是，客观记录，充分留下原始资料。

3）及时将处置结果报告相关部门，以备后续处理。

（3）客伤处置办法

1）客伤处置指引。

①发现乘客受伤或突发疾病时，应通过各种办法尽快通知其家人。

②列车上发现乘客受伤或突发疾病时，由车站人员上车将乘客扶（抬）到站台处理。

③接到报告或发现乘客受伤，应立即寻找目击证人，并记录好目击证人的联系资料。

④客伤处置过程中，车站员工应只对乘客明显外伤做简单包扎处理，治疗工作要交医护人员负责。

⑤如受伤乘客影响列车运行安全，应立即扣停列车或采取措施防止其他列车进入影响范围。

⑥如果是因为设备造成事故，应立即停止该设备的运作（影响列车运行的设备除外），并报告车站控制室。

⑦如乘客认为是城市轨道交通公司的原因导致其受伤，要求车站派人陪同去医院时，车站有关人员应请示站长及运营单位客伤主管部门，获得许可后方能派人陪同去医院。

2）一般处置流程。

①车站接报或发现乘客发生客伤后，应第一时间派人赶到现场，了解情况，掌握乘客发生客伤的原因，并及时做好记录。

②根据伤（病）者的情况，询问伤（病）者是否需车站协助致电120急救中心，征得同意后帮助伤（病）者致电120急救中心。如伤（病）者伤（病）势严重，不及时救护可能会有生命危险的，车站应及时致电120急救中心，同时车站需报告行车调度员、站长及运营单位客伤主管部门。

③寻找目击证人，并留下其联系资料，对现场进行拍照，必要时对有关区域进行隔离。

④询问伤（病）者家人联系方式，设法联系其家人速到车站。

⑤伤（病）者家人到站后，由其家人将其接走。如车站已致电120急救中心，救护人员到达后，车站协助将伤（病）者送至救护车上。

⑥如乘客认为是城市轨道交通公司的原因导致其受伤，要求车站派人陪同去医院时，车站有关人员应请示站长及运营单位客伤主管部门，获得允许后方可派人陪同去医院。

3）相关岗位作业。一般是站务员在值班站长或值班员的安排下进行相关作业。

①现场发现乘客伤（病）后立即报告车站控制室，或接到值班站长、车站值班员通知后赶赴现场，了解伤（病）者情况及初步原因。

②如因设备造成事故，应立即停止该设备使用（影响列车运行的设备除外），并报告车站控制室。

③维护现场秩序，疏散围观乘客，并寻找目击证人，收集有关资料，记录证人有关资料，以便协助调查。

④需要时，协助对乘客外伤进行简单的包扎处理。

⑤如调查需要，应保护好现场，协助设置隔离带，并用照相机、摄像机（手机）等记录现场有关情况。

⑥必要时，根据值班站长或车站值班员安排，到紧急出入口引导急救中心人员进站。

⑦必要时，陪同乘客去医院治疗。

⑧必要时，协助进行事故调查。

（4）客伤处理经费管理

1）为保证乘客出现客伤时得到及时抢救和快速处理，城市轨道交通公司应设置客伤紧急处理经费。

2）各站所配经费由站长负责处置，值班站长保管，并遵照公司规定管理使用。

2. 乘客争斗处理

乘客争斗是指在城市轨道交通公司范围内乘客相互之间由于某种原因发生口角、肢体冲突等摩擦事件。

对发生的乘客争斗，如不及时进行劝解、制止等处理，可能会造成事态的进一步发展，造成不良后果，扰乱正常的运营秩序，危及其他乘客的安全甚至行车安全。因此，发现乘客争斗，必须加以重视，迅速处理。

一般可按以下流程进行处理。

1）车站工作人员发现或接报乘客争斗后，要迅速赶赴现场。

2）尽快隔离冲突双方，对争斗双方进行劝解、制止（必要时，争取其他乘客协助），控制事态进一步发展，并了解争斗原因，做好事件记录。

3）疏散围观乘客，恢复正常秩序。

4）必要时，车站控制室通知值班站长或客运值班员赶到现场处理，并通知公安到场，将肇事双方移交公安部门进行处理。

5）必要时寻找目击证人，收集有关资料，以便协助调查。

6）若乘客的行为妨碍、扰乱车站正常生产、经营秩序，损毁企业财产的，要求其赔偿相关损失。

在处理过程中，要注意自我保护。

3. 饮酒乘客处理

（1）饮酒乘客的界定

1）轻度饮酒乘客：指身上有酒味，尚能够控制自己言行、神志清醒的乘客。

2）重度饮酒乘客：即醉酒乘客，指不能控制自己言行、神志不清的乘客。

（2）遇有陪同人的饮酒乘客乘车的处理

1）陪同人向车站人员提出帮助请求时，站务员应及时与乘客陪同人沟通，由乘客陪同人负责该名乘客行为以保证乘车安全，同时站务员应注意自身的语速、语态；与饮酒乘客保持1～1.5m的距离，在车站监控器可以拍摄的范围内进行服务，将乘车注意事项（如车票保留好、出站须使用等内容）告之陪同人。

若醉酒乘客及陪同人有过激行为时，必须及时联系值班站长或车站值班员，由值班站长或车站值班员指派专人通知车站派出所或拨打110。

2）陪同人未向车站人员提出帮助请求时，各岗位工作人员应严格按照岗位作业标准执行各项服务工作,在指引乘客购票、进站、乘车和出站时,与饮酒乘客保持 1~1.5m 的距离,站务员应注意自身的语速、语态,避免与乘客产生摩擦。

(3) 遇无陪同人的饮酒乘客乘车的处理

1) 轻度饮酒乘客乘车。

① 售票人员。发现饮酒乘客时,在服务过程中,语速应放慢,要使用标准用语、态度谦和,注意服务忌语;必须问清楚乘客所要到达的目的车站,根据乘客需求售予车票;在售票过程中,要将所找零钱、车票递至乘客手中。

② 站厅站务员。发现饮酒乘客时,在服务过程中,注意自己的语速、语态、服务忌语、肢体动作;在进站检票时,若有需要应主动帮其顺利进站;在饮酒乘客通过闸机后上站台前,应及时告知站台站务员有饮酒乘客上站台要加强对其的监护。

③ 站台站务员。收到站厅站务员通知后,加强站台安全巡视;与饮酒乘客保持 1~1.5m 的距离以监护其行为,直至上车;在监护饮酒乘客候车时,为其提供必要服务时应语言简练、服务态度温和,避免与饮酒乘客发生肢体接触。

2) 无购票能力的醉酒乘客乘车。

① 售票人员。售票人员察觉有醉酒乘客购票,若乘客不能明确回答所要到达的目的车站且神志不清,售票人员应联系站厅站务员,让站厅站务员将该名乘客暂时带离售票口,以免影响其他乘客购票,并及时报告值班站长或车站值班员,待该名乘客神志清醒后,由站厅站务员引导至售票口再予以售票。

② 站厅站务员。接到售票人员通知有醉酒乘客不能顺利购票时,应立即赶往客服中心,与乘客进行沟通,严禁其进站乘车。若该乘客坚持乘车,可将此乘客带到不影响其他乘客购票的地方进行休息,待该名乘客神志清醒后陪同其购票;并将站厅有醉酒乘客的信息报告值班站长或车站值班员。必要时,联系公安部门协助处理。

③ 值班站长或车站值班员。接到醉酒乘客的信息后,应关注醉酒乘客的动向;安排站务员在监控器范围内对醉酒乘客进行监护;接到监护人员报告醉酒乘客状态异常时,应立即联系公安部门、120 急救中心协助处理与救助。

④ 监护人员。由值班站长或值班员指派临时担任监护人员的站务员,在监护时应与醉酒乘客保持 1~1.5m 的距离,不要与醉酒乘客有身体接触,在语言方面不要过多地与之沟通,确保醉酒乘客有意识、气息;如发现其状态异常,如出现面部惨白、呼吸困难、全身抽搐等情况,应立即报告值班站长或车站值班员处理。

3) 醉酒乘客在站厅(站台)酒醉不醒。

① 站务员。发现此类醉酒乘客时,应立即报告值班站长或车站值班员;疏散围观乘客,在监控器范围内,保持 1~1.5m 距离处,与该乘客进行沟通以便让其尽快苏醒。根据值班站长或值班员安排,在监护过程中,醉酒乘客如有任何异常情况应及时报告处理。必要时,到车站出入口引导 120 急救中心人员进站。

② 值班站长或车站值班员。接到站务员报告有醉酒乘客酒醉不醒时,问清该名乘客所在位置后,立即赶往现场查看;安排一至两名站务员,对该名乘客进行监护。必要时,通知

车站派出所告之车站所发生的事件。

若该乘客长时间神志不清、醉酒不醒或根据乘客要求，拨打120急救电话求助，并告之车站具体位置及乘客具体情况。

4）醉酒乘客有跳路轨、破坏站内设备等行为。

①站务员。若醉酒乘客在站台有过激行为，如跳路轨、破坏设备设施等行为，应立即采取相应紧急措施（如按动紧急停车按钮等措施），并报告值班站长或车站值班员；疏散围观乘客，加强对该名乘客的监护，协助值班站长或车站值班员寻找目击证人，搜集相关资料。

②值班站长或车站值班员。当接到站务员通知有醉酒乘客有跳路轨、破坏站内设备等行为时，问清该名乘客所在位置后，立即赶往现场；通知车站派出所告之车站所发生的事件；安排两名或两名以上站务员制止该名乘客的违法行为，同时将此乘客引导至不影响其他乘客乘车的地方进行监护；对乘客破坏站内设备的现场进行拍照，寻找目击证人，搜集相关资料，以便追索赔偿。若影响行车时，联系控制中心说明车站情况，进行有效的沟通处理。

5）在终点站发现醉酒乘客。

①站台站务员。列车在终点站清客时发现醉酒乘客，应立即叫醒该乘客让其下车。若醉酒乘客神志不清或醉酒不醒，坚持不下车，站台站务员应立即通知值班站长或车站值班员；根据值班站长或车站值班员安排，清客站务员负责监护该名乘客进折返线，在此期间应继续与乘客沟通，力图叫醒醉酒乘客。列车折返后，与接应站务员一同将醉酒乘客引导出站，如乘客无行走能力，可利用站内担架将乘客抬下车至车站办公区域内安全地点进行监护，保证列车的正常运营。

②值班站长或车站值班员。接到站台站务员清客时发现醉酒乘客通知后，立即根据情况加派站务员到站台进行支援；及时赶往现场，组织安排人员使醉酒乘客下车，以保证列车正点率及行车安全；实时监控列车运行，有情况及时与控制中心进行有效沟通（将晚点原因如实上报），以保证车站行车作业。

必要时，将神志不清、坚持不下车且有过激行为的醉酒乘客安排下车后，立即联系车站派出所、120急救中心协助处理与救助。在公安、120急救中心人员到达前，安排专人对其进行监护。

4. 乘客失物处理

保护乘客的财物安全是城市轨道交通运营公司的职责之一，公司应建立健全乘客遗失物品的管理办法。

（1）乘客失物处理原则

1）车站对失物应建立完整的登记台账，实行专人管理，定点存放，负责本站乘客遗失物品的登记、保管、认领与移交。

2）乘客遗失物品的清点、检查、登记和认领应由双人共同进行（其中一名员工为客运值班员以上人员）。

3）认领乘客遗失物品时，失主应描述失物特征、遗失地点、时间、物品内容、件数和钱款金额等，出示有效身份证件，车站当值值班站长或客运值班员核对无误并办理有关手续后，方可将失物交还给失主。

4）如乘客遗失物品为违禁品、危险品、机要文件、大额现金或有价票据及贵重物品时，应立即转交公安部门，车站保存移交记录备查。

5）如乘客遗失物品为食品及易腐物品，不移交公司失物处理中心，由车站自行处理。有包装的食品在规定的保管期限内由车站保管，如无人认领由车站自行处理；无包装的食品及易腐物品（如肉类、蔬菜等），保管到当天关站，如无人认领由车站自行处理。

6）乘客遗失物品未交还失主前，车站应妥善保管，任何单位和个人不得侵占和挪用。

7）车站只办理当天失物的认领工作，隔日的失物认领统一到公司失物处理中心办理。

8）在公司失物处理中心规定期限内乘客遗失物品无人认领时，按无人认领失物处理。

（2）失物处理工作程序

1）一般失物处理程序。

①车站工作人员与失物拾获人当面清点、核对失物，并详细填写车站失物处理登记单，注明失物数量及特征，双方签名确认。

②根据车站失物处理登记单填写失物标签，并粘贴在失物上，以便于查找。

③当有失主联系资料的，即时通知失主到车站认领失物；如没有失主联系资料，车站应对失物做好妥善保管。

④对当天没有失主认领的失物，车站应在当日运营结束前将本站失物移交公司失物处理中心。

2）特殊失物处理程序。

当乘客遗失物品为信件、文件、现金、危险品、违禁品和易腐物品等时，属于特殊失物，按以下程序处理。

①信件、文件。有"特快专递""挂号""机密""绝密"等字样或未付邮资的信（文）件，填写《车站失物处理登记单》后立即交站内公安部门签收处理；已付邮资的一般信件由车站代为投寄；其他信（文）件按一般失物处理。

②现金及其他有价票据。额度较小的现金由符合规定的车站工作人员双人核实，填写《车站失物处理登记单》后装入信封密封，并加盖个人私章后妥善保管。当日无人认领时，随《车站失物处理登记单》移交公司失物处理中心。

额度较大的现金及有价票据总额较大的，车站应联系公安部门介入，在填写《车站失物处理登记单》后移交公安部门签收处理。

③危险品及违禁品。发现枪支、弹药、汽油、硫酸等易燃、易爆、腐蚀、剧毒物品时，车站人员在填写《车站失物处理登记单》后立即移交公安部门签收处理。

④食品与易腐物品。食品与易腐物品由车站自行处理。有包装的食品在规定的保管期限内由车站保管，如无人认领由车站自行处理；无包装的食品及易腐物品（如肉类、蔬菜等），保管到当天关站时由车站自行处理。

（3）失物认领

1）一般失物认领程序。

①由认领人提供失物名称、遗失地点、遗失时间，车站或失物处理中心初步确认是否

第二章　客运安全管理

有与认领人描述相符的物品。

②如有请认领人提供两项以上最能表现失物特征的证明，如特征相符，由符合规定的两名以上工作人员共同确认并办理认领手续。

③认领人须凭本人身份证或其他有效身份证明办理领取手续，认领时要求认领人如实填写相关资料，并由双方在失物处理登记单上签名确认。

2）现金的认领程序及要求。

①车站拾得现金后，能及时找到失主的，按上述规定办理认领手续。其他情况下，现金的认领一律在乘客失物处理中心办理。

②乘客认领现金时，确认认领人身份后方可办理认领手续，双方在失物处理登记单上做好登记签收后，即时与失主办理交接。

③认领现金时，失物处理登记单认领事项中的证明人必须是符合规定的工作人员签名方为有效。必要时对失物处理登记单第二联进行复印备查。

（4）失物存放及保管

1）失物处理中心指定专人负责接收失物，建立台账，并对失物进行分类存放。

2）贵重物品，如钱包、手机、首饰、有价票据和现金存款单等，必须存放于保险柜内。其他物品，如雨伞、文件和证件等，可存放于储物架或文件柜内。

3）定期对存放失物进行清理、造册，按有关规定进行处理。

（5）无人认领失物的处理　对超过规定期限无人认领的遗失物品，公司可进行清点处理。清点处理时，应有符合公司规定的工作人员及有关证明人在场监督，妥善处理。

5. 乘客落轨的处理

没有安装屏蔽门的车站，或者虽然安装了屏蔽门但是发生故障不能关闭时，都有可能发生乘客坠落轨道的情况。不论乘客因何种原因以何种方式越过站台黄色安全线或者禁行标志牌进入路轨，均视为乘客落轨事件。

一旦发生乘客落轨事件，不仅会影响正常的行车组织，而且极有可能会威胁到人身安全，造成人身伤害。因此，当乘客落轨时，车站工作人员均应立即按下距离最近的紧急停车按钮，防止事件地点附近的列车侵入受影响的区段。

乘客落轨后各相关岗位的处理程序如下：

（1）乘客落轨后迅速返回站台

1）站务员。发现有乘客落轨后，迅速按下站台上距离自己最近的紧急停车按钮，同时通知车站控制室；劝说并帮助落轨乘客迅速返回站台；乘客返回站台后，将其带到安全地区，并及时通知车站控制室。

2）车站值班员。当得到站务员的通知或者从视频监控系统（CCTV）中发现有乘客落轨时，迅速按下车站控制室内紧急停车按钮；立即向值班站长和行车调度员报告；密切监视事件的发展；待站务员汇报乘客返回站台后，向值班站长及行车调度员进行报告；记录好事件处理的全过程。

3）值班站长。得到信息后，迅速赶往事发现场；在乘客返回站台后，对其进行说服教育工作，并征询派出所的处理意见；向站长、行车调度员进行汇报。

4) 行车调度员。得到信息后立即采取措施，防止其他列车进入受影响的区域，同时提醒车站人员切实按下紧急停车按钮；迅速通知调度值班主任；通知派出所；在值班站长报告事件处理完毕后，检查、确定是否具备行车条件，组织相关部门恢复行车。

(2) 乘客落轨后跑向区间

1) 站务员。发现有乘客落轨后跑向区间时，迅速按下站台上距离自己最近的紧急停车按钮，通知车站控制室，同时马上对其进行警告；通知车站值班员和值班站长乘客落轨的股道、跑动的方向、与站台的距离等信息；维护站台乘车候车秩序，避免乘客围观造成新的落轨；听从值班站长安排，处理好事件。

2) 车站值班员。当得到站务员的通知或者从视频监控系统（CCTV）中发现有乘客落轨跑向区间时，迅速按下车站控制室内的紧急停车按钮；迅速通知行车调度员和值班站长，密切监视事件的发展；立即通知站台站务员立刻扣停从本站发往该区间的列车，同时通知区间另一侧车站；通过广播及时疏散事故发生地周围的乘客，防止乘客围观造成新的落轨；根据值班站长的指示，通知站长、派出所等相关部门；随时将事件的发展情况报告给行车调度员，并将行车调度员的信息传达至相关人员；记录好事件处理全过程。

3) 值班站长。得到信息后，迅速前往事发现场；通知车站值班员与派出所等相关单位进行联系，并告知站长；通知站厅站务员控制进站客流，组织站台站务员维护好乘客候车秩序；在公安人员不能及时到达的情况下，向行车调度员申请下路轨，待线路防护好，在保证安全的前提下，穿好荧光衣，携带对讲机、手电筒等带领站务员跟踪落轨人员，密切监视落轨人员的动向，劝说其返回站台；公安人员及时到达的，在遵守公司规章制度和保证人身安全的前提下，配合公安人员进行相关处理；指派站台站务员寻找现场两名以上目击证人，协助事件调查。事件处理完毕，在检查现场情况正常（根据事件性质或公安人员的要求，决定是否派人对落轨乘客经过的地段进行可疑物搜寻）、确认线路出清后，向行车调度员报告事件已处理完毕，申请恢复行车，并及时报告站长。

4) 行车调度员。得到信息后立即采取措施，防止其他列车进入受影响的区域，同时提醒车站人员切实按下紧急停车按钮；迅速通知调度值班主任；及时通知派出所等相关部门；在值班站长报告事件处理完毕后，检查、确定是否具备行车条件，组织相关部门恢复行车。

(3) 乘客落轨后导致身体受伤、无法返回站台

1) 站务员。发现有乘客落轨后，迅速按下站台上距离自己最近的紧急停车按钮；如果乘客受伤，立即通知车站控制室及值班站长，报告乘客落轨的位置、受伤情况等相关信息；维护站台乘车秩序，避免乘客围观造成新的落轨；听从值班站长安排，处理好事件。

2) 车站值班员。当得到站务员的通知或者从视频监控系统（CCTV）中发现有乘客落轨时，迅速按下车站控制室内的紧急停车按钮；迅速通知行车调度员和值班站长，同时密切监视事件的发展；通过广播及时疏散事故发生地周围的乘客，防止乘客围观造成新的落轨；根据值班站长的指示，通知站长、派出所和 120 急救中心等相关部门；随时将事件的发展情况报告给行车调度员，并将行车调度员的信息传达至相关人员；记录好事件处理全过程。

3) 值班站长。得到信息后，迅速前往事发现场，通知车站值班员与派出所、120 急救

中心等相关单位进行联系，并告知站长；通知站厅各岗位控制进站客流，组织站台站务人员维护好乘客候车秩序，安排人员到车站入口接120急救人员；在确认行车调度员已扣停后续列车并得到行车调度员批准后，组织人员将受伤乘客救上站台，交120急救人员处理；在遵守公司规章制度和保证人身安全的前提下，配合公安人员及救护人员进行相关处理；指派站台站务员寻找现场两名以上目击证人，协助事件调查。

事件处理完毕，在检查现场情况正常、确认线路出清后，向行车调度员报告事件已处理完毕，申请恢复行车，并及时报告站长。

4）行车调度员。得到信息后立即采取措施，防止其他列车进入受影响的区域，同时提醒车站人员切实按下紧急停车按钮；迅速通知调度值班主任；通知派出所和120急救中心；在值班站长报告事件处理完毕后，检查、确认是否具备行车条件，组织相关部门恢复行车。

第三节　客运票务安全管理

案例：地铁站进出站闸机齐"罢工"

6月6日18时50分左右，B地铁站进出站闸机突然发生故障，致使大量乘客一度被困站内。

事发时，市民曾先生从B地铁站出地铁，走下楼梯时，发现车站内挤满了人，出站闸机前排起了长龙，有人在后面高喊："怎么回事，快出站啊！"工作人员前来检查后发现，B地铁站所有出口处的闸机同时发生故障，无论是通卡还是单程票，都无法通过闸机。有乘客想要跨过闸机出站，但被工作人员阻止。与此同时，地铁站进站闸机也发生故障，无法刷卡进站。随即，地铁工作人员赶来，组织滞留在站内的乘客从客服中心旁的临时出入口通过人工检票方式进出站。由于列车不停地进站，导致滞留乘客越聚越多，"有将近百人排队"。至19时10分左右，第一批乘客才完全通过临时出站口出站，随后到站乘客也陆续通过临时出站口出站。

经过抢修，所有闸机在当天20时04分恢复正常，B地铁站恢复工作。经检修确定故障原因为自动售检票系统B地铁站服务器软件突发异常，已联系承包商对系统进行检测维护，确保进一步完善软件。

一、车站AFC设备发生故障时的票务处理

1. 出现一个进站或出站闸机故障时

（1）应急处理流程

1）在出现故障闸机前设置"暂停服务"标志牌，及时引导乘客从设备良好的闸机进出站。

2) 由于闸机卡票等，可由站务员进行应急处理。

3) 其他原因造成闸机设备故障，应及时报告值班站长。

4) 值班站长在接到报告后，立即与自动售检票系统（AFC）维修人员联系抢修，并到达现场，进行乘客的疏导工作。

5) 从车站计算机（SC）系统上也可发现设备故障，应及时报告值班站长，并做好设备故障记录。

（2）闸机（GATE）常见故障及排除方法　闸机（GATE）常见的故障主要有死机（暂停服务）和回收机构卡单程票。

闸机（GATE）出现故障时，用闸机钥匙打开闸机维护门后（如果是出站闸机要将票箱轻推，使票箱被吸合），用相应的操作员号码和密码登录后根据故障情况予以排除。

当发生死机（暂停服务）故障时，应在 GC 菜单中，选择"8 重启关机"，再选择"1 重启"，观察重启后是否恢复正常；若无效或不成功，则关闭电源 5s，再打开总电源，观察重启后是否恢复正常；如果重启后仍不能进入正常的业务模式，应按照设备故障处理流程进行报障，请专业人员维修。

当发生回收机构卡单程票故障时，应在 GC 菜单中，选择"2 自检"，再选择"2 回收机构"，正常情况下，回收机构自检后就能排除故障。若无效或不成功时，应按照设备故障处理流程进行报障，请专业人员维修。

2. 车站全部自动售票机（TVM）发生故障时

当城市轨道交通车站全部自动售票机（TVM）发生故障时，车站应及时启动设备故障应急预案予以处理，保障乘客的购票乘车需求，避免乘客积压，引发次生事故。

（1）应急处理流程

1) 当车站发现或接到全部自动售票机（TVM）故障报告时，经值班站长或客运值班员到现场进行确认后，应立即给各售票窗口配备预制单程票进行出售或通过票务处理机（BOM）出售单程票。

2) 在自动售票机前设置"暂停服务"标志牌，引导乘客到客服中心售票窗口购票，并维持好乘客购票秩序。

3) 当现有窗口售票能力不能满足需要时，及时启用临时售票亭。

4) 监控车站各售票窗口的售票速度，自动售票设备仍未修复而预制单程票的存量仅能维持售卖 2h，车站要及时联系票务部门申请配发预制单程票。

5) 向票务设备维修部门报告故障，维修人员到达后派人配合其工作。

6) 故障修复排除后，撤除自动售票设备前的"暂停服务"标志牌，引导乘客到自动售票机（TVM）自助购票，各相关岗位恢复正常工作。

（2）自动售票机（TVM）常见故障及排除方法　自动售票机（TVM）是乘客自助购买单程票的设备，在日常运营中纸币模块、硬币处理模块和单程票出票机构由于频繁工作，使用到一定时间这些模块中的电磁铁、传递带、电机和传感器等部件容易老化、磨损或粘满污垢；另一方面还由于乘客不当的操作行为，导致设备故障或部分功能缺失。自动售票机

（TVM）常见故障有卡纸币、卡硬币、卡单程票、死机、暂停服务、硬币回收箱无法推到位和纸币钱箱无法上锁等。

自动售票机（TVM）发现故障时，首先应用门禁卡刷卡听到"嘟"一声后，使用钥匙打开后维护门；然后在维护单元菜单上输入操作员编号和密码，按"确定"登录后，根据故障情况予以排除。故障处理完毕后，在维护单元中"注销退出"，并锁上后维护门。

当发生卡纸币故障时，应执行维护命令"3 部件维护→2 部件维修→1 纸币识别器"，用第二用户（操作员）进行二次登录，拉出纸币识别单元，搬开纸币单元上部的绿色扳手打开纸币单元，观察纸币单元的中部及后部位置（靠操作人员一端），取出夹在其中的纸币后，再合拢纸币单元；如不能取出纸币，在自动售票机的前面板，观察纸币单元的退币口处，若发现被卡纸币，用弯嘴镊子将其取出即可。

当发生卡硬币故障时，硬币可能被卡在鉴币器入口处、传送带处、导币槽内和循环找零转盘入口处等位置。当硬币卡在鉴币器入口处时，通过维护命令"3 部件维护→1 部件诊断→3 硬币单元→4 清除入币口堵币"，使硬币退到找零口；当硬币卡在传送带处时，通过维护命令"3 部件维护→1 部件诊断→3 硬币单元→3 传送带后滚"，使硬币进入小回收盒，取出硬币；当硬币卡在导币槽内时，通过维护命令"3 部件维护→1 部件诊断→3 硬币单元→2 初始化"，使硬币进入小回收盒，取出硬币；当硬币卡在循环找零转盘入口处时，执行维护命令"3 部件维护→2 部件维修→2 硬币单元"，打开导币槽保护罩，直接取出硬币，将取下的部件复原即可。

当发生卡单程票故障时，单程票可能被卡住的位置有：出票漏斗（也称歪嘴）处、电磁铁闸口处、出票通道和金属通道衔接处、出票找零口处。当单程票夹在出票漏斗（也称歪嘴）处或电磁铁闸口处时，在打开后维护门后，向后拉红外屏锁位机构拉杆，解锁红外屏门锁之后关闭后维护门，撑起红外屏并保持不动，若单程票夹在出票漏斗（也称歪嘴）处时，拧开出票漏斗滚花螺钉，打开漏斗取出被夹的票，合上出票漏斗，再拧紧滚花螺钉；若单程票夹在电磁铁闸口处时，用非金属物体打开电磁铁闸门，使票进入废票箱或出票口，然后合上红外屏并锁紧，再次打开后维护门并登录，登录成功后自检出票单元，自检成功后关闭后维护门即可。当单程票夹在出票口和金属通道衔接处时，轻轻向后拉出 TDU 取出被夹的票，再将 TDU 推到位，自检出票单元，自检成功后关闭后维护门即可。当单程票夹在出票找零口处时，通常情况下，后续乘客买票出票或找零时能被带出来，如不能被带出来，就要使用镊子将单程票从找零口直接夹出。

当发生死机故障时，应在维护单元菜单中，选择"重启"后确定，观察重启后是否恢复正常；若无效或不成功，则关闭工控机电源约 10s 后，再打开工控机电源，观察重启后是否恢复正常。如果设备仍然出现故障，按照设备故障处理流程进行报障，请专业人员维修。

当发生暂停服务故障时，应在维护单元菜单中，选择"暂停服务原因"后确定，并根据其中内容做相应处理。如果暂停服务与日常操作无关，则在 GC 菜单中，选择"重启"后确定，观察重启后是否恢复正常；若无效或不成功，则关闭工控机电源约 10s,再打开电源观察重启后是否恢复正常；如果重启后不能进入正常的业务模式，按照设备故障处理流程进行报障，请专业人员维修。

当硬币回收箱不能推到位时，取出硬币回收箱后，用钥匙打开箱盖，把箱盖内的复位销拨到上位，再锁上箱盖，即可直接把硬币收集箱推到位。

当纸币钱箱不能上锁时，应取下纸币钱箱，打开纸币钱箱侧盖再锁上（此时应指示绿灯），轻轻把纸币钱箱推到位，再锁紧纸币钱箱（此时应指示红灯）即可。

3. 车站全部进站闸机发生故障时

当城市轨道交通车站全部进站闸机发生故障时，车站应及时启动设备故障应急预案予以处理，保证已购票乘客顺利、快速检票进站。

应急处理流程如下：

1）当车站发现或接报全部进站闸机无法使用时，客运值班员或值班站长应立即到现场检查确认，并报告行车调度员、车站站长以及相关部门。

报告内容包括：报告时间、报告车站、报告人、具体设备故障（进闸系统）、启动预案或措施、行车调度员姓名和预计设备具体恢复时间等。

2）确认后，在故障进站闸机前设置"暂停服务"标志牌及隔离带，值班站长应及时与自动售检票系统（AFC）维修人员联系进行设备抢修。

3）车站应做好对乘客的相关解释工作，及时开启边门，派人引导持票乘客从边门进闸，进行人工检票进站，并告知乘客在出站时需到客服中心进行车票处理。

4）待故障修复后，撤除"暂停服务"标志牌及隔离带，关闭边门，引导乘客从进站闸机检票进站。

5）值班站长应联系车站控制室进行相关内容的广播。

4. 车站全部出站闸机发生故障时

当城市轨道交通车站全部出站闸机发生故障时，车站应及时启动设备故障应急预案予以处理，保证出站乘客快速疏散，避免在站内积压。

应急处理流程如下：

1）当车站发现或接报全部出站闸机无法使用时，客运值班员或值班站长应立即到现场检查确认，并报告车站站长以及相关部门。

2）确认后，在故障出站闸机前设置"暂停服务"标志牌和隔离带。

3）车站应做好对乘客的相关解释工作，及时开启边门，派人引导出站乘客从边门出闸，并回收出站乘客手中的单程票，指引持储值票的乘客到客服中心进行票务处理或告知其可在下次乘车时在任意站进行票务处理。

4）值班站长应及时与自动售检票系统（AFC）维修人员联系进行设备抢修，待故障修复后，撤除"暂停服务"标志牌和隔离带，关闭边门，引导乘客从出站闸机自助验票出闸。

5）值班站长应安排车站控制室进行相关内容的广播。

5. 车站全部票务处理机（BOM）发生故障时

（1）应急处理流程

1）车站发现和确认全部票务处理机（BOM）故障后，要立即在售票窗口设置"暂停服务"标志牌。

2）做好对乘客的解释工作，引导需购票的乘客到自动售票机（TVM）上购票，需对储值卡充值的乘客到自动增值机（AVM）上办理充值业务。

3）派人在各进、出站闸机处看护，对不能正常进出闸的乘客，开启车站边门，并指引其从车站边门进出，同时回收出站乘客的单程票，告知持储值票的出站乘客在下次进站时如无法正常进站，可到客服中心进行票务处理。

4）将故障情况报告票务设备维修部门、监控员、行车调度员和车站站长。

5）故障修复后，撤除售票窗口"暂停服务"标志牌，关闭车站边门，恢复售票窗口正常工作。

（2）票务处理机（BOM）常见故障及排除方法　票务处理机（BOM）常见故障有死机和打印机卡纸。

当发生死机故障时，应关闭主机电源至少 10s 后，再重新打开主机电源，系统自检并启动业务软件后，输入用户名和密码，登录业务软件，检查程序各项功能，如无异常情况，即可重新进行业务操作。

当发生打印机卡纸故障时，应关闭打印机电源，打开打印机的外壳，取下打印纸，检查打印纸的进、出口通道，并清理通道内的纸屑等异物，再装上打印纸，盖上打印机外壳，重新打开电源使用。

6. 车站全部自动售检票系统（AFC）终端设备发生故障时

车站全部自动售检票系统设备故障一般是指车站的自动售票机（TVM）、自动增值机（AVM）、自动验票机（TCM）、票务处理机（BOM）和进出站闸机（GATE）等终端设备全部无法使用。

发生车站全部自动售检票系统（AFC）设备发生故障时，车站相关人员应迅速启动设备故障应急预案予以处理，最大限度地保持车站的运营服务和秩序，满足乘客的需求。

（1）应急处理流程

1）车站接报全部自动售检票系统（AFC）设备发生故障后，由客运值班员以上的人员到现场进行检查确认。

2）确认全部自动售检票系统（AFC）设备发生故障后，车站相关人员及时报告车站站长、行车调度员、票务部门和设备维修相关部门等。

3）在故障设备前及时设置故障告示牌，及时组织员工售卖纸票，并引导乘客到客服中心购买。

4）经请示行调同意后，根据车站人员情况，将进、出站各一组闸机中若干闸机通道设为常开状态，进行人工检票、收票，同时做好秩序维护和对乘客的宣传解释工作。

5）设备故障修复后，组织员工恢复正常运营服务。

（2）自动增值机（AVM）常见故障及排除方法　自动增值机（AVM）常见故障有卡储值卡、卡纸币、打印纸卡纸等。

自动增值机（AVM）出现故障时，首先用门禁卡刷卡听到"嘟"一声后，使用钥匙打开后维护门；然后在维护单元菜单上输入操作员编号和密码后，按"确定"登录后，根据故障情况予以排除。故障处理完毕后,在维护单元中"注销退出",并锁上后维护门。

当发生卡储值卡故障时,应执行维护命令"部件维护→部件维修→TTC(储值卡传送模块)自检",检查储值卡在传送机构中的位置,如果在回收盒中就直接将回收盒取出后拿出储值卡,并将回收盒装回;如果卡在传送机构的传送带中,用手拉传送带,当储值卡被送到手可以接触时,将卡拿出即可。

当发生卡纸币故障时,应执行维护命令"部件维护→部件维修→纸币识别器",用第二用户(操作员)进行二次登录,拉出纸币识别单元,搬开纸币单元上部的绿色扳手打开纸币单元,观察纸币单元的中部及后部位置(靠操作人员一端),取出夹在其中的纸币后,合拢纸币单元;如不能取出纸币,在自动售票机的前面板观察纸币单元的退币口处,若发现被卡纸币,用弯嘴镊子将其取出即可。

当发生打印机卡纸故障时,应执行维护命令"部件维护→部件维修→打印机",拉出纸币识别单元,检查有无纸屑或异物堵塞打印纸通道,如有,清理出堵塞物;如没有,取下打印色带,重新安装打印色带即可。

二、车票安全管理

1. 车票安全管理规定

车票是自动售检票系统(AFC)票务收益的载体,因此必须对车票进行妥善保管,保证车票的安全。

1)任何时间,车票只能存放于 AFC 票务室、客服中心、自动售票机(TVM)和出闸闸机(GATE)等处,除特殊原因,任何人不可在其他地点放置车票。

除满足运营需要放在自动售票机(TVM)和客服中心的普通单程票与普通储值票外,其他普通单程票和普通储值票存放于 AFC 票务室专用的文件柜,预制单程票、特种票存放在 AFC 票务室保险柜中,钥匙由当班客运值班员全权负责,每班做好交接。备用钥匙封入票务专用信封,由站长负责保管。

2)车票在运送途中,一律放在上锁的票箱或封闭手推车内。

3)车票在任何地点存放都要有相应人员负责,一旦发生丢失、损坏,按票务管理规章相关规定处理。

4)在有监控设备的条件下,清点、交接任何车票,均需在监控摄像头有效范围内进行操作,不得私藏车票。

5)售票开始前,客运值班员与售票员当面清点所领储值票以及找零款项,并将配发数填写在《售票员结算单》上,待售票员清点确认后双方在《售票员结算单》上签章确认。

6)运营过程中售票员如要离开客服中心(如上洗手间、吃饭等)的,须通知客运值班员,并退出票务处理机(BOM)操作界面,客运值班员根据情况决定是否安排顶班,如需客运值班员或机动售票员顶班,顶班交接时双方应各自在票务处理机(BOM)设备退出及登录自己的操作号,严禁信用交接、使用他人的操作号进行售票。

7)售票结束后,售票员要将所有车票交回 AFC 票务室,与客运值班员办理结账交接。

客运值班员核对《售票员结算单》上配发车票数是否等于售出车票数与剩余车票数之和；售票员退回的单程票、乘客退票（含无效票）需经点数及检测车票状态后确认。若数目相等，则完成车票交接；若数目不等，合计车票成本，按票务管理规章相关规定处理，并在相应报表上做好记录。

8）在非运营时间，车站工作人员不得进入客服中心开启、操作票务处理机（BOM）。

9）在未得到当班值班站长的许可下，任何非当班票务工作人员不得进入 AFC 票务室、客服中心。任何非当班人员在进入 AFC 票务室时，必须有一名当值客运值班员陪同。

10）在非运营时间，除当班客运值班员、值班站长、售票员和厅巡外，任何人员不得进入 AFC 票务室（特殊情况下，由值班站长或站长批准进入的除外）。

11）AFC 票务室摄像监控设备必须 24h 开启，录影资料未经批准不得删剪。

2. 客服中心报警器的管理和使用

（1）客服中心报警器的功能　客服中心报警器的控制按钮一般安装在客服中心售票桌的下方，当售票员遇到失火、冒烟和抢劫等紧急情况或人身受到威胁时，可以按下控制按钮，此时安装在客服中心顶部的报警器会发出闪烁灯光和报警声，召唤同事、保安和公安人员等前来帮助。

（2）每日检测设备　车站每天开站服务前，票务人员在对售票设备进行检查的同时，应对报警器进行测试；如果发现报警器出现问题，要及时报告值班站长及维修人员。

（3）售票员启动客服中心报警器的情况　售票员在客服中心作业时，在保证自身安全的前提下，遇以下情况可启动客服中心报警器召唤支援。

1）客服中心失火或冒烟。

2）发生歹徒抢劫或恐吓事件。

3）其他紧急事件。

（4）各员工的职责

1）站务员。

①发现客服中心报警器鸣响后，迅速前往客服中心支援，并报告车站控制室、通知值班站长。

②协助具有售票资格的站务员进行现场处理，引导疏散乘客。

③根据安排设置隔离带，维持现场秩序。

2）值班站长。

①接到报告后马上赶到现场进行处理，视情况拨打 119、110、120 等报警和急救电话。

②安排通过广播做好客流控制和引导，安排人员疏导乘客。

③指示具有售票资格的站务员安全处理票款，安排人员替班。

④通知站长和相关部门，保护好现场，配合上级部门进行调查处理。

三、车站现金安全管理

车站的现金主要由车站的票款收入和车站日常票务运作备用金两部分组成。

车站现金要求放在车站的安全区域。一般现金安全区域主要是指 AFC 票务室、客服中心、临时售票处以及自动售票机（TVM）和自动增值机（AVM）的钱箱。任何无关人员未经车站当班负责人批准不得进入 AFC 票务室、客服中心和临时售票处等区域。在有监控设备的条件下，现金交接、清点应在监控区域进行，现金处理完毕，应立即锁入保险柜中。

1. 车站现金交接规定

（1）纸币 交接纸币时需双方当面清点后签认交接（有条件时必须在监控摄像头有效范围进行），交接时若发现数目有误，应及时上报上级主管部门，并调查处理此事。若差额原因无法查明，则所短款项由交班人当场补足，长款随当日票款上交。

（2）硬币 交接硬币时需双方当面清点后签认交接（有条件时必须在监控摄像头有效范围进行），对已经加封的硬币进行交接时，接班人确认加封正确完好后，可凭加封数目交接。

1）加封前须双人在监控摄像头有效范围内清点，确认无误后共同盖章加封。

2）开封前须双人在监控摄像头有效范围内确认封条正确完好后，开封共同清点。

清点时若发现金额不符，应立即报站长或值班站长到车站票务室签名确认，差额由加封人负责；如未执行双人开封清点规定时，差错由开封人负责。

3）与银行兑换的硬币，应由双人在监控摄像头有效范围内清点后加封。

4）严禁信用交接未经清点或未加封的钱款。

2. 更换自动售票机（TVM）、自动增值机（AVM）钱箱规定

1）在本站停止售票后或自动售票机（TVM）、自动增值机（AVM）发出"钱箱将满"或"钱箱已满"的信息或各站结合本站具体情况制定固定时间更换钱箱。

2）更换钱箱必须按《车站 AFC 设备操作手册》规定的程序操作。

3）每日运营结束后，必须更换所有投入服务的自动售票机（TVM）、自动增值机（AVM）的钱箱，数据清零并将设备设为暂停状态（不需断电）。

4）更换钱箱时，凭门禁卡和钥匙打开自动售票机（TVM）、自动增值机（AVM）维修门，输入指定密码和操作号登录。

5）更换钱箱时需双人共同进行操作并同时在《TVM（AVM）钱箱更换/清点记录表》记录设备相关钱、票数。

6）更换完钱箱后须根据《TVM（AVM）钱箱更换/清点记录表》在票务管理终端上输入相关数据。

3. 钱箱清点规定

钱箱清点工作是项严肃、认真的工作，是保证车站现金安全的重要环节。

1）客运值班员到值班站长处领取钱箱钥匙，并做好记录。

2）在 AFC 票务室内，由双人在监控摄像头有效范围内负责清点（其中一人为客运值班员），同时须填写《TVM（AVM）钱箱更换/清点记录表》的相应部分，客运值班员在票务管理终端上输入钱箱实际清点数据。

3）清点钱箱时严禁混点，必须按每台设备换下的钱箱分别清点并记录差异，50 元以上误差需报票务室轮值监控。清点硬币时要在硬币清点机上清点两次，清点纸币时要在纸币点钞机上清点两次，确保数量正确。

4）在清点中若发现假币、残币、机币，须报票务室轮值监控并用票务专用信封加封后上交票务室；当班客运值班员在《TVM（AVM）钱箱更换/清点记录表》注明相应的设备号、钱箱号及清点人，相关金额暂不计入本日《车站营收日报》的票款收入，待票务室核查后处理。

5）填写台账、在票务管理终端上录入数据时要认真，确保钱箱号、设备号、实点数正确无误，同时经手人要在台账上签章确认。

6）在清点过程中已清点和未清点的钱箱要分开存放，避免遗漏，同时要确保钱币没有卡在点钞设备内。

7）钱箱清点、数据录入和台账填写要在规定的时间内完成，并按解行的要求进行封存。

4. 车站票款收入管理

车站票款收入主要包括自动售票机（TVM）售票收入、自动增值机（AVM）储值票增值收入、票务处理机（BOM）售票和储值票增值收入、临时售票处售票收入、乘客票务处理收入等。对于车站的票款收入，要求每日运营结束后及时进行清点、登记、系统录入、封装和解行。

票款收入一般要求每日按时解行，不得在车站保管过夜。票款解行工作一般委托专门的押运公司进行。

解行操作程序如下：

1）有监控的条件下，要求在摄像头有效范围内点清并将票款按银行要求打包，同时填制现金缴款单、封箱清单、零钞交接清单放入银行提供的专用箱内并加封后存放在车站票务室。

2）核对押运公司职员的身份，用押运交接单与押运公司职员办理交接，将专用箱交押运公司职员解行。

3）现金缴款单的交款金额填入车站营收日报。

4）车站在收到银行回单时将现金缴款单随报表上交票务管理部门。

第四节　客运突发事件应急处理

案例引入

案例 1：暴雨逼停某市地铁 6 号线、2 号线

9 月 13 日 16 时许，受降雨影响某市地铁 6 号线发生供电设备故障，地铁运营部门立刻对该线路的列车采取了限速运行措施，延长发车班次间隔，并向乘客们发布了"预计影响时间 10min 以上，及时调整出行路径"的提醒。但此后雨越下越大，使得抢修工作愈加困难，故障始终未得到排除。地铁运营中心不断通过官方微博引导乘客换乘其他交通工具，并且在 16 时 40 分左右在 Y 站至 W 站启动公交配套预案，车站工作人员指引积

压的客流前往相关公交接驳站点。到17时30分左右，抢修人员终于找到故障点；18时15分许，地铁运营部门表示故障基本排除，至19时15分许，6号线才逐步恢复正常运营。经初步调查，6号线故障为异物侵入导致触网短路、多处受损。

  与此同时，地铁2号线在18时左右传出了故障消息。外部雨水倒灌引发的信号设备故障，一开始只是让2号线R站至G站方向的列车限速运行，发车班次延长，但晚高峰加上同时两条地铁线路故障，使得很多站点人满为患，地铁运营公司采取限流措施。19时30分左右，地铁运营部门宣布，2号线R站至S站区段停止运营，Z站、J站、A站、R站等所有换乘车站采取限流。在P站1号线、8号线进出站及换乘均正常，但两条线路换乘2号线的通道被临时拦起，两块写着各种换乘方式和致歉信的指示牌竖在换乘通道口，工作人员举着喇叭引导乘客通过其他路线前往目的地，站点服务中心的工作人员不断接受乘客退票，并引导乘客乘坐其他公共交通方式。站厅外，竖起了接驳公交车的站牌，可以载客前往Q站。此时站厅虽然客流积压很大，但总体有序，没有乘客与工作人员争执。在2号线N站和A站，N站进出正常，A站只允许乘客由2号线换乘7号线，封闭了7号线换乘2号线的通道。对于工作人员的疏导解释，大部分乘客表示认可，选择其他方式换乘。21时左右，经过紧张的排水抢通，2号线R站至S站恢复运行，但由于设备状态仍待进一步确认，列车班次依旧较长。21时30分，地铁全网恢复正常运营。

  对于6号线、2号线两条线路故障，地铁运营部门通过官方微博向乘客道歉，并感谢所有乘客的支持和理解。地铁运营部门表示，所有受此次故障影响的乘客可以在7个工作日内至车站退票。值得注意的是，故障发生后，很多志愿者和"红马甲"主动参与到维持秩序的队伍中，与车站工作人员、公安民警和安保人员共同安抚现场焦虑的乘客，并为来自外地的游客指点方向，他们在疏导客流上发挥了极大的作用。同时，乘客对此次故障表示极大的忍耐和宽容，故障发生时，恰逢周末和晚高峰大客流，导致不少乘客出行受阻、部分站点客流积压严重、部分列车晚点严重，但没有一名乘客触碰车厢内的紧急拉手，这也为地铁尽快恢复运营提供了帮助。

案例2：韩国大邱地铁火灾

  2003年2月18日9:55左右，韩国东部著名的纺织服装城市大邱市，已经过了上班的高峰时间，第1079号地铁列车上乘坐的大部分是老人和孩子。他们或翻看手中的书报，或闭目养神，车厢里显得非常安静。列车刚在市中心的中央路车站停住，第三节车厢里一名56岁的男子就从黑色的手提包里取出一个装满易燃物的绿色塑料罐，并拿出打火机试图点燃。车内的几名乘客立即上前阻止，但这名男子却摆脱阻拦，把塑料罐内的易燃物洒到座椅上点着火，顿时，整节车厢燃起了大火，并冒出浓烟。3号车厢起火后，火势转眼之间就燃烧到整列6节车厢。这时对面的1080号列车也驶进了车站，火势又蔓延到这列列车的6节车厢。由于车站的电力系统断电，站内一片漆黑，1080号列车无法继续前行，车门也没有打开。人们乱作一团，有的拼命撬门，有的四处寻找逃生的出口。慌乱中，许多乘客因浓烟窒息而死。浓烟不仅从地铁出口向地面上的街道扩散，而且顺着通风管道蔓延至地下商场，200多家商店纷纷关门。当地警方、消防部门在2min内接到了火警警报，迅速调集1 500多名人员和数十辆消防车前往救援，军队也加入救援队伍。一时间，大邱市中心区警笛声响成一片，警察封锁了通往现场的所有路口，所有地铁停运，整个交通陷入瘫痪。地铁大火熊熊燃烧了3h，直到13:00大火才被扑灭。然而，塑料等物燃烧后造成的刺鼻毒气和浓烟仍然蔓延在地铁车站内，给救援工作带来了巨大的困难。

这场火灾最终造成了198人死亡、146人受伤的惨剧，大邱市地铁系统停运8个多月。韩国专家们分析认为，这次火灾虽然是有人故意纵火而造成的，但是是多种原因导致了如此严重的伤亡。

首先，是设备方面的隐患，车站和车厢内安全装置不足。韩国的地铁车站内虽然安装了火灾自动报警设备、自动淋水灭火装置、除烟设备和紧急照明灯，但是这些安全装置在对付严重火灾时仍明显不足，尤其是自动淋水灭火装置。由于车厢上方是高压线，为了防止触电，车厢内均没有安装这种装置。因此，此次大邱市地铁发生大火时，不可能尽早扑救。车站断电后，四周一片漆黑，紧急照明灯和出口引导灯均没有闪亮。此外，车站内的通风设备容量不大，只能保障平时的空气流通，难以排除大量的浓烟。车厢内的座椅、地板等虽然采用耐燃材料，一旦燃烧起来仍会散发出大量有毒成分。韩国媒介报道说，火灾的死亡者中有许多是在跑出车厢后找不到出口而吸入含有有毒成分的浓烟窒息而死的。

其次，是法律还不健全。韩国专家们特别指出，韩国现行的《消防法》只注重固定的建筑和设备，而飞机、船舶、火车等移动的大众交通工具在《消防法》中是个死角。韩国媒体报道说，大邱市地铁1997年开通时采用的有关防火安全的标准，还是20世纪70年代韩国首次开通地铁时的标准，已经不适合当前的情况。

第三，是安全教育流于形式。韩国每年都进行"民防训练"，学习在紧急情况下逃生和保障安全的知识。韩国媒体和专家指出，这些民防训练"大多流于形式"，人们在慌乱时全然不知使用现有的灭火器材进行灭火。

除了上述原因外，韩国专家们还认为，地铁公司平时的麻痹大意、安全意识不强、安全保卫人员不足以及通信联络不完备等，也是造成此次地铁火灾大批人员伤亡的重要因素。特别是当时车站的中央控制室管理不力，没有及时阻止另一列列车进入已经失火的车站，更造成了伤亡人员的增加。

经过对大邱"2·18"纵火案的调查，韩国大邱地方警察厅认定，地铁列车司机和综合调度室有关人员对灾难的发生有着不可推卸的责任。从对事发1080号地铁列车司机崔相烈与综合调度室之间的无线通话录音的分析来看，纵火案发生2min后（即18日上午9点55分），综合调度室的调度人员听到了"进入中央路站要小心，现在发生火灾"的警示，但调度室仍发出指令允许1080号列车进站。正是这一错误的指令使更多的人失去了宝贵的生命。1080号地铁列车驶入烟雾弥漫的站台后，车站已经断电，列车不能行驶。在这种情况下，1080号列车的列车司机因为害怕有毒气体进入车厢而没有及时打开车厢门疏散乘客，却车门紧闭，而且仍请示调度该如何处理。等再想打开列车的车门时，电被切断了，从而全体乘客都被关在了黑暗的车厢内。一些车厢的乘客找到了应急装置，用手动方式打开了车门得以逃生，但是许多车门一直未被打开。第一组列车的车厢门是开着的，所以乘客可以及时逃出去，但第二组列车的车门却是紧闭的，大多数死者是第二组列车上的乘客。更不可思议的是，在事故发生 5min 后，调度居然还下达"允许 1080 号列车出发"的指令。

> **案例 3：乘客充电宝冒烟，现场使用灭火器后组织清客**
>
> 9 月 9 日上午 8:01，某市地铁三号线上行方向 26 次车运行到 Y 站—K 站区间，列车司机监控发现 2 车厢发生乘客充电宝冒烟情况，现场乘客使用了列车灭火器，造成车厢烟雾较大。为防止乘客恐慌，保证运营秩序，组织该车在 K 站清客退出运行。

相关知识

城市轨道交通系统一般都处在地下或高架桥的半封闭空间里，具有隐蔽性、封锁性、人员和设备高度密集等特点，一旦发生重大事故、灾害等突发事件，人员疏散和救援困难，处置不当将产生巨大的人身和财产损失，势必对社会、经济和人民生活造成重大影响。

综观各国城市轨道交通发生的事故，不难发现造成事故的主要原因大体可分为三方面：人员因素、设备因素、社会或自然灾害因素，并且很多事故的发生都是以上几种因素综合在一起的结果。

在人员因素方面，主要有两类，一类是乘客未遵守安全乘车规则导致事故发生，另一类是由于工作人员工作措施不当或疏忽引发事故的。前者如地铁车站发生的乘客不慎掉入或故意跳入轨道事件；后者如韩国大邱市地铁 2003 年那场大火反映出，在前方车站已经发生火灾的情况下，当事行车调度员仍然命令另一辆列车司机驾驶列车驶入烟雾弥漫的站台，在车站已经断电、列车不能行驶时，列车司机没有采取果断措施将车门打开，疏散乘客，却车门紧闭，造成 198 名乘客死亡、146 人受伤的惨剧。

设备因素方面，地铁系统是一个大的联动机，由几十个专业系统组成，设备包罗万象，任何一个系统设备尤其是与行车有关的设备发生故障，都可能导致地铁无法正常运转，甚至造成巨大的生命财产损失。如 2003 年 8 月 28 日，英国首都伦敦和英格兰东南部部分地区突然发生重大停电事故，伦敦近 2/3 的地铁停运，大约 25 万人被困在伦敦地铁中。

社会或自然灾害因素方面，车站及列车是人流密集的公众聚集场所，一旦发生爆炸、毒气和火灾等突发事件，势必造成群死群伤或重大经济损失，严重地影响社会秩序的稳定。近年来接连不断地发生爆炸、毒气和火灾等社会灾害，如 1995 年 3 月 20 日，日本东京地铁遭受邪教组织"奥姆真理教"施放沙林毒气，造成 10 多人死亡；另外，强降雨、强台风等自然灾害也很可能对城市轨道交通运营造成严重影响，如南京地铁因设备遭雷击造成地铁停运事件，多市地铁因强降雨发生的雨水倒灌影响运营等。

从上面列举的事故中，我们可以看出，一起事故的发生，往往是多种因素综合发生作用导致的结果，如 2003 年的韩国大邱市地铁遭人为蓄意纵火，有工作人员采取措施不当的人为原因，也有车辆本身材料不具备阻燃性的因素。当突发事件在车站发生时，员工如果能迅速、高效、妥善地处置，将有效预防或减少事故导致的损失。因此，各城市轨道交通运营公司,应制订突发事件的应急处理预案,通过学习、培训、演练等手段,提高员工的应急处理能力,做到有备无患。

一、突发事件的定义和范围

1. 突发事件的定义

突发事件是指在城市轨道交通运营场所内,因不可预见的或不可控制发生的因素造成以下一种或几种后果,须立即处理的偶然性事件。

1)事态发展可能或已经导致人员伤亡。
2)严重影响地铁运营生产。
3)需要依靠外部支援进行处理。

2. 突发事件的范围

突发事件一般可分为以下几类。

(1)自然灾害　主要包括强台风、强降雨和地震等。
(2)事故灾害　主要包括火灾、爆炸、列车脱轨、列车冲突、列车颠覆、接触网断线、严重水浸、大面积停电和地铁构筑物坍塌等。
(3)突发公共卫生事件　主要包括恶性传染病疫情、食品安全与职业危害事件等。
(4)突发社会安全事件　主要包括突发性大客流、重大刑事案件(炸弹恐吓、毒气及劫持)、有毒化学物质泄漏和放射性物质扩散等。

二、突发事件的处理原则

城市轨道交通车站、列车是人流密集的公共场所,一旦发生突发事件,如员工不能高效妥善地处置,不仅会造成轨道交通正常运营的中断,还势必造成群死群伤的严重后果,严重影响社会秩序的稳定。因此,当轨道交通车站、列车发生突发事件时,各岗位员工应遵循突发事件的处理原则,团结协作,防止事故的扩大、升级,最大限度地降低事故造成的危害和损失。

突发事件的处理原则如下:

1)坚持高度集中、统一指挥、逐级负责的原则。
2)坚持"先救人,后救物;先全面,后局部"的原则,优先组织人员疏散、伤员抢救,同时兼顾重点设备和环境的防护,将损失降至最低限度。
3)员工在应急事件处理时应沉着冷静,反应迅速,积极开展工作,做到早发现、早报告、早控制。严格执行规定的标准和程序,做好乘客疏导和安抚工作,维持乘客秩序和减少乘客恐慌。通知车站员工执行紧急疏散程序时,应使用统一代号,以免引起恐慌。
4)在突发事件应急处理过程中,应兼顾现场的保护工作,以利于公安、消防和事件调查部门的现场取证。
5)坚持就近处理的原则:突发事件发生时,在上一级应急处理负责人到达现场前,员工按相关规定担任现场临时应急处理负责人；在上一级应急处理负责人到达现场后，则由上一级应急处理负责人担任现场指挥。不同处所发生突发事件时，现场临时负责人安排见表 2-1。

表 2-1 现场临时负责人

序 号	发 生 处 所	现场临时负责人
1	列车上（列车在区间）	本列车列车司机
2	列车上（列车在车站）	所在站值班站长
3	车站	所在站值班站长
4	区间线路上	行车调度员指定的值班站长
5	车厂	车厂调度
6	其他场所	现场职务最高的员工

6）员工在应急事件处理时，坚持对外宣传归口管理的原则，不得擅自发布相关信息。

三、突发事件信息通报的内容及流程

突发事件信息通报应遵循迅速、准确和完整的原则，任何员工发现或接到突发事件信息，均应立即执行规定的通报流程，不得延误、中断或缺漏。

1. 突发事件信息通报的内容

（1）信息通报的通信方法　信息通报采取的通信方法如下：

1）同一现场人员信息通报可采用面对面口述的方法。

2）同地点各岗位间信息通报可使用信息群呼、直通调度电话、内线电话、无线电台、公用电话及移动电话等通信工具，竭力保障信息迅速传递。

3）一般控制中心调度值班主任设有一部专门内线电话作为事故（事件）专用报告电话，供没有直通调度电话可使用的员工事故（事件）应急报告使用。

（2）信息通报的内容　突发事件信息通报的内容，一般应包括以下几点。

1）报告人姓名、职务及单位。

2）事件发生类别、时间及地点。

3）事件发生概况、原因（若能初步判断时）及影响运营的程度。

4）人员伤亡情况、设施设备损毁情况。

5）已采取的措施。

6）需要的援助（包括救援、救护、支援）。

7）其他必须说明的内容及要求。

2. 突发事件信息通报的流程

城市轨道交通运营场所发生突发事件时，员工发现后应遵照报告程序迅速报告，以便控制中心根据各种情况及时汇总，确认突发事件性质及原因，做出准确判断，高效调动有利资源，指挥协调各有关方面积极采取措施，确保能有效控制事件的发展态势，将损失降到最低限度。因此，城市轨道交通公司内部必须建立起一套行之有效的信息通报流程。一

一般来说，信息通报遵循这样一个流程：突发公共事件现场→控制中心→应急处理专业机构和外部支援。

具体通报流程图如图 2-1 所示。

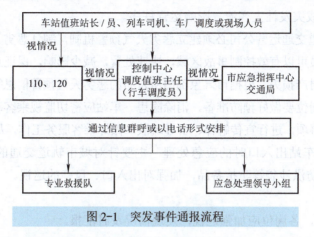

图 2-1　突发事件通报流程

在进行信息通报时，发生立即需要外部支援的突发事件如火灾、爆炸、人员伤亡和治安（刑事）事件等时，应坚持就近迅速通报的原则。

1）如突发事件发生在车站或车辆段（停车场），现场人员有条件时应立即致电 110 报警中心或 120 急救中心；车辆段调度员或车站值班站长（行车值班员）接报后，应问清现场报告人员是否已经致电 110 报警中心或 120 急救中心。车辆段、车站其他值班人员接报后，也应问清并立即转报车辆段调度员或车站值班站长（行车值班员）。若无，应立即致电报告；若有，亦应致电复核。

2）如突发事件发生在区间，行车调度员接现场人员报告或设备监控报警后，由行车调度员或调度值班主任致电 110 报警中心或 120 急救中心。

3）如突发事件发生在区间的列车上，列车司机（接现场人员报告后）立即报告行车调度员，由行车调度员或调度值班主任致电 110 报警中心或 120 急救中心。

4）控制中心所通知的外部支援是指公安局、公交公司、交通局、市应急指挥中心、市有关防灾抗震和紧急事务的政府组织机构等，具体由调度值班主任决定通知范围。

5）各专业救援队接到突发事件通报后，应按照本专业部门内部先前制订的通报流程分别向本部门相关人员进行通报。

四、车站突发事件的应急处理

1. 恶劣天气时车站应急处理

雷电、暴雨、暴雪、大风（台风）、大雾（雾霾）和沙尘暴等恶劣天气对城市轨道交通系统的正常运营可能会造成不良影响，如雷电可能造成供电系统故障，使接触网失电或断线，中断列车运行；暴雨积水可能造成水淹车站、钢轨，还可能引发路基松软、下沉，造成行车中断；强风（台风）可能使车站棚架、广告牌及区间设备等变形倒塌；大雾（雾霾）

影响驾驶员瞭望信号,影响列车运行速度,甚至可能会造成行车事故,无屏蔽门的站台乘客可能因视线不良掉下轨道,下雾引起结霜时还可能造成乘客滑倒受伤。出现强风、暴雨和暴雪等情况时,为躲避恶劣天气,站外人群会涌入车站,下车乘客也不急于离开车站,大量乘客在车站滞留,造成突发性大客流,影响运营秩序。

因此,城市轨道交通运营公司必须建立恶劣天气预警机制,制订恶劣天气应急处理预案,从而使运营指挥人员可以有效控制事故区域,快速处置,减少影响,保证正常运营,最大限度地减少人员伤亡和财产损失。根据市气象部门所发布的恶劣天气预警信息等级,相关部门应即时转发,各部门各岗位要做好预防准备,消除隐患。车站应密切监视乘客动态,维持好乘客秩序,播放安全注意事项,进行宣传解释、引导疏散,做好乘客服务工作,尽力保证乘客安全。

(1) 暴雨水浸车站出入口时的应急处理 主要针对城市轨道交通的地下车站。为防止雨水倒灌,准备好防洪沙袋等防护备品,加强对出入口、风亭的巡视。

1) 关键指引。

① 强降雨期间,各岗位应加强巡视,发现情况及时汇报。

② 发现车站出入口水浸,应及时设置防洪设施,防止雨水涌入站内。

2) 处理流程。

① 加强车站出入口巡视,检查车站出入口防洪卷帘门状态是否良好、出入口外的排水设施是否畅通。发现出入口外严重积水或积水上涨较快时,立即报告控制中心及有关部门。

② 设置相关警示牌,组织保洁员工清扫积水、进行防滑预防,组织人员搬运沙袋,必要时设置防洪设施。

③ 视情况关闭相应出入口,设置多级防洪设施。

④ 当出入口水浸得到彻底消除后,组织员工恢复正常工作。

3) 站务员岗位行动。在值班站长或值班员的安排下进行以下工作。

① 按要求到该出入口查看,设置"小心地滑"警示牌或隔离带、防护栏等,铺设防滑垫,提醒乘客注意安全,将情况报告车站控制室或值班站长。

② 如有需要,根据安排协助搬运沙包等防洪物品,设置防洪设施,防止雨水涌入站内。

③ 视情况停止该出入口自动扶梯的运行;如有需要,协助关闭相应出入口。

④ 加强巡视,如水将涌入车站,报告值班站长,并做好防淹排水工作。

⑤ 出入口关闭后,引导乘客由其他出入口出站。

⑥ 配合维修部门的排水。

⑦ 水退后,协助撤除防淹设施,开启该出入口。

(2) 大风(台风)时的应急处理 主要针对城市轨道交通的地上车站和高架车站。

1) 接到大风预警后,值班站长应安排站务人员对工作区域进行巡视,关闭部分门窗,注意观察车站出入口、线路是否有异物阻塞及接触网是否有异物悬垂,撤除临时移动指示牌,检查悬挂物和广告牌等,将站台上不牢固的设施加固。

2) 当大风对车站客运工作及行车作业带来威胁,危及运营安全时,车站接到行车调度员的关站命令后,立刻执行关站程序,退出运营服务。

3）根据情况切断车站室外的危险电源，如广告灯箱电源。

4）大风造成站台框架晃动或人身易被大风吹动失去控制时，立即组织站台乘客退至站厅安全地带，组织乘客转移时，组织者应认真检查通道安全，同时报告值班站长。

5）加强站内监控巡视，做好滞留乘客的安抚工作。

6）接触网断线、站台顶棚扭曲变形时应立即封闭站台，遇危及行车时应及时将紧急停车按钮按下。

7）注意乘客携带物品，防止物品被吹入线路或挂于接触网。

8）发现车站设备设施被强风破坏险情，及时封锁现场，报告行车调度员，协助抢险人员与维修人员处理。

9）车站关闭后重新开放，当值值班站长应在开站前对车站行车设备、客运设施进行系统检查，确认符合运行要求后，方可宣布重新开站。

(3) 暴雪时的应急处理

1）接到暴雪预警后，值班站长应安排工作人员将防滑物资、除雪工具准备到位，如防滑垫、推雪铲、打冰杆、铁锹、铁镐和扫帚等。

2）安排工作人员加强巡视，在出入口、楼梯口铺设防滑垫，设置小心地滑提示牌，组织人力及时清扫出入口的积雪。

3）通知保洁人员及时将出入口、站厅、站台、楼梯和通道等区域清扫干净，并注意及时清扫防滑垫上的积雪。

4）站务人员在客流量较大的出入口疏导乘客进出站，宣传防滑安全事项。

5）重点监护车站顶棚积雪、冰柱，站台、出入口地面结冰的情况。

6）站台顶棚有被积雪压塌危险时，应封闭站台，即组织站台乘客退至站厅安全地带，组织乘客转移时，组织者应认真检查通道安全，同时报告值班站长。

7）值班站长要及时向行车调度员汇报车站受冰雪影响的情况。

8）发现或接到冰冻等险情后，确认现场情况，及时报告行车调度员，封锁现场。

9）地面线路有道岔的车站，应做好线路、道岔的清扫和融雪工作。

10）露天段车站接到关站命令后，做好停运、客流疏散工作，执行关站程序。

11）车站关闭后重新开放，当值值班站长应在开站前对车站行车设备、客运设施进行系统检查，确认符合运行要求后，方可宣布重新开站。

2. 发生地震时的应急处理

等级较强的地震会导致轨道交通车站邻近建筑物、车站建筑物的损毁及倒塌，轨道线路位移或严重扭曲，列车脱轨、车站和列车电力中断，引发火灾等，造成难以控制的混乱局面。

一旦发生地震，沉着镇静、紧急避险、救护乘客、果断逃生是最重要的原则。

1）地震发生后，值班站长应设法向行车调度员汇报人员受伤情况，设备、线路、车辆受损情况，影响行车情况，是否需要救助等。

2）组织员工和乘客，立即展开自救和互救工作，引导疏散乘客。

3）若站台有列车停靠，立即对列车进行清客作业。

4）在确保安全的前提下，安排员工巡视车站建筑、设施，巡视出入口，发现任何异常，立即报告。

5）检查车站供电、通信、信号和环控系统运行状况。

6）如发现车站建筑物毁损，应立即封锁该区域，设置隔离带或派人看守。

7）如果发现车站建筑物、设备设施损毁严重，应立即执行车站紧急疏散程序。

3. 车站全站停电时的应急处理

城市轨道交通车站全站停电时，应急处理最重要的原则是在有关设备后备电力维持供应能力时间范围内，将所有乘客安全疏散出站，确认电梯是否有人被困。

（1）处理流程

1）全站停电后，立即报告行调、车站站长和相关部门。

2）如有列车停靠车站，广播注意事项，并派人拿应急照明、手提广播设备等到站台组织乘客下车。

3）接到行调疏散命令后，通知车站员工停止车站服务，打开全部闸机和员工通道，执行车站疏散程序。

4）在应急照明不足的区域、楼梯及扶梯口、闸机等通道窄小位置安排员工引导乘客疏散。

5）疏散完毕后，关闭车站出入口。

（2）相关岗位作业　客运各岗位人员必须服从统一指挥，在车站值班站长或客运值班员的安排调配下安全、迅速、准确、有序地进行有关作业。

1）站务员。

① 打开员工通道门，拿手电筒或应急灯、手提广播到站台协助乘客下车，确保安全；或在站厅维持秩序，引导乘客疏散，并做好乘客解释安抚工作。

② 乘客疏散完毕后，关闭相应出入口，张贴暂停服务告示。

③ 修复正常供电后，确认设备情况，恢复岗位正常工作。

2）售票员。

① 锁好票款，停止售票兑零，在站厅负责相关区域乘客的疏散工作。

② 乘客疏散完毕后，关闭相应出入口。

③ 修复正常供电后，确认设备情况，恢复岗位正常工作。

4. 车站发生火灾时的应急处理

由于城市轨道交通地下车站相对比较密封，一旦发生火灾，后果非常严重。发生火灾的原因可能是乘客携带易燃危险品，也可能是地铁设备线路老化，甚至是人为破坏或恐怖分子所为。

根据火灾发生的地点不同，可以分为车站火灾和列车火灾，车站火灾还可分为站台火灾、站厅火灾、设备区火灾，列车火灾分为列车头部火灾、列车中部火灾和列车尾部火灾。

（1）关键指引

1）首先要保障乘客和员工的人身安全，一旦生命安全受到威胁，必须立即疏散至安全位置。

2）发现火情，迅速通报车站值班站长，通过行车调度员报警寻求支援。

3）在保证自身安全的情况下，员工可尝试灭火。

（2）处理流程

1）现场确认发生火灾后，立即致电110报警中心和行车调度员，视情况致电120急救中心。

2）如火势较大，立即请求行车调度员执行车站疏散程序，按行车调度员指令执行车站疏散程序。

3）启动车站排烟模式。

4）乘客疏散完毕后，关闭出入口（紧急出入口除外）。

5）如火势很大时，组织员工撤离车站，到紧急集合地点集中，并做好消防人员进入灭火现场的导向标志，引导消防人员到现场灭火。

6）消防人员到场后，汇报有关情况，将灭火工作交给消防人员，加入应急处理救援工作。

7）协助事故调查工作。

8）接到可以恢复运营的指令后，清理现场，恢复运营。

（3）站务员岗位行动

1）接到火灾情况报告，如有需要，根据值班站长的安排，到现场确认是否发生火灾。

2）如未发生火灾，报告车站控制室。如确认发生火灾，向行车值班员通报有关情况的同时，在保障自身安全的前提下尝试灭火。

3）当火势较大，接值班站长要求执行车站疏散程序时，在车站站厅做好相关区域的乘客疏散工作，或根据值班站长的安排在站台进行引导疏散。

4）若列车因火灾停在隧道，如需前往隧道进行疏散，与值班站长一起前往隧道组织引导疏散。

5）若站厅发生火灾，站台乘客疏散完毕后，根据安排到站厅协助有困难的乘客出站。

6）乘客疏散完毕后，根据要求关闭出入口（紧急出入口除外），并张贴告示。

7）如火势很大，根据安排撤离到紧急集合地点集中，协助做好消防人员进入灭火现场的导向标志，引导消防人员到现场灭火。

8）消防人员到场后，在值班站长的安排下，配合救援抢险和外部支援人员的工作，加入应急处理救援工作。

9）接到值班站长可以恢复运营的指令后，协助清理现场，恢复本岗位工作。

（4）售票员岗位行动

1）当火势较大，接到值班站长要求执行车站疏散程序时，立即停止服务，锁好票款，到车站站厅相关区域进行乘客疏散工作，或根据值班站长安排到出入口引导消防人员进站。

2）乘客疏散完毕后，根据要求关闭出入口（紧急出入口除外），并张贴告示。

3）如火势很大，乘客疏散完毕后根据安排撤离到紧急集合地点集中。

4）协助做好消防人员进入灭火现场的导向标志，引导消防人员到现场灭火。

5）消防人员到场后，如有需要，根据值班站长的安排，配合救援抢险和外部支援人员的工作。

6）接到值班站长可以恢复运营的指令后，协助清理现场，恢复本岗位工作。

5. 车站发生爆炸事件时的应急处理

1）车站发生爆炸事件后，行车值班员立即开启闸机紧急运行模式，做好车站广播和视频监控，致电120急救中心、110报警中心和119火警中心等。

2）值班站长或客运值班员派工作人员立即到车站入口阻止乘客进站。售票员立即停止服务，锁好票款，到车站站厅相关区域进行乘客疏散工作。

3）值班站长或客运值班员带领车站工作人员迅速组织乘客向站外疏散，抢救伤员，致电120急救中心。

4）按环控调度员命令执行相应的排烟模式。

5）保护事故现场，安排工作人员看守车站出入口，设置警戒线，禁止闲杂人员进入车站。

6）引导公安和消防队员、急救人员进入车站，听从指挥协助其工作。

7）必要时，经指挥机构同意，关闭车站出入口。

6. 车站发生毒气事件时的应急处理

发生毒气事件时，应佩戴防毒面具或用湿毛巾、衣服捂住口鼻进行自我防护。

1）车站发生毒气事件后，行车值班员立即开启闸机紧急运行模式，做好车站广播和视频监控，致电120急救中心和110报警中心等。

2）广播宣传，让工作人员、乘客迅速佩戴防毒面具或用湿毛巾、衣服捂住口鼻进行自我防护。

3）值班站长或客运值班员派工作人员立即到车站入口阻止乘客进站。售票员立即停止服务，锁好票款，到车站站厅相关区域进行乘客疏散工作。

4）值班站长或客运值班员带领车站工作人员迅速组织乘客向站外疏散，抢救伤员，致电120急救中心。

5）按环控调度员命令执行相应的排烟模式。

6）保护事故现场，安排工作人员看守车站出入口和风亭排风口，设置警戒线，禁止闲杂人员进入车站和靠近出入口、排风口。

7）引导公安和急救人员、消防队员进入车站，听从指挥协助其工作。

8）必要时，经指挥机构同意，关闭车站出入口。

7. 车站发生大客流时的应急处理

地铁客运组织工作必须实行集中领导、统一指挥的原则。控制中心（OCC）负责全线的客运组织工作，车站的客运组织由车站站长或值班站长负责。客运组织工作的核心是安全、迅速、方便地组织客流集散，在组织的过程中车站向乘客提供优质服务，客运服务质量将直接反映出地铁运营的管理水平。

当车站发生可预见性大客流或突发性大客流时，车站应合理安排人员，对客流做好疏导和组织工作，并会同公安人员对客流进行控制。客流控制应坚持"由内至外，由下至上"

的原则，在车站出入口、进站闸机、站厅与站台的楼梯、自动扶梯处进行重点控制。

（1）大客流的定义　大客流是指车站在某一时段集中到达、超过车站正常客运设施或客运组织措施所能承担的客流量时的客流。

（2）大客流的分类

1）按照客流的时效性可分为突发性大客流和可预见性大客流。

2）根据客流产生的原因可分为节假日大客流、暑期大客流、大型活动大客流和恶劣天气大客流。

节假日、暑期和大型活动大客流为可预见性大客流，恶劣天气大客流为突发性大客流。

（3）大客流的特点

1）节假日大客流的特点。节假日大客流主要由购物休闲、旅游观光和返乡探亲等乘客构成，在国家法定的元旦、春节、清明节、劳动节、端午节、中秋节和国庆节假期内，造成各站客流较平时均有大幅上升，购买单程票和初次乘坐轨道交通的乘客居多。

2）暑期大客流的特点。暑期大客流主要由购物休闲、旅游观光和放暑假的学生等乘客构成，各站每年7月、8月的客流较平时有明显增加。暑期大客流高峰时段一般集中在每日的9:00～16:00。

3）大型活动大客流的特点。大型活动大客流的特点是在特定时间段（如大型活动结束后）客流会显著增加，因大客流所发生的时间和规模大多可预见，且持续时间较短，影响范围有限，通常只对该活动地点附近的车站影响较大。

4）恶劣天气大客流的特点。恶劣天气大客流是指在出现酷暑严寒、大雨、暴雪、台风和大雾等恶劣天气时，地面交通受到较大影响，市民改乘地下轨道交通，也有市民到地下车站躲避恶劣天气，造成地铁车站客流明显增加，对车站客流组织带来很大困难。

（4）大客流的组织措施和办法　车站发生大客流时，应遵照客流三级控制的原则，合理组织安排，缓解车站压力，避免意外发生。

1）客流三级控制原则。

① 坚持"由下至上、由内至外"的客流控制原则。在车站出入口、进站闸机、站厅与站台的楼梯、自动扶梯处进行重点控制进站客流，组织乘客平稳有序上车。

② 坚持点控和线控的原则。控制中心负责全线的客流控制，车站站长或值班站长负责本站的客流控制。

③ 坚持集中领导、统一指挥的原则。车站在实施三级客流控制之前，须向行车调度员报告。

2）客流三级控制措施。

① 一级控制为控制站台客流，控制点在站厅与站台的楼梯（或自动扶梯）口。车站应将站厅与站台之间的自动扶梯改为向上方向，避免客流交叉。

② 二级控制为控制付费区客流，控制点在进站闸机处。车站可根据实际情况适当关停部分自动售票机，进站闸机关停或将部分双向闸机设为只出不进，紧急情况下可以采用隔离带、铁马隔离进站闸机，以减缓乘客进入付费区的速度，防止付费区压力过大。

③ 三级控制为控制非付费区客流，控制点在车站入口处。车站组织人员人为地控制入口的乘客进站速度，必要时可关闭部分入口。

3）大客流的组织措施。

① 增加运能。增加运能是大客流组织的关键。发生大客流时，根据大客流方向，利用就近的折返线、存车线组织备用车投入运营，并适时加快列车运行组织，增加运能，从而保证大客流及时疏散。

② 增加售、检票能力。售、检票能力低是大客流疏散的主要障碍，车站在设置售、检票设备位置时应考虑疏散大客流的通道。在需要疏散大客流时，可事先准备足够的车票和零钞，增设临时售票点，增加临时售、检票人员来加快大客流疏散。

③ 采取临时疏导措施。车站出入口、站厅的疏导主要是根据临时售、检票点的设置，限制客流的方向，来保持通道的畅通和出入口、站厅客流的秩序。站厅、站台楼梯、自动扶梯以及站台疏导主要是为了尽量保证乘客均匀、安全地上下楼梯、自动扶梯和尽快上下列车，保证站台乘客候车、乘降安全。疏导措施主要包括设置临时导向标牌、设置栏杆、采用人工引导以及通过广播宣传引导等。

④ 控制或关闭入口，限制进站客流。大客流往往难以预测，为了保证大客流发生时疏散客流的安全，在采用控制措施后效果不明显时，为了避免乘客拥挤、混乱，局面失控，可采用限制、关闭入口的方法或对部分入口进行控制，来阻止部分乘客进站或延缓大客流对车站的冲击。

4）大客流的组织办法。

① 发现车站客流量异常、持续较大时，值班站长应及时报告行车调度员，行车调度员通过监控系统加强对车站客流情况的监控。

② 车站应加强现场疏导工作，增加工作人员，利用隔离带、铁马做好秩序维护和服务组织工作。

③ 车站应在适当位置增设临时售票点，出售预制票，避免自动售票机（TVM）前乘客排长队购票的情况出现。

④ 车站根据现场情况，利用告示牌、临时导向标志、车站控制室广播设备和手提广播，适时做好对乘客的宣传、引导工作。

⑤ 车站行车值班员应通过监控系统，加强对现场情况的监控工作。

⑥ 车站加强对出入口、站厅、站台客流的监控及疏导，避免站厅非付费区内人员过度拥挤或流通不畅。

⑦ 车站根据客流情况，实行楼梯和自动扶梯、闸机、出入口三级控制。

⑧ 当站台发生拥挤时，车站应采取关闭部分自动售票机和进站闸机的措施，以减慢乘客购票进站的速度，控制进站客流，或在某些出入口实行单向疏导方式，缓解站内客流压力。

⑨ 站台保安应密切注意站台和列车情况，一旦发生列车上乘客拥挤、乘客上车有困难的情况，车站要马上向控制中心请求加开列车。

⑩ 列车司机发现有乘客上不了车或影响车门、屏蔽门关闭时，应及时报告行车调度员，

并做好广播引导乘客，车站人员迅速与列车司机共同处理。

（5）突发性大客流的应急处理　突发性大客流是指突然发生的、没有提前制订有效行车组织方案予以应对的大客流事件。城市轨道交通运营公司在保证安全的前提下，遵循统一指挥、应变迅速、措施有力、合理引导和及时疏散的原则予以处置。

1）突发性大客流的应急处理措施。突发性大客流的应急处理措施根据工作地点的不同一般分为车站的应急处理和控制中心的应急处理。

① 车站的应急处理措施。车站发生突发性大客流时，值班站长应及时向控制中心汇报情况，同时不间断地通过广播进行宣传，引导乘客疏散，调派工作人员做好乘客服务疏导、秩序维护和安全防护工作，尤其要做好自动扶梯和站台的监护，防止电梯伤人及乘客跌入站台。

根据控制中心指令，启动三级控制措施，进行节点客流控制，调整客运组织，如停止售票或放缓售票速度、关闭车站部分入口、设置隔离带控制乘客进站速度、自动售检票系统（AFC）降级模式运行等，直至客流恢复正常状态，并做好退票和票款保护工作。

必要时，联系公安人员协助维持车站运营秩序。

② 控制中心的应急处理措施。控制中心当班人员接到车站发生突发性大客流报告后，通过人机交互核实现场大客流情况信息，依据大客流可能造成的危害程度、波及范围以及影响大小等，做出预警报告，启动应急处置预案，及时调整列车运行方案，增加列车密度，及时运送乘客。协调相邻线路，采取相应的运营调整措施，必要时要求相关的线路增加或减少运力。

监控客流变化，及时发布相关信息，做好信息汇报，疏导换乘站可能集中到达的大客流，必要时下达关闭事发区段车站自动售票机（TVM）和换乘枢纽站联络通道，开启自动售检票系统（AFC）降级模式等指令，严重时可下达关闭事发区段车站、停止客运服务指令，及时向路网车站广播，乘客信息系统发布城市轨道交通客流预警信息，广播告示乘客，引导乘客换乘路网其他线路或地面交通出行。

2）突发性大客流的应急处理程序。

① 车站出现大客流。当值班站长或客运值班员、行车值班员发现或接报车站出现突发性大客流时，应立即逐级汇报，并采取初步措施，关注车站客流增加情况，加强乘客疏导。

② 启动应急预案。根据客流增加情况，控制中心适时启动应急预案，对列车运行方案进行调整，并发布列车运营调整相关信息。值班站长调配增派人员，指示车站各岗位人员执行大客流控制预案，进行节点客流防范。加强车站广播宣传，对乘客进行引导，维护车站秩序、保持通道顺畅和保证乘客安全。

要密切注意观察车站乘客涌入或停留站台、站厅的情况，及时通报信息，判断应急预案实施效果，采取下一步措施。

③ 如果客流继续增加，则采取限流措施。如果客流有继续增加的趋势，值班站长或客运值班员应密切监视车站客流情况，加强对车站各岗位工作人员的调配。站务人员根据值班站长或客运值班员的指示，携带手提广播到站台维持秩序，设置临时导向、铁马；确保站台候车乘客的安全及乘降迅速；设立指示牌及隔离设置，以控制客流的方向；关闭部分入口或进行进出分流来控制乘客进入车站及延长客流流线。

必要时，联系公安人员协助维持车站运营秩序。

④ 如果客流控制情况未改善，则采取出售纸票等临时措施。如果车站客流控制情况仍未改善，经控制中心批准可以使用纸票，加速乘客流转。车站值班站长或客运值班员应做好对乘客进行广播提醒和纸票发售、验收的人员安排。

⑤ 大客流消除。当突发性大客流逐渐缓解，直至消除时，车站应根据客流变化情况，适时停止发售纸票、关闭边门、撤除指示牌及隔离设置、开启车站入口等，恢复正常运营服务，并逐级汇报，停止执行应急预案。

（6）可预见性大客流的应急处理　可预见性大客流是指日常早晚上下班高峰期客流、节假日客流和大型活动客流等，能提前有针对性地制订运营组织方案，从而高效地完成疏导的大客流事件。

1）可预见性大客流发生前客运设备设施的准备。

① 售检票设备的准备。在大客流发生前，设备维护人员须事先对车站全部的售检票设备进行维护与检修，确保在大客流时售检票设备能正常使用。

② 车票和零钞的准备。车站应根据客流预测和以往大客流所消耗的车票和零钞数，在大客流发生前，向票务部门申领和储备充足的车票和零钞。

③ 临时售票亭的准备。车站根据大客流的进出方向，选择在进站客流较集中的位置设置临时售票亭。站厅面积较小的车站，可考虑将临时售票亭设置在进站客流较多的通道内。

④ 自动扶梯和垂直电梯的准备。车站须事先通知厂商对车站全部的自动扶梯和垂直电梯进行维护与检修，重点检查自动扶梯的毛刷、梳齿板和扶手带，确保在大客流三级控制时，自动扶梯能正常开启转换。

⑤ 临时导向标志和隔离设备的准备。车站须储备一些临时导向标志、告示牌和铁马、伸缩铁围栏、隔离带等隔离设备。在大客流发生前，车站根据大客流的进出方向和客流组织的要求，选择适当的位置张贴和摆放临时导向标志、告示牌和隔离带、伸缩铁围栏和铁马。

⑥ 其他客运设备设施的准备。大客流发生前，车站还须准备人工语音广播和语音合成广播词、乘客信息系统发布信息及急救药品、担架等，并根据车站工作人员的增加情况，相应增加手提广播、对讲机等客运设备。

2）可预见性大客流的应急处理方法。可预见性大客流和突发性大客流的应急处理方法基本相同，二者的区别主要在于，城市轨道交通运营企业通过调查和搜集信息能够对可预见性大客流进行预测，并有针对性地提前制订可预见性大客流运营组织方案，相关应急车辆、设备、人员能够提前到位待命，正确及时地采取各种措施对大客流进行疏导。

城市轨道交通车站的运营岗位员工对于可预见性大客流的应急处理方法和突发性大客流的应急处理方法基本相同，而调度中心对于可预见性大客流的应急处理则根据不同的情况制定了一些特殊的应对措施。

① 晚高峰调度中心的应急处理方法。调度值班主任应加强对列车运行情况和大客流情况的监视，加强自动售检票系统（AFC）数据的收集；根据实际情况决定是否加开列车、是否通知城市轨道交通公安人员协助车站维持秩序等。

行车调度员应通知车站注意大客流控制，根据调度值班主任指示，组织加开列车疏导乘客，通知列车司机进站加强瞭望，如列车未上满客时，可适当延长在大客流站的停车时间。

② 节假日、重大活动控制中心的应急处理方法。调度值班主任应根据节日性质及重大活动的具体地点与时间，决定是否在特定车站的存车线预先存放备用车，加强自动售检票系统（AFC）数据收集；根据现场情况决定是否加开备用车，并根据需要调配突击队、机动队员支援大客流的车站以及通知城市轨道交通公安人员进行协助。

行车调度员根据调度值班主任的指示，按要求把备用车安排到预定的存放地点，通知各站相关人员，密切监视客流动态；当接到车站或列车司机报告有乘客上不了车时，报告调度值班主任；执行调度值班主任加开列车命令；通知列车司机进站时加强瞭望，注意行车安全；当列车未上满客时，可适当延长停站时间。

8. 发生突发事件时的乘客疏导处理

当发生突发事件时，车站可根据实际情况采用不同的客流组织办法对乘客进行疏导，主要有疏散、清客和隔离三种方法。

（1）疏散

1）疏散的定义：在紧急情况下，利用一切通道和出口迅速将乘客从危险区域全部转移到安全区域，包括车站疏散和隧道疏散。

2）车站疏散的组织办法。

① 值班站长工作内容。当宣布车站执行疏散程序，在上级领导未到达前担任现场临时指挥，指挥抢险或乘客疏散；疏散完毕后，检查是否还有乘客滞留，关闭车站出入口；如灾害危及车站员工安全，应组织员工到紧急出入口或后备紧急出入口集中；如乘客被困在站台时，应要求行车调度员安排一列空车前往车站疏散乘客，并安排站务人员安抚乘客，维持站台秩序，组织全部乘客上车后，指示站台保安向列车司机显示"好了"的信号后，登乘驾驶室离开；需要外部支援时，安排一名站务员到紧急出入口引导支援人员进入车站。

② 行车值班员工作内容。需疏散乘客时，应立即报告行车调度员疏散原因、是否影响列车运行、是否需要支援；通知公安人员到场维持秩序，视情况需要致电119火警中心、120急救中心，请求支援；根据需要开启相应环控模式；按动自动售检票系统（AFC）紧急按钮，使闸机为常开状态，并将自动售票机（TVM）和自动增值机（AVM）设为暂停服务；通过乘客信息系统发布疏散信息；通过广播通知银行、商铺工作人员和乘客进行疏散，注意尽量避免引起乘客恐慌；当留在车站控制室有危险时，应到安全地点集中；向站长通报有关情况。

③ 其他工作人员的工作内容。客运值班员协助伤者离开危险区域或指引乘客疏散；厅巡负责打开边门和协助客运值班员救助及引导乘客疏散，视情况关停相关自动扶梯；站厅保安到站台疏散乘客；站台保安将站台乘客往站厅疏散；如果安排列车接载站台乘客进行疏散时，乘客及车站其他在站台疏散人员上车完毕后向驾驶员显示"好了"的信号，并进入驾驶室；售票员到楼梯口、自动扶梯口维持秩序，需要时其中一人应到紧急出入口接应外部支援人员。

3）隧道疏散的组织办法。

车站值班站长担任临时应急负责人，接到行车调度员或列车司机的通知，确认列车乘客需要在隧道疏散后,立即通知各岗位员工执行车站疏散程序,指定客运值班员负责组织指挥疏散车站乘客。

开启隧道灯,带领站务员或站台保安,穿好应急装备,到隧道疏散现场负责引导乘客往车站疏散,需要时开动隧道风机进行排烟(或由环控调度员开启)。

疏散完毕,经确认乘客疏散完毕和线路出清后,报告行车调度员,关闭车站。消防人员到车站后告知有关情况,带领员工参加应急处理救援工作。

(2) 清客

1) 清客的定义。当车站或列车出现异常时,需要将乘客从某一区域全部转移到另一区域,包括车站清客和列车清客。

2) 车站清客的组织办法。

① 值班站长工作内容。当宣布执行车站清客程序后,组织车站员工对车站乘客进行清客,做好乘客安抚解释工作,引导乘客退票;待乘客全部出站后,检查站厅、站台是否有滞留乘客,关闭车站出入口;安排车站人员到紧急出入口值勤;召集车站其他工作人员留守车站等待恢复运营;将情况向站长汇报,并做好详细记录。

② 行车值班员工作内容。接到车站清客命令后,通知各岗位员工车站停止服务,执行清客程序;通知公安人员到现场维持秩序;按动自动售检票系统(AFC)紧急按钮,使闸机为常开,将自动售票机(TVM)和自动增值机(AVM)设为暂停服务;做好乘客广播宣传工作,通过乘客信息系统发布车站停止服务信息。清客完毕,关站后,执行节电照明模式。

③ 客运值班员工作内容。引导乘客办理退票或出站;根据需要为售票员配备零钞,统计退票数量,并将回收的单程票封好上交票务室。

④ 其他工作人员的工作内容。站厅站务员打开车站边门,引导乘客退票或出站;售票员负责办理退票;保安人员负责维持秩序。

3) 列车清客的组织办法。

① 值班站长工作内容。当宣布执行列车清客程序后,组织站台站务员和站厅站务员在规定时间内完成对列车上乘客的清客工作;清客完毕后及时通知车站控制室,指示站台站务员显示"好了"的信号发车;引导部分乘客退票,组织和引导部分乘客在同站台或另一站台等候下一趟列车,做好候车乘客的解释和安抚工作;将情况向站长汇报,并做好详细记录。

② 行车值班员工作内容。接到列车清客命令后,立即通知值班站长、站厅站务员和站台站务员执行清客程序;通知公安人员到现场维持秩序;做好对乘客的广播宣传解释;通过乘客信息系统发布相关服务信息;及时将清客完毕时间汇报行车调度员。

③ 其他工作人员的工作内容。站厅站务员和站台站务员在规定时间内完成对列车上乘客的清客工作;站厅站务员和站台站务员引导乘客退票或在同站台或另一站台等候下一趟列车;售票员负责办理退票;站台站务员负责维持秩序。

(3) 隔离

1) 隔离的定义。采用某种方式或设备人为地隔开人群或封闭某个区域。

2) 隔离的组织方法。

① 乘客发生口头纠纷。乘客发生口头纠纷时，离现场最近的工作人员要立即上前调解，必要时要把乘客纠纷双方分别带到人少的地方（或带到车站会议室）进行劝说和调解。如有其他乘客围观，应及时劝离现场，维持好车站正常秩序。

② 乘客发生打架。乘客发生打架时，离现场最近的工作人员要立即赶到现场，与车站保安人员一起把打架双方隔开，并通知公安人员到场。车站控制室通知值班站长赶到现场处理，将肇事双方移交公安部门处理。车站要及时疏散围观的其他乘客，并寻找目击证人填写事件记录。

③ 车站排队购票队伍与进出客流发生交叉干扰。当车站某一端排队购票队伍与进、出客流发生交叉干扰时，车站工作人员可以利用伸缩铁围栏、隔离带和铁马等设备器具人为地隔开人群，保持进、出站客流畅通，并利用手提广播引导一部分乘客到人少一端购票进站，避免乘客排长队的现象。

④ 车站发现有恶性传染疫情。车站发现有恶性传染疫情时，也必须采取隔离组织办法，关闭各出入口，列车不停站通过，对与疑似人员有过密切接触的物品、人员进行消毒、隔离，在未经防疫部门许可的情况下不能离开车站。

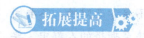

地铁发生火灾时乘客逃生指导

地铁车站作为一种地下建筑物，发生火灾时，具有火场温度高、烟雾大、毒气重且不易散出、人员疏散不易、火灾扑救困难等特点。因此，乘客应掌握正确的方法，以保证一旦地铁发生火灾能顺利逃生。

首先，乘客要有逃生的意识。在平时乘坐地铁时，就要注意观察车站及列车内的结构布局，了解相关设施的作用、位置及使用说明，确认车站疏散通道和安全出口的方向。

其次，一旦发生火灾，在场人员都尽可能保持镇静。地铁工作人员应沉着冷静地指引疏散方向，在转弯及出口处安排人员指示方向，有序地将乘客快速引领到地面安全地带，特别注意不要惊慌失措、高声喊叫，不要引起乘客心理恐慌，避免混乱拥挤，增加逃生难度。同时开启通风系统，把烟雾吹到远离乘客疏散的方向，降低火场温度和提高火场能见度。乘客要坚决听从车站工作人员的指挥，要提倡利人利己，有序撤离，要按照车站疏散标志的方向撤到地面，决不能盲目乱跑乱窜，争先恐后并不能加快速度，反而会因为拥挤使撤离变慢，极易造成踩踏事故。即使火灾引起停电，乘客也不必害怕，地铁车站有应急电源为指示标志供电，地铁列车上有应急电源供通风照明。

再次，乘客应背离火源方向逃生，并逆风而行，要保护呼吸系统，不要做深呼吸，以避免烟雾熏呛导致昏迷或者中毒和被热空气灼伤呼吸系统软组织致窒息死亡。为了防止吸入烟雾，应弯腰低头，尽量低姿势贴近地面前进。如果烟雾较浓，应膝、肘着地，匍匐撤离，并用口罩、手帕、衣服、布类等掩住口鼻，如果能用水蘸湿这些织物，效果更好。如果发生大火阻断疏散通道等情况，不能及时从火灾中逃生时，不可强行冲出，应寻找相对安全的地点，尽量想办法延长生存时间，等待消防队员救援。

最后，要切记，逃生时要从安全通道疏散，不能使用电梯，已逃离至地面的乘客不得再返回地下。

地铁列车相撞时乘客应急逃生指导

地铁列车相撞事故中造成的乘客意外伤害主要有以下几种：自身碰撞或惯性作用导致头颈部、胸腹部和四肢损伤；内脏相互碰撞挤压后的损伤；钝器或锐器刺伤。因此，遇有列车突然减速并紧急停驶发生相撞时，要迅速采取以下自我保护措施：远离门窗、趴下、低头，下巴紧贴胸前，以防颈部受伤，抓住或紧靠牢固物体，以防止身体随惯性向前冲击而撞伤。如果时间允许，最好能平卧在座椅上，或钻在两个椅子中间的空档之中，紧紧抓牢或抱住靠背或椅子腿，这样可使身体与车厢形成一体，在车厢发生倾斜或翻滚时不致与车厢或其他物体发生碰撞。列车停稳后，要先观察周围环境，然后自救。突发事件中的伤员都会比较惊恐，情绪激动，有相关救护经验者在开展救治前先说明来意，告知对方意图，使对方安心接受救治。

当确定可以安全离开车厢时，青壮年乘客应帮助妇女和儿童下车，搀扶或抬着行动困难的乘客离开现场，从而最大限度地降低人员的伤亡。撤离车厢时不要贪恋财物，不要因为顾及贵重物品，浪费宝贵的逃生时间。乘客在疏散中，如果被裹挟至拥挤的人群中，要听从指挥人员口令，应与大多数人的前进方向保持一致，不要试图超过别人，更不能逆行，千万要避免被绊倒。拥挤中，如发现有人摔倒，要马上停下脚步，同时大声呼救，告知后面的人不要靠近。

在疏散中千万不要盲目地跟随人流相互拥挤、乱冲乱撞。要注意车站广播，听从工作人员安排，循从地铁站台和通道内的疏散标志撤离。疏散过程中要注意脚下异物，特别是在地铁隧道，沿途不要踩踏轨道，以免轨道带电时造成触电。如站台有救援专用通道，乘客应在救援人员的帮助下，通过救援专用通道迅速撤离事故现场。

列车若在隧道中部发生事故，乘客可在列车司机的指导下，通过驾驶室的紧急疏散门下到轨道平台，步行前往最近车站。乘客切勿擅自解锁车门跳下轨道平台，因为隧道壁上的电缆线架容易伤到身体。

地铁现场紧急救护

地铁现场紧急救护是指由于突发事件、客伤事故造成伤害的乘客或急重病乘客在到达医院前得到的及时有效的急救措施，主要目的和任务是挽救生命、减少伤残和痛苦、预防并发症，为进一步救治奠定基础。

只有经过培训并取得红十字会颁发的"急救证"的地铁员工才可对受伤或急重病乘客进行急救。在实施急救前，要观察判断造成事故、伤害及发病的原因，并判断现场环境是否存在对救护者、伤病者和围观者造成伤害的危险，以确保安全；要对伤病者的意识、气道、呼吸、循环等方面进行评估，以判断伤病者病情的危重程度。在实施急救时，要对伤病者采用合适的姿势、适合的救护措施，如对疑似骨折的伤者要避免移动，对严重出血的伤者应立即止血，应保持昏迷者的气道畅通，对呼吸或心跳停止的昏迷者实施心肺复苏术等。

地铁现场紧急救护要遵循以下原则。

1）先排险后施救。在现场救护前先观察判断现场环境，经排险保证安全后再施救。

2）先重伤后轻伤。优先抢救危重伤病患者，后抢救较轻者。

3）先复苏后固定。遇有呼吸或心跳停止又骨折的伤病者，应先进行心肺复苏术，使心跳、呼吸恢复后，再进行骨折固定。

4）先止血后包扎。出血严重合并有伤口者，在采用止血带、指压等方法止血后，再消毒伤口进行包扎。

5）急救与呼救并重。有多人在现场或遇有较多伤病者时，现场救护与向120呼救同时进行。只有一人在场的情况下，应先施救，挽救生命，随即向120呼救。

理 论 复 习

一、填空题

1. 城市轨道交通客运安全管理主要包括职工、乘客、_____安全管理以及客运突发事故应急处理等。

2. _____主要负责维持站台乘客候车秩序，负责站台乘客安全，及时处理站台乘客问题。

3. 进站安检时，被检查者拒不接受合理检查，强行闯入时或被检查者情绪激动，事态有不良扩大趋势时，应立即通知_____处理。

4. 乘客在车站或者列车上，身体某部位受到伤害，或者突发疾病，称为_____。

5. 为饮酒乘客服务时，在监控器范围内，工作人员应与饮酒乘客保持_____的距离。

6. 当发生乘客落轨时，车站工作人员，均应立即按下距离最近的_____，防止事件地点附近的列车侵入受影响的区段。

7. 车票是自动售检票系统（AFC）票务收益的载体，为保证车票的安全，只能存放于_____、_____、自动售票机（TVM）、出闸闸机（GATE）等处。

8. 造成城市轨道交通事故的主要原因分为_____因素、_____因素、社会或自然灾害三方面。

二、判断题

1. 在城市轨道交通运营中，一般与乘客直接接触的岗位人员包括站务员、售检票员、行车调度员等。（   ）

2. 通过线路道口时，应严格执行"一看，二站，三通过"。（   ）

3. 根据城市轨道交通管理规定，凡是具有易燃、易爆等危险性的物品，一律不准带进站带上车。（   ）

4. 乘客自验票进入闸机时起至收票出闸机时止，发生的非乘客自身原因造成的人身伤

害，一般需要城市轨道交通公司承担运输责任。（   ）

5. 遇到饮酒乘客时，为保证安全，应劝阻其进站乘车。（   ）

6. 一般的乘客遗失物品未交还失主前，车站应妥善保管，任何单位和个人不得侵占和挪用。（   ）

7. 闸机（GATE）常见的故障主要有死机、暂停服务和回收机构卡单程票。（   ）

8. 当轨道交通车站、列车发生突发事件时，坚持"先救人，后救物；先全面，后局部"的原则。（   ）

三、简答题

1. 职工安全教育的内容有哪几方面？
2. 什么是危险品？分为哪几类？
3. 发生乘客落轨时，值班站长应如何处理？
4. 简述车站全部进站闸机故障时的处理流程。
5. 突发事件信息通报包括哪些内容？
6. 大客流三级控制原则和措施是什么？
7. 发生突发事件时对乘客的疏导方法有哪几种？

实 践 训 练

1. 设计并演练对不同醉酒程度乘客的服务和处理。
2. 制订暴雪时车站站厅岗位的应急预案。
3. 拟定一个车站站台发生火灾的演练方案。
4. 结合自己熟悉的地铁车站，拟定一个可预见性大客流的应急处理预案。

第三章

行车安全管理

城市轨道交通行车工作必须坚持安全生产的方针，在集中领导、统一指挥、逐级负责的原则下，以安全、正点、舒适、高效以及快捷的运营服务为宗旨，各运营部门紧密配合、协同动作，共同完成各项工作任务。行车安全工作主要包括列车运行安全、行车调度安全、车站作业安全和调车作业安全。列车运行安全受人员、设备、环境和管理等因素的制约，列车司机的身体素质、心理素质、业务素质和安全意识都会直接影响列车运行安全，车辆、线路、信号、通信和供电等各种设备的状态及性能，也对列车运行安全起着决定性作用，自然环境、社会环境对列车运行安全也有不容忽视的影响，组织制度、规章规定和教育培训等管理措施的适用性是列车运行安全的重要保障。行车调度工作由控制中心负责实施，行车调度员需要时刻把安全放在首要位置，监视列车运行情况及设备运转状况，正确及时地发布各种口头指示和调度命令，妥善处理各种突发事件，保证列车运行安全。车站在控制中心的指挥下，利用各种技术设备，建立各类行车作业和运营制度，进行各种安全检查和宣传教育，尽可能地消除或减少安全隐患，以便保证车站范围内的各项作业安全。在调车作业中，应着重提高调车作业人员的技术水平，教育调车作业人员遵章守纪，培养调车作业人员的安全意识，并采用先进的调车工具和调车设备，才能保证调车作业的安全。

 理论知识

第一节 列车运行安全管理

 案例引入

案例1：列车敞门行驶一站地

某地铁列车由F站发车时，一个车门发生故障，无法关闭，两名站台保安合力将车门关闭后，列车出发。列车到达G站，乘客乘降完毕出发时，该车门再次发生无法关闭的现象，并且凭借人力也无法关闭。两名工作人员维修数分钟，仍未修复，于是在车门上挂一白色布帘，阻止乘客由该门上下。随后，这两名工作人员进入车厢，分别站于该

门两侧进行防护。列车继续运行,风从敞开的车门灌入车厢,乘客纷纷移到车厢前后端。到达 H 站后,两名工作人员再次尝试维修未果,广播要求乘客下车等候下一趟列车。

事后,地铁公司表示故障车辆是新投入使用的,稳定性存在一定问题,但此类故障属于个别现象。列车敞门运行是防止延误后面的列车,两名工作人员跟车"把门",是保障乘客安全的应急处理措施。事故列车到达 H 站后,立即清空乘客,返回车辆段维修,未对全线列车运行造成影响。

案例 2:列车玻璃龟裂造成恐慌

6 月 18 日 8 时多,某地铁列车上的乘客突然发疯似地往前跑,到达 M 站后,大家拼命往站台上冲,乱作一团。

地铁方面称该列车在 Q 站第五节车窗玻璃发生龟裂,在 T 站被发现,通过广播对乘客进行了提醒,事件中没有乘客受伤。玻璃龟裂是偶发现象,可能是冷热空气造成的,也可能是异物撞击造成的,具体原因待查。为保证服务质量,该列车退出运营,启动备用列车运行。地铁方面提醒乘客,该地铁列车采用的是双层钢化玻璃,龟裂不会对乘客造成伤害。

案例 3:列车司机在 ATO 模式下离开列车处理乘客扒门

某年 3 月 15 日 9:20,某市地铁 1 号线 1806 次列车司机在某站 2 道确认 DTI 倒计时和时刻表后,正点关闭车门和屏蔽门。此时,一名女乘客站在 24 号屏蔽门外,未能上车。列车司机确认车门和屏蔽门关好、缝隙安全后,回到驾驶室按下 ATO 按钮,同时从上客侧站台后视镜观察站台情况,突然发现之前未能上车的女乘客在拍打屏蔽门。列车司机未制动列车,也未通知站务员处理,而是自己立即起身拉开右侧驾驶室走到站台呼叫该乘客离开屏蔽门。但是司机尚未回到车上,列车却以 ATO 模式启动自动驶离站台。司机发现后立刻使用对讲机通知站台站务员按车站紧急停车按钮。由于列车起动后的噪声较大,列车司机和站务员未能及时沟通。当站务员发现情况按下紧急停车按钮后,列车已驶离站台区域。

相关知识

列车运行安全是城市轨道交通运营的基本要求,是衡量管理水平和工作质量的重要标准。列车的一次运行过程包括出段、正线运行、站台作业、折返以及入段,每一个环节都可能存在安全隐患,有必要对整个列车运行过程进行安全方面的规范性约束,以确保行车安全。列车在正线运行时受控制中心行车调度员指挥,在车辆段时受车辆段值班员指挥。列车运行安全需要由行车调度员、车站工作人员和列车司机协同配合,共同保障。行车调度员是列车运行的指挥者,肩负着保证行车安全、防止事故、处理突发事件的重大责任。车站行车人员配合控制中心,协助行车调度员保证列车运行安全。列车司机的安全驾驶承载着整列车乘客的生命安全和整个城市轨道交通系统的财产安全。一般情况下,城市轨道交通的列车由一名列车司机值乘,所以列车司机必须由纪律性强、业务技术好以及持有列车驾驶证的合格人员担当,并在值乘中时刻保持高度的安全意识,始终把安全放在第一位。

城市轨道交通线路一般为双线，列车分上下行按右侧单方向运行。列车运行中根据不同情况，采用不同的驾驶模式。常用驾驶模式有自动驾驶模式（ATO）、ATP超速防护下的人工驾驶模式（SM）、限制人工驾驶模式（RM）和非限制人工驾驶模式（NRM）。ATO是列车正线运行的正常驾驶模式，由系统执行速度调节、车站停车、列车折返、安全防护和车门控制等，列车司机负责监控；在SM模式下，列车司机人工控制列车运行的所有操作，ATP提供超速防护、折返行驶和门控防护等；RM是一种受列车超速防护系统（ATP）监督的人工驾驶模式，ATP提供的固定限速值为25km/h；在NRM模式下，ATP不提供任何防护，列车运行安全完全由列车司机负责。列车驾驶模式为ATO或SM时，凭车载信号的显示运行；列车驾驶模式为RM或NRM时，凭地面信号的显示运行。

一、列车出段安全

1. 列车司机出勤安全要求

根据班次不同，列车司机的出勤有车辆段出勤和车站出勤两种方式。列车司机出勤的安全要求主要包括纪律和业务两方面。纪律方面的安全要求包括：按时到车辆段运转值班室或正线换乘室办理出勤手续，防止因迟到慌乱而影响安全；睡眠充足，不得饮酒及含酒精类饮料或服用会影响精神的药品，保证值乘时精神饱满；不得携带与工作无关的物品，如手机、游戏机、便携式音响和书籍等，保证驾驶列车时注意力集中。业务方面的安全要求包括：携带列车驾驶证、列车司机手账、相关规章文本和故障应急处理资料等备品，领取相关钥匙、无线手持电台和运营时刻表等备品，以备值乘途中所需；了解运行揭示命令、行车指示、安全注意事项及列车车次、列车号和停放股道等，做好行车安全预想；在正线交接班时，向交班列车司机了解列车技术状态、行车组织方式、线路状况和安全事项等，对所值乘的列车做到心中有数。

2. 列车安全检查

列车出库前，列车司机必须按规定程序进行严格检查和测试，以确保列车技术状态良好。检查中发现有危及行车安全的故障时，禁止投入运营。

列车通电前，主要检查车体外部和贯通道，这时必须确保高压电及低压电均切除，并施加停车制动。对列车外部部件的检查内容包括：车体表面是否损坏（包括车窗、刮水器、风窗玻璃、客室门、驾驶室门和各种箱盖等），列车标志是否完整清晰，车钩及缓冲装置有无损坏变形，电缆软管有无脱落，各塞门位置是否正确，转向架是否损坏变形，制动系统有无漏风，空气弹簧有无破损漏气，车底箱门是否关好以及外部盖板是否关好等。对贯通道的检查内容包括：内外有无异声，有无裂纹和损坏，踏板有无损坏，保险锁和钩盖是否关好等。

列车司机在车外巡视检查完毕，到驾驶室唤醒列车，监控列车初始化和自检过程，出现故障报警时，应确认故障部位，根据具体情况进行处理。确认列车两侧、地沟、高台上无作业人员后，升起受电弓检查高压供电是否正常，确认制动系统和门控系统工作正常，打开客室空调，列车准备就绪。

列车唤醒并处于停车制动施加状态，沿车体内部检查驾驶室与客室。驾驶室检查内容包括：照明灯与阅读灯正常点亮，外部灯状态良好，列车司机控制器位置正确并且动作灵活，无线通信设备作用良好，电气箱门锁闭，各种仪表显示正确，驾驶室门及通道门作用灵活且锁闭良好，灭火器与急救工具齐全有效等。客室检查内容包括：照明灯与应急灯正常点亮，内部设施无损坏（包括座椅、扶手、地板和墙板等），客室侧门锁闭良好，车门紧急解锁装置完整可用，紧急通话装置作用良好，灭火器无遗失等。

对列车外部和内部检查完毕后，列车司机还需要进行全面测试。测试的项目包括牵引系统、制动系统、客室侧门和列车通信系统等。所有测试成功，才能启动列车离开车库。

3. 列车出段运行安全

列车自动监控系统（ATS）确认的计划列车检查测试完毕，确认状态合格后，按规定时刻驾驶列车出库。列车启动前，列车司机确认调车信号开放、车库大门开放、平交道口无人员及车辆穿行。列车在无码区运行时，列车司机应严格控制速度，加强瞭望，注意调车信号显示、道岔位置、物品或人员侵入限界等情况，发现危及行车安全的情况立即停车。列车运行到转换轨处一度停车，行车调度员使其进入系统，列车自动接收目的地及车次号。列车司机需与行车调度员进行通信测试，核对车次号。到规定时刻后，ATS 开放信号，列车司机确认防护信号机开放，驾驶列车继续运行。设有车载 ATP 的列车待显示屏收到速度码后，采取规定的驾驶模式，凭车载信号进入车站。无车载 ATP 的列车凭地面信号的显示进入车站。

运营时间内组织非计划列车出段时，行车调度员要利用运营间隙，不得影响正线列车运行。列车运行到转换轨处停车后，由行车调度员或列车司机人工设置车次号和目的地，人工排列进路，列车司机确认防护信号开放后，按收到的速度码或地面信号的显示进入车站。

二、列车正线运行安全

1. 正常情况下列车正线运行安全

列车必须严格执行运营时刻表，运行中按规定操作设备，采取正确的驾驶模式，禁止进行打盹、听歌、看书等与工作无关的事情。列车司机值乘中应集中精力，坚持不间断瞭望，时刻注意列车显示信息、地面信号显示、前方进路状态、线路状况、轨旁设备、人员或物品侵限情况等，并随时观察各种仪表状态，发现危及行车或人身安全的情况时，迅速采取紧急制动措施，并向行车调度员报告。

列车在区间自动停车时，列车司机应报告行车调度员，按其指示处理。联系不到行车调度员时，列车司机确认视线所及范围内无列车且无道岔时，可自行选择 RM 模式，低速运行并进站。运行中注意瞭望，发现前方有列车或道岔时，立即停车联系行车调度员。

列车接近车站时，严格控制速度，做好制动准备，进站后对标停车。对于未设屏蔽门的车站，在列车进站过程中，列车司机应注意观察站台乘客候车状况，遇乘客较多或乘客越过安全线时，应鸣笛示警，必要时立即停车。

列车按运营时刻表通过车站或按行车调度员命令临时变更通过车站时，列车司机应注意瞭望车站线路情况、站台人员情况，车站应做好对乘客的广播，并注意站台乘客的候车动态。列车在车站停车不搭载乘客时，列车司机不应打开车门及屏蔽门，如果错误开门导致乘客上车，不再清客并投入载客服务。

2. 列车推进运行安全

由于运行方向前端驾驶室故障、用作施工或救援等，列车需推进运行时，必须得到行车调度员的命令准许。列车重联推进运行时，列车司机应在运行方向的后一列车前端驾驶室驾驶。推进运行时控制好速度，列车前端驾驶室应有人引导，遇特殊情况无人引导时，应严格控制运行距离，行车调度员、车站、列车司机之间时刻保持联系，并做好必要的防护。引导人员负责瞭望，并与列车司机保持不间断的联系。遇驾驶室之间内部通话不能进行时，引导人员与列车司机使用无线手持电台保持联系。列车司机应根据引导人员的指令操纵列车，根据需要减速或停车。天气恶劣难以辨认信号时，禁止列车推进运行。在超过30‰的下坡道推进运行时，禁止停车作业。

3. 列车退行安全

由于事故等原因，列车无法前进，也无法救援，为避免区间清客，经行车调度员准许，列车可退行至最近的车站。行车调度员同意列车退行前，必须确认列车后方线路空闲，并加锁退行路径上有关道岔。行车调度员保证后方线路空闲的办法为：当续行列车尚未进入退行列车后方区间时，在后方站设置扣车，空闲线路包括退行列车停车位置至需退行车站站线及其后方区间；当续行列车已经进入退行列车后方区间时，指示续行列车站外停车，续行列车进入车站的防护信号机不开放，空闲线路包括退行列车停车位置至需退行车站站线。列车全部越过站台时，列车司机应到列车退行方向的前端驾驶室牵引操纵，车站派人在进站站台端部显示引导信号，列车一度停车，确认引导信号正确后方可进站。列车部分越过站台时，采用推进方式退行，车站不用引导接车。行车调度员下达准许退行指示前，应通知有关车站维持好站台乘客的候车秩序。退行前，列车司机应确认列车性能良好，并广播安抚乘客；退行时，应注意瞭望线路情况、道岔位置及站台乘客状态，发现异常情况立即停车；退行到站后，及时报告行车调度员。

4. 列车反方向运行安全

由于设备故障、发生事故或其他原因，打乱了列车运行秩序，造成上下行列车不均衡，一个方向列车密度大、另一个方向列车密度小，这时可以采用列车反方向运行的方法进行调整。列车需要反方向运行时，须有调度命令准许。列车司机要控制好速度，运行中加强瞭望，并做好随时停车的准备。对于设有反向ATP（列车超速防护系统）区段，列车根据收到的速度码，采取正确的驾驶模式运行。对于未设反向ATP或反向ATP故障区段，反向运行之前应确认前方至少两个区间空闲，开放道岔防护信号机，道岔防护信号机故障时显示引导手信号接车。

三、列车站台作业安全

1. 正常情况下列车站台作业安全

（1）开门安全　列车进站后自动停于规定位置，相应站台侧的列车门、屏蔽门自动打开。列车进站后人工停于规定位置，当屏蔽门系统与信号系统的联锁作用良好时，由列车司机按压驾驶室相应侧的开门按钮，屏蔽门和列车门在不足1s的时间内同步打开。

列车进站后人工停于规定位置，屏蔽门系统与信号系统没有联锁或联锁失效时，须分别人工开门。人工开门的原则是先打开屏蔽门，再打开列车门。列车司机应确认列车在规定范围内停稳，列车门和屏蔽门对准。由列车司机或站务人员操纵站台端部的屏蔽门就地控制盘（PSL），打开屏蔽门。列车司机再从驾驶室按压相应侧的开门按钮，打开列车门。

（2）列车司机站台监控安全　列车在站台停稳打开车门与屏蔽门后，列车司机迅速打开驾驶室门，立岗监视乘客上下车，掌握好停站时间，注意列车状态、信号显示以及倒计时发车表示器等。列车司机确认发车时刻已到、乘客乘降完毕以及设有道岔车站的防护信号机开放等发车条件具备，即可准备关门发车。发车前，认真检查列车门之间、屏蔽门之间、列车与屏蔽门之间均没有夹人夹物，确认未设屏蔽门的站台上的乘客离开安全线，按规定程序关门，凭车载信号或地面信号的显示启动列车。正常情况下，列车检测到屏蔽门和列车门均关闭且锁紧的信号后，才具备启动条件。

（3）关门安全　屏蔽门系统与信号系统联锁作用良好时，停站时间结束，乘客上下完毕，由列车司机操纵驾驶室内相应侧的关门按钮，屏蔽门和列车门在不足1s的时间内同步关闭，列车门和屏蔽门在关门过程中要进行障碍物检测。

屏蔽门系统与信号系统没有联锁或联锁失效时，须分别人工关门。人工关门的原则是先关闭屏蔽门，再关闭列车门。由列车司机或站务人员操纵站台端部的就地控制盘（PSL），关闭屏蔽门。列车司机从驾驶室按压相应侧的关门按钮，关闭列车门。

2. 列车门故障处理

（1）个别车门不能打开的处理　列车到站后，发现个别车门不能打开，列车司机重复按压开门按钮，尝试重新开门。如果仍然不能打开，列车司机立即向行车调度员报告车次、车辆编号、车门编号和故障状态。

行车调度员指示车站协助处理，要求站务员引导乘客从正常车门乘降。

站务员携带无线手持电台，前往故障车门处检查处理。站务员首先检查车门是否被切除，如果被切除，通知列车司机将切除锁复位，车门恢复正常。如果车门没有被切除，故障仍然存在，将该门切除，在该门处张贴"车门故障暂停使用"的临时标志。

如果是一两个车门故障，继续投入运营；如果是多个车门故障，维持运行到终点站后清客，退出运营，回车辆段检修。

（2）全列车门不能打开的处理　列车到站后，发现全列车门不能打开时，列车司机再次按压开门按钮，尝试重新开门。仍然不能开门时，列车司机通过广播安抚车内乘客，请求乘客暂时等候，向行车调度员报告车次与故障状态。

行车调度员通知列车司机排除故障，并告知允许的时间。

列车司机检查相应开关和按钮位置是否正确、作用是否良好，重新断合空气开关，尝试开门。仍然打不开车门时，列车司机到列车后端驾驶室操纵，尝试打开车门。车门还不能打开，报告行车调度员无法排除故障。

行车调度员通知列车司机就地清客，并通知车站协助。

列车司机广播通知车内乘客配合清客，车站广播通知站台乘客不要上车。

站务员携带无线手持电台，前往故障列车处协助处理。

手动打开列车门的方式：一是站务员协助列车司机使用钥匙启动每辆车外墙的车门紧急解锁装置，手动推开车门，通过每辆车的一扇门清客，可以使清客井然有序，但是延误时间较长；二是列车司机通过广播指导，乘客自行打开客室内部的每个车门紧急解锁装置，可以实现快速清客，但是容易造成混乱。

确认乘客全部离开列车客室，将所有开放的车门手动关闭，并将所有使用过的车门紧急解锁装置复位。

根据行车调度员的指示，空车运行至终点站，退出运营，入车辆段检修。空车运行过程中，为防止引起站台候车乘客误解，关闭客室照明。

（3）个别车门不能关闭的处理　　列车出发时，发现个别车门不能关闭，列车司机重复按压关门按钮，尝试重新关门。如果车门仍然不能关闭，列车司机广播通报车内乘客列车故障，暂时不能离站，安抚好乘客，并报告行车调度员车次、车辆编号、车门编号和故障状态。

行车调度员指示车站协助处理。站务员携带无线手持电台、螺钉旋具等工具，前往故障车门处检查处理。首先检查车门是否被切除，如果被切除，通知列车司机将切除锁复位，车门恢复正常。如果车门没有切除，故障仍然存在，站务员检查门扇状态。如果门扇胶条变形，将胶条捋直，关闭车门，继续运营。如果门扇被异物缠紧或门槽内有异物，使用工具清除后，关闭车门，继续运营。如果异物不能清除、异物清除后故障仍然存在、没有异物但故障不能排除时，进行车门切除。

手动关闭车门，在该门处张贴"车门故障暂停使用"的临时标志。如果是一两个车门故障，继续投入运营；如果是多个车门故障，维持运行到终点站后清客，退出运营，回车辆段检修。

如果手动关门仍然无法关闭车门，报告行车调度员，考虑退出运营检修。

当车门间隙较小时，挂好门栅栏，在该门处张贴"车门故障暂停使用"的临时标志。站务员进入客室，在故障门处监护，确保乘客安全。列车维持运行到终点站后清客，退出运营，回车辆段检修。待列车返回车辆段后，跟车监护的站务员返回。

如果车门间隙较大，立刻就地清客，关闭客室照明，空车运行至终点站，退出运营，入车辆段检修。

（4）全列车门不能关闭的处理　　列车出发时，发现全列车门不能关闭，列车司机重复按压关门按钮，尝试重新关门。如果车门仍然不能关闭，列车司机通过广播通报车内乘客列车故障，暂时不能离站，安抚好乘客，并向行车调度员报告车次与故障状态。

行车调度员通知列车司机排除故障，并告知允许的时间。

列车司机检查相应开关和按钮位置是否正确、作用是否良好，重新断合空气开关，尝试关门。仍然不能关闭车门时，列车司机到列车后端驾驶室操纵，尝试关门。车门还不能关闭，报告行车调度员无法排除故障。

行车调度员通知列车司机就地清客，并通知车站协助。列车司机广播通知车内乘客配合清客。

站务员携带无线手持电台，前往故障列车处协助处理。确认乘客全部离开列车客室，列车司机操纵旁路开关，将控制车门开关的电气回路旁路，手动关闭车门。

根据行车调度员的指示，关闭客室照明，空车运行至终点站，退出运营，入车辆段检修。

（5）全列车门关闭后车门指示灯显示异常的处理　全列车门关闭后，车门指示灯显示异常，列车无法启动。由站务员检查所有车门是否锁闭到位，发现没关闭到位的车门，手动关门并锁闭。如果确认车门已全部关闭并锁闭，但车门指示灯显示仍然不正常，根据行车调度员的指示办理。如果就地清客退出运营，做好对乘客的解释、安抚工作；如果维持运行至终点站再清客退出运营，列车司机应在列车运行中随时注意车门状态，发现异常立即停车检查，防止列车走行中车门打开。

3. 列车未对准停车标停车时的处理

列车进站后未对准停车标停车时，具体情况不同，处理办法也不尽相同。就列车停车位置而言，有尚未到达停车标和越过停车标两种位置，越过停车标又分列车部分越过站台和全部越过站台两种情况；就列车能否动车而言，列车又呈可以移动和不可移动两种状态。停车标如图3-1所示。

图3-1　停车标

（1）列车进站未对准停车标停车仍可动车　列车进站尚未到达停车标，遇列车自动停车、不明原因紧急制动和列车司机错误操纵紧急制动等情况时，列车司机确认运行前方无异状后，启动列车继续前行，停在规定范围内，办理乘客乘降，并报告行车调度员。

列车进站后越过停车标停车，列车越过站台距离较少时，列车司机退回至正确位置停车，办理乘客乘降，并报告行车调度员。

列车进站后越过停车标停车，列车越过站台距离较多时，列车司机立即报告行车调度员。行车调度员根据前后列车的间隔情况，做出具体指示。非末班车在非终点站发生该情况时，可以组织列车退回对准停车标，也可以不开车门继续运行到前方站停车。末班车或在终点站发生该情况时，列车退行回车站对准停车标。组织不停车越过车站时，行车调度员应通知前方站。

车站应将列车没有对准停车标停车的具体情况及时报告行车调度员，同时通过广播对乘客进行安全提醒，并增派人员到站台维持候车秩序，防止人群拥挤、围观，未设屏蔽门的车站确保所有乘客均位于安全线内。站务人员前往协助列车司机进行处理，并密切监视列车动态，与车站控制室保持联系。待列车重新启动对准停车标停车后，确认车门与滑动门相对应，如果屏蔽门系统与信号系统联锁关系失效，站务人员操作屏蔽门就地控制盘（PSL），打开整侧屏蔽门，组织疏散列车上乘客，并做好乘客的安抚工作。如果列车不停车越过车站，车站应通过广播及时对站台候车乘客做好解释，并维持好秩序。

（2）列车进站未对准停车标停车无法动车　列车进站未对准停车标停车，不论是尚未到达停车标还是已经越过停车标，列车因故障或其他原因无法移动时，列车司机应立即向行车调度员报告停车位置和车内客流情况等。站务人员发现未对准停车标的情况后，及时报告车站控制室。车站应派人了解车内客流情况、列车进入站台的长度、列车门与滑动门及应急门对应数量等情况，并向行车调度员报告。同时派人携带屏蔽门钥匙，前往相关站台协助列车司机进行处理，并与车站控制室保持联系。行车调度员扣停有关列车，向全线所有列车司机和车站发布运营受阻信息，通知车站和列车司机实施清客，并根据具体情况进行列车救援。

如果全部列车在站台范围内，虽然屏蔽门与列车门处于错位状态，但是打开全部列车门相对安全。列车司机通过广播安抚好乘客并请求配合清客："列车因故车门未能对位，请乘客下车时注意安全，并注意听从指示打开屏蔽门，不便之处，敬请原谅"。通过广播教给乘客手动打开屏蔽门的方法后，列车司机按压开门按钮，人工打开相应侧列车门。站务人员在站台侧使用钥匙，打开能与列车门对应的屏蔽门滑动门，必要时可打开应急门。

如果有部分列车不在站台区域，为防止乘客坠落，站台区域外的车门不允许打开，这时应单独打开站台范围内的部分车门。列车司机通过广播安抚好乘客并请求配合清客："各位乘客，列车因故不能开门，请乘客注意听从指示，自行打开车门与屏蔽门，不便之处，敬请原谅。"通过广播指导乘客手动打开列车客室的侧门与屏蔽门。站务人员在站台侧使用钥匙，打开能与车门对应的屏蔽门滑动门，必要时可打开应急门。还可以派人进入列车客室，协助乘客打开与屏蔽门滑动门或应急门对应的车门。

如果列车全部不在站台区域，尽量做到救援至车站后，再进行清客。

清客时，站务人员及列车司机引导乘客从开启的屏蔽门处下车，对困难乘客予以协助。车站控制室通知车站售票员做好乘客退票准备，并通过广播安抚好乘客，告知乘客车票处理等事项。清客完毕，检查确认车厢内无滞留乘客和遗留物品，向行车调度员报告。行车调度员确认区间出清，尽快恢复正常运营。

四、列车折返作业安全

列车到达终点站，待乘客全部下车后，站务员进入列车检查无滞留乘客。列车司机得到站务员清客完毕的通知或信号后，办理折返作业。

1. 自动折返安全

建立列车自动折返进路时，计算机联锁设备根据折返进路命令，检查进路空闲、超限界绝缘相邻区段空闲、有关道岔位置正确且锁闭、未施行人工解锁、敌对进路未建立以及照查联锁条件正确后，顺序控制折返进路的办理，锁闭的进路随着列车的运行而自动解锁，并自动触发相应的进路。折返轨自动解锁的条件是：检查确认折返进路建立、列车已折返、折返轨占用并出清；保护区段自动解锁的条件是从列车占用目的轨起30s后。取消自动折返进路和取消进路的含义不同：取消自动折返进路仅取消自动折返进路属性，不会取消已办理的进路；取消进路不仅取消了自动折返进路属性，同时也取消了进路。自动折返进路的解锁可以随列车运行自动解锁，也可以通过办理取消进路来解锁。

（1）无人自动折返

1）列车停于终点站或其他折返站规定位置，驾驶室显示屏出现折返图标和 AR 符号，自动折返灯点亮。

2）列车按规定程序开门，乘客下车。

3）列车司机确认车内无滞留乘客、停站时间已到、列车门与屏蔽门关闭。

4）列车司机按下驾驶室的自动折返 AR 按钮，自动折返灯熄灭，触发无人自动折返系统 DTRO，设在站台端部的无人折返表示灯开始闪烁。

5）列车司机关闭列车主控制器钥匙，关闭驾驶室门，到站台上手动操作无人自动折返系统 DTRO。操作方法根据具体设备各有不同，有的是按下 DTRO 站台自动折返按钮，有的是使用钥匙接通 DTRO 开关。

6）待进路准备妥当后，由车载系统控制列车自动驶入折返线，自动改变列车运行方向，自动驶入对面发车站台，对准停车标停车。无人自动折返系统 DTRO 检测到列车已在规定区域停稳后，列车门和屏蔽门自动打开。

7）在列车无人自动折返过程中，列车司机可以自行走到对面站台，接班列车司机也可以事先待在列车上，但是列车驾驶均由车载系统自动完成。

8）折返到对面站台后，另一端驾驶室的自动折返灯点亮闪烁，列车司机合上列车主控制器钥匙，自动折返灯熄灭，无人折返完成。

9）折返作业完成后，列车不能自动启动，必须经过列车司机操作。

（2）有人自动折返

1）列车停于终点站或其他折返站规定位置，驾驶室显示屏出现折返图标和 AR 符号，自动折返灯点亮。

2）列车按规定程序开门，乘客下车。

3）确认车内无滞留乘客、停站时间已到、列车门与屏蔽门关闭。

4）列车司机按下驾驶室的自动折返 AR 按钮，自动折返灯熄灭。

5）待进入折返线的进路准备妥当后，列车司机启动 ATO 自动驾驶模式，列车自动驶入折返线，越过折返线自动停车，列车司机关闭列车主控制器钥匙，关闭驾驶室门，另一端驾驶室的自动折返灯点亮闪烁。

6）列车司机到另一端驾驶室合上列车主控制器钥匙，自动折返灯熄灭。

7）由折返线进入正线的进路准备妥当后，列车司机启动 ATO 自动驾驶模式，列车自动驶入对面发车站台，自动对准停车标停车，列车门和屏蔽门自动打开，有人自动折返完成。

2. 人工折返安全

（1）正常情况下人工折返　检查进路空闲、超限界绝缘相邻区段空闲、有关道岔位置正确且锁闭、未施行人工解锁、敌对进路未建立以及照查联锁条件正确之后，防护折返进路的防护信号机开放。随着列车的运行，进路自动解锁。

1）列车停于终点站或其他折返站规定位置，按规定程序开门，乘客下车。

2）确认车内无滞留乘客、停站时间已到、列车门与屏蔽门关闭。

3）列车司机确认防护信号开放正确、道岔位置正确，采用适当的驾驶模式，以规定的速度人工驾驶列车，越过折返线停车，关闭列车主控制器钥匙，关闭驾驶室门。

4）列车司机到另一端驾驶室合上列车主控制器钥匙，确认防护信号开放正确、道岔位置正确，采用适当的驾驶模式，以规定的速度人工驾驶列车，到达对面发车站台停于规定位置，按压相应侧的开门按钮，打开列车门和屏蔽门，折返作业完成。

（2）联锁故障时的人工折返　在联锁设备故障的情况下，应将折返进路上的道岔开通于正确的位置并加锁。需要人工手摇道岔时，应有专人进行防护。列车折返作业按调车方式办理，由车站负责指挥。列车司机凭站务人员的道岔开通信号进入折返线，越过折返线停车更换驾驶室后，再凭站务人员的道岔开通信号到达对面发车站台，对准停车标停车。列车折返运行期间，列车司机应加强瞭望，注意道岔位置、线路状况和手信号显示等，发现不正常的情况立即停车。

五、列车入段安全

1. 列车入段运行安全

运营结束后，列车自动监控系统（ATS）确认的计划列车入段时，由 ATS 自动控制列车，车辆段信号楼值班员预先办理入场进路，确认列车目的地号，监督列车回库。非计划列车入场时，行车调度员应通知车辆段信号楼值班员预先办理入场进路，人工排列回库进路，列车司机确认信号后按收到的速度码回库。

准备入段的列车司机通过广播通知全部乘客下车，确认车内无滞留乘客后关好车门。以规定模式驾驶列车至转换轨处一度停车，联系车辆段信号楼值班员，确认进路和停车股道，凭开放的调车信号机进入车辆段。列车运行至停车库前和平交道口处一度停车，确认车库大门开放、无异物侵入限界后，以低速运行至规定停车位置停车。

列车入库停稳后，列车司机检查列车备品齐全良好，施加停车制动，将列车各系统退出工作状态，取下主控制器钥匙，携带有关备品及值乘期间的各种记录下车，锁好驾驶室门，巡视列车一周，确认列车无异常后，办理退勤手续。

2. 列车司机退勤安全要求

列车司机的退勤地点有车辆段和车站两种。在车辆段退勤时，列车司机将列车钥匙、列车报单和列车故障记录单等交于运转室值班员，报告列车技术状态与列车运行情况等，并提供列车故障情况、行车安全事故和服务纠纷等书面材料。在正线车站退勤时，向接班列车司机完整交付列车钥匙与无线手持电台等工具用品，并准确、全面、清楚、无误地说明列车技术状态、线路状况、行车组织方式、行车命令和行车安全注意事项等，使接班列车司机对所值乘的列车心中有数。

六、列车运行人身安全

1. 保障列车司机人身安全的注意事项

1）列车司机在进行列车出库检查时，必须确保列车施加停车制动。

2）检查走行部时，确认列车无高压电输入。

3）对车底进行检查时，戴好安全帽，注意空间位置，防止碰伤。

4）严禁跨越地沟，避免跌落或摔倒。

5）插拔车间电源插座时，应确认没有供电。

6）禁止打开高压箱和触碰高压部件。

7）接触网有电时，禁止攀登车顶。

8）升电弓升起后，严禁进行地沟检查。

9）严禁擅自带无关人员进入驾驶室，对于因工作需要登乘驾驶室的人员，必须确认登乘证。

10）不得将违禁品、危险品或与工作无关的物品带入列车。

11）对列车进行有关操作时，确认不会危及自身和他人的生命安全。

12）离开驾驶室前，必须确认列车停稳。

13）到站台上时，注意列车与站台的间隙，防止跨越时摔倒。

14）未经行车调度员准许，不得擅自进入线路，防止触电。

2. 保障车外人员人身安全的注意事项

1）升起受电弓或合上集电靴前，必须确认所有人员均位于安全区域。

2）列车在车库启动前，必须确认地沟内无人。

3）列车连挂和解钩时，严禁有人站在两车之间。

4）列车接近道口时，必须确认道口无行人和车辆。

5）列车运行中注意瞭望，确认无人员侵入限界。

6）列车运行途中遇有危及行车及人身安全的情况时，立即停车。

7）列车进站时，保持警惕，注意观察站台乘客的举动，发现危及安全的情况时，及时采取停车措施。

8）列车在车站启动前，确认无屏蔽门的站台乘客没有越过安全线，确认车门、屏蔽门没有夹人夹物，确认列车与屏蔽门之间没有夹人。

3. 保障车内乘客人身安全的注意事项

1）列车司机了解列车内消防设备的位置和使用方法。

2）列车司机具备在紧急状态下指导乘客逃生的能力。

3）保证列车紧急疏散门通道在任何时候都保持畅通。

4）打开列车紧急疏散门疏散乘客时，确认乘客在安全区域，防止跌落。

5）需要在区间隧道疏散乘客时，必须确认所在区域供电停止。

6）需要在车站清客时，及时进行指导和组织，防止乘客挤落于轨道。

七、列车运行突发事件应急处理

1. 列车撞人应急处理

（1）处理原则

1）优先进行受伤人员的抢救。处理事故时，必须首先顾及伤者的安危。

2）尽快开通线路，恢复正常运营，减少不必要的损失。

3）考虑到发生事故的列车司机受惊后的心理压力，应指派其他列车司机接替其工作。

（2）事件通报 列车司机发现撞人时，立即报告行车调度员地点、伤亡者位置和伤亡情况等，行车调度员报告值班调度主任，通知相关车站与车辆段。值班调度主任立即通知120急救中心、公安部门、电力调度员、环控调度员及相关部门负责人。车站工作人员发现撞人时，立即报告值班站长，值班站长立即通知120急救中心及公安部门，并报告行车调度员。

（3）事件处理前的准备工作

1）列车司机。列车运行中，列车司机发现线路内有人，应立即紧急停车，停车不及撞人时，应立即报告行车调度员进行处理，并使用广播向乘客说明情况，通知列车延误；对列车施加停车制动，不得对列车再行操纵，确保事故处理人员清理轨道时，列车不会移动。为确保列车停于原地，在事故处理人员进入轨道时，可将列车主控制器钥匙交予事故处理负责人暂时保管。

2）行车调度员。行车调度员接到报告后，做好有关记录，与列车司机确认列车车次、停留位置以及列车已施加停车制动。在事故列车的后方站进行扣车，指定车站进入轨行区处理。向全线车站和列车发布延误信息，指示车站和列车司机通过广播做好向乘客的通知工作。监控其他列车的运行，调整列车运行间隔。监视有关车站的客流情况，指示车站做好客运服务工作。根据需要，安排列车清客。

3）值班调度主任。值班调度主任接到报告后，及时了解事故情况，安排相关人员通过广播对受影响乘客进行通知。如果预计处理时间较长，指示列车清客。如果伤者被压于车轮下，需要顶起列车抢救，立即召集紧急救援人员。以事故车站为重点，通过视频监控全线各站客流情况。

4）电力调度员。为保证在线路内处理事故时的人身安全，电力调度员应根据需要，按行车调度员的命令，停止受影响区段的牵引供电。

5）环控调度员。环控调度员应根据实际情况，开启隧道通风，并检查、监视通风情况。

6）车站工作人员。在站台或车站控制室按压紧急停车按钮，进行防护；疏散围观乘客，寻找事故目击证人；监视站台及站厅客流情况，根据需要控制进站客流；使用乘客信息系统发布列车延误信息，并向乘客进行广播；接应120急救中心医护人员，通知公安部门进行现场勘查；按照行车调度员的指示，做好列车清客工作；根据需要，向行车调度员申请进入轨行区进行处理；指派一名站务人员到驾驶室监控，确保列车不会被操纵和移动，保证在轨道处理事故人员的安全，或者暂时保管列车主控制器钥匙，以确保列车停于原地。

（4）事件处理 处理人员穿戴好荧光衣、安全帽和塑料手套，携带手电筒、无线手持电台等备品。指派一人进入驾驶室监控列车司机不准操纵列车，或者暂时保管列车主控制器钥匙，确保列车不会移动；设好安全防护措施后，根据列车司机或站台人员提供的事故位置，进入轨行区沿列车寻找被撞者。

发现被撞者后，待公安部门取证完毕，不论有无生命迹象，均将其移离轨道，条件允许时尽量使用担架和毛毡。被撞者移离轨道后，列车驶离现场，用粉笔画出伤者的位置，并用沙遮盖血渍。

被撞者被列车压住时，顶起列车将其救出。为安全起见，顶起的高度不超过 70mm。电力调度员停止受影响范围内的牵引供电，行车调度员确保附近其他列车已停车，对事故列车进行清客，列车司机降下受电弓，使用木垫块顶起列车，将被撞者移出。

只有接受过急救培训的人员方可处理伤者，处理办法也仅限于对外伤进行简单包扎，处理伤者时必须戴好塑料手套。收集和记录伤者资料，并联系其家人。留人照料伤者，待 120 急救中心的医护人员抵达时，立即将伤者移交给医护人员，并提供当时伤者的状况。视情况安排人员陪同，将伤者送往医院。

如果轨道内留有其他异物时，一并移走。确认轨道上没有任何人或障碍物后，撤除安全防护，报告车站控制室，将列车主控制器钥匙交还列车司机；报告行车调度员，恢复供电。

设法寻找目击证人，记录其姓名、地址、联系电话和目击的事实等资料，以供事后协助公安部门及城市轨道交通部门调查。

（5）肇事列车处理　公安部门取证后，清理车身。肇事列车司机由于受到惊吓，可能无法正常工作，由车辆段另行指派列车司机接替其工作。接任列车司机检查列车，确认技术状态良好时，报告行车调度员，根据行车调度员的指示，将列车驶离现场，继续投入运营。确认列车不能维持正常运营时，报告行车调度员，安排清客后，将列车驶回车辆段。如果列车正进入站台或已在站台，在肇事车站进行清客；如果列车已离开站台，在前方站清客。车站工作人员协助列车司机清客，当列车门与屏蔽门不能自动打开时，将能对应的列车门、滑动门及应急门手动打开，引导乘客下车。

（6）恢复运营　确认线路出清，将紧急停车按钮复位，安排随后运行的列车进行轨道检查。确认一切正常，取消客流限制，调整列车运行以应付客流需要，恢复正常运营。

2. 列车区间疏散乘客

列车在区间停留，会延误大量后续列车的运行，造成列车大面积晚点，给乘客的出行带来不便。同时列车停在区间，尤其在地下隧道内，容易引起车上乘客恐慌、情绪不稳。列车因故停于区间时，应积极采取措施尽快恢复运行。如不能恢复列车运行，则应考虑将乘客安全疏散至附近车站。

（1）列车区间疏散乘客的原则

1）列车因故区间停车后，列车司机应设法驾驶列车到前方站，再疏散乘客。

2）必须在区间疏散乘客时，扣停本线及受影响区段邻线运行的列车，保证疏散线路安全。

3）疏散时需有人引导，保证乘客安全。

4）采用接触轨供电时，停止牵引供电，防止疏散人员触电。

5）根据列车停车位置及灾害情况，进行隧道通风。

第三章 行车安全管理

6）列车在区间疏散乘客必须得到行车调度员的准许，车站人员到达后，再组织乘客疏散。

7）如果情况极度紧急，乘客生命安全受到严重威胁，通信中断，驾驶员可自行决定疏散乘客。

（2）区间疏散前的准备工作

1）列车司机。列车在区间被迫停车后，对列车施加停车制动，做好防溜措施，立即报告行车调度员停车位置及具体情况，根据行车调度员的指示，决定区间疏散乘客。如果无法与行车调度员取得联系，立即通知车站，请求扣停有关列车及协助疏散。如果暂不危及乘客生命安全，等车站派人协助疏散。在等待车站来人的同时，前往疏散一端的驾驶室，打开紧急疏散门，但暂不打开驾驶室通道门。不断发布信息安抚乘客，并广播通知乘客疏散方式："各位乘客，列车因故不能运行，需要立即疏散，请不要慌乱，听从工作人员的指示，按顺序疏散，疏散中请适当照顾老幼病残孕人员。"采取接触网供电时，尽量保持空调、照明正常运转。能确保自身安全时，采取必要的挽救措施；如危及自身安全，迅速撤离现场。

2）行车调度员。行车调度员接到列车司机的报告后，立即报告值班调度主任，通知列车司机疏散方向。向车站下达疏散命令，要求派人协助，说明疏散原因、停车地点和疏散路线。根据列车停车位置，通知环控调度员进行隧道通风。根据需要，通知电力调度员停止牵引供电。扣停本线及邻线有关列车，确保疏散线路安全。向全线车站和列车发布延误信息，指示车站和列车司机向乘客做好广播通知。监控其他列车的运行，调整列车运行间隔。监视有关车站的客流情况，指示车站做好客运服务工作。视情况致电110、120，请求支援，并通知车站派人接应。

3）值班调度主任。值班调度主任接到报告后，下令进行隧道疏散，并确定疏散路线。根据列车故障情况，决定是否出动救援队进行救援，需要时请求外部支援，视情况启动公交接驳预案。安排对受影响乘客进行广播，通过视频监控全线各站客流情况，制订列车调整方案并布置实施。

4）电力调度员。对于采用接触轨供电的区段，为保证疏散人员安全，电力调度员停止受影响区段的牵引供电。对于采用接触网供电的区段，电力调度员尽可能维持接触网供电，以保持列车的空调、照明正常运转，从而保证乘客生命安全，避免恐慌心理，并方便疏散。

5）环控调度员。环控调度员开启隧道通风，并检查、监视照明及通风情况。

6）车站工作人员。按压车站控制室紧急停车按钮，对相关区域进行防护。开启隧道事故照明及工作照明，保证疏散安全。使用乘客信息系统发布列车延误信息，并对乘客进行广播。监视站台及站厅客流情况，根据需要控制进站客流。必要时组织疏散车站乘客，张贴告示，释放闸机。视情况锁好票务室、客服中心的门，保管好钱票。接应110报警中心公安人员、120急救中心医护人员，安排外部支援人员进入区间。准备协助疏散所需要的备品，对进入区间的人员进行工作分工，并安排人员位于站台与轨道之间的楼梯处准备接应乘客。

（3）区间疏散程序

1）列车司机。根据疏散路线，打开相应驾驶室的紧急疏散门，组织乘客从列车前端、后端或两端进行疏散。暂不危及乘客生命安全时，待车站协助人员到达后，再打开驾驶室通

115

道门，通过广播指导乘客有秩序进入驾驶室，从紧急疏散门下车进入轨道，指示疏散方向，步行前往相邻车站。如果情况危急或没有其他可行的办法，车站人员尚未到达，列车司机也必须立即疏散乘客时，可通过广播指导乘客自行打开驾驶室通道门及紧急疏散门。对于行动不便的乘客，安排工作人员或自愿协助的乘客陪同。情况不紧急时，行动不便乘客也可以留在列车上，待列车驶至安全位置后再下车。

2）车站协助疏散人员。车站工作人员应穿戴好荧光衣等防护用品，携带应急灯、无线手持电台和手提广播等备品，前往事发地点，引导乘客向车站方向疏散。在道岔、交叉口、有较大障碍物处、有可能进入邻线地点或其他有潜在危险的地点，应派人驻守，防止乘客偏离疏散路线，或被障碍物绊倒。由于路面不平，隧道昏暗，引导人员应随时提醒乘客注意，防止摔倒，并对有困难乘客提供帮助。接应人员引导乘客沿站台与轨道的楼梯到达站台，向乘客通报客运安排，组织乘客向站外疏散。启动公交接驳时，组织乘客乘坐接驳车。确定列车上的乘客全部撤离后，协助列车司机关好紧急疏散门。车站值班员监控乘客的疏散情况，及时将现场处置进展情况向行车调度员报告。

（4）区间疏散完毕的善后工作

1）列车司机。乘客疏散完毕后，关好紧急疏散门，报告行车调度员。如果现场安全，检查列车上是否有乘客滞留，并留在列车上等待进一步的命令。如果现场不安全，关闭列车主控制器，迅速撤离，步行前往相邻车站。

2）车站人员。车站有关人员按行车调度员的指示巡查轨道，巡查之前，安排一名车站人员在站台端墙处显示信号防护。巡查人员携带无线手持电台与应急灯，沿轨道步行到事发列车位置，确认没有滞留乘客和遗留物品，确定该路段畅通后，返回车站，报告行车调度员。

3）行车调度员。行车调度员得到线路出清的报告后，通知电力调度员恢复牵引供电，指示列车司机将列车驶往前方车站。列车司机沿途注意观察线路，确认畅通无阻后，报告行车调度员。行车调度员确认情况许可后，列车恢复正常运营。

3. 列车发生火灾应急处理

（1）列车发生火灾时的处理原则

1）列车发生火灾时，乘客是直接目击者，列车司机应设法向乘客了解起火位置、火势大小、烟雾浓度、起火原因、人员伤亡和设备损坏等详细情况。

2）以保障乘客和员工生命安全为首要任务。在保证人身安全的情况下，列车司机可指导乘客尝试使用灭火器自救。

3）列车司机应尽量维持列车运行至前方站疏散乘客。

4）区间被迫停车疏散乘客时，确定疏散方向后，再启动隧道通风排烟系统。

（2）火灾通报　列车司机接到乘客火灾报警后，立即向行车调度员报告火灾详情。如果是列车发出火灾报警信息，列车司机应通过列车安防系统实时画面观察，确认发生火灾后，再向行车调度员报告。

行车调度员接到列车司机报告后，立即报告值班调度主任、全体当班调度员，同时致电110、119和120，通知相关车站、车辆段和各抢险救援队，向全线车站和列车发布信息，

第三章 行车安全管理

向列车正前往的车站或列车停留的车站通报火灾详情，要求车站做好疏散和灭火准备。

（3）列车运行往前方站的处理办法　如果列车发生火灾时位于区间，列车司机需尽一切可能将列车维持运行至前方站疏散乘客。列车运行期间，列车司机应不间断地通过广播安抚乘客，告知乘客即将到达前方车站，指导乘客使用灭火器尝试灭火自救，并通过广播提醒乘客远离火源，不要操作车门紧急解锁装置，不要打开车门跳车。发生乘客拉下车门紧急解锁装置，确认火灾尚未到不可控的情况时，无须去现场处理，旁路车门，用 RM 驾驶模式以最快的速度运行往前方站。

列车到达前方车站后，列车司机应尽量对准停车标停车。待列车停稳后，列车司机打开列车门和屏蔽门，请全体乘客下车。无法电控打开列车门和屏蔽门时，通过广播指导乘客手动打开列车门与屏蔽门，或者列车司机及车站工作人员进入客室帮助乘客开门。工作人员应协助行动不便的乘客疏散，或请求其他乘客予以照顾。对受伤乘客进行简易救治，并疏散到站外。

疏散完毕，在做好自身安全防护的前提下，列车司机及站务人员检查列车内是否有滞留乘客。确认列车上的乘客疏散完毕后，向行车调度员报告。列车司机及站务人员在保障自身安全的前提下，可尝试灭火。如果发现灭火不能保证自身安全时，可离开列车到安全位置，等候救援。

车站启动站台火灾排烟模式。环控调度员检查、监控排烟模式状况，发现未启动或车站不能启动，尝试远程启动。如果站台火灾排烟模式启动失败，立即通知维修人员到现场进行处理。确认乘客疏散完毕，并且该供电臂内所有列车出清后，电力调度员立即停止该供电臂的供电。

（4）列车在区间停车的处理办法　列车起火被迫停于区间，需要疏散乘客时，行车调度员和列车司机根据火灾位置和停车地点，共同确定疏散方向，列车司机广播组织乘客从疏散方向的紧急疏散门下车。列车司机打开所有车门排烟，广播提醒乘客不要靠近车门，防止坠落。车站工作人员做好个人防护，携带必要备品，进入隧道引导乘客疏散至车站。

乘客疏散完毕后，现场有关人员做好自身安全防护，确认车内无滞留乘客，并检查确认线路出清，报告行车调度员。若火势不可控制，列车司机可离开列车，到乘客疏散方向等候救援人员。

环控调度员开启隧道事故照明，并随时注意隧道感温系统的报警信息，并根据火灾位置与疏散方向，开启相应隧道排烟模式，密切监控其运转情况。隧道内火灾情况不明时，暂不送风。机电人员根据需要，切断相应设备电源。电力调度员确认供电是否受到影响，尽可能维持接触网供电区段的供电，保持列车的空调与照明正常运转。疏散完毕后救援需要停电时，供电专业人员做好供电臂停电和挂接地线的工作。

（5）行车组织　行车调度员应做好行车组织工作，事发区间停运，禁止其他列车进入事发地段，扣停本线续行列车及受影响的邻线列车，已进入相关区间的列车安排退回。火灾列车旁边不能停放其他列车，安排受影响列车不停车通过车站。牵引供电需要停止时，组织该供电臂运行的列车到车站清客，出清该供电臂。调整列车运行秩序，最大限度地维持运营，组织小交路列车运行。向全线车站和列车通报事故，说明预计延误时间与运行调整计划。

（6）车站疏散　车站接到行车调度员关于列车发生火灾的通知后，根据火灾情况，组织站内乘客、工作人员和驻站人员疏散。车站通过广播通知乘客、设备区施工检修人员和商铺人员等迅速离开车站，广播时注意语气与措辞，不要引起乘客恐慌。全部开启闸机，开启员工通道门。锁好票务室与客服中心的门，保管好钱票，停止售票服务。派人分别到站台、站厅各区域，做好乘客疏散的指引导向工作，协助有困难的乘客离开危险区域。向火灾影响区域的乘客发放湿毛巾，救护安抚受伤人员。派人驻守车站各个出入口，引导乘客出站，阻止无关人员进站。确认乘客疏散完毕后，向行车调度员报告，关闭车站出入口（紧急出入口除外），并张贴告示。各岗位员工完成疏散任务后，到规定地点集合，清点人数。如果火势很大，组织员工做好消防人员进入灭火现场的导向标志后，迅速撤离车站。

（7）救援抢修　　发生火灾后，现场员工应积极进行应急救援，在保障自身安全的前提下尝试灭火。同时派人到出入口接应消防人员、救援人员和救护人员等外部支援人员，并将其引导至火灾现场。消防人员到达后，说明有关情况，将灭火工作交给消防人员。如果火势很大，需要组织员工撤离车站前，要做好导向标志，指引消防人员进入灭火现场。有关人员应全力参与救援行动，做好灭火、调查取证和救护等配合工作。专业抢险人员应携带专业器材迅速赶赴现场，条件允许的情况下，应查看现场，根据具体情况制订抢修方案，完成抢修任务。

（8）恢复运营　　控制中心应加强与现场的联系，掌握抢险进展情况，接到灭火完毕、设备修复的报告后，指示起火列车退出服务，将有关设备恢复正常运作，清理现场，向全线通知事故结束，恢复正常运营。

4. 列车冒进信号处理

（1）列车冒进信号未压上道岔时的处理　　车站或列车司机发现列车冒进信号后，确认列车冒进信号的原因、停车位置、与防护信号机的距离、列车运行前方没有道岔或有道岔但未压上等情况，立即向行车调度员报告。

行车调度员接到列车冒进信号的报告后，立即指示该列车司机停车，不得再行移动。在后方站进行扣车，防止续行列车停在区间。指示列车退行，要求车站做好组织工作，保证列车安全退行回车站。

得到行车调度员的退行指示后，车站安排有关人员向列车司机发出退行信号，列车司机驾驶列车以较低速度退行进站，停于站内停车标处。

列车司机应通过广播说明情况，安抚乘客。待列车退行到站停妥后，根据具体情况开关车门，保证乘客安全上下车，同时向行车调度员报告。

车站通过广播向站台候车乘客说明情况，取得乘客的配合，维护好站台秩序，防止乘客拥挤、围观和靠近列车，以免发生危险。

（2）列车冒进信号并压上道岔时的处理　　列车冒进信号，经车站有关人员或列车司机现场查看，确认压上前方道岔后，进一步检查确认道岔破坏程度、列车是否有挤岔或脱轨等情况，由车站将道岔锁闭到适当位置，向行车调度员报告。

行车调度员接到列车冒进信号的报告后，了解列车停车地点、道岔当前位置、道岔是否破坏以及是否影响邻线行车等情况，指示列车不得再行移动，避免未脱轨的造成脱轨，脱

第三章 行车安全管理

轨的扩大事故。根据事故的严重程度，决定是否清客或进行列车救援。根据具体情况确定列车离开现场的方法，如果发生挤岔，按挤岔处理；如果发生脱轨，按脱轨处理。在事故列车的后方站进行扣车，向全线车站和列车发布延误信息，指示车站和列车司机向乘客进行广播。监控其他列车的运行，调整列车运行间隔。如果影响了邻线行车，停止邻线列车的运行。事故列车驶离现场后，对轨道及道岔进行检查和试验，恢复列车正常运行。

第二节 行车调度安全管理

 案例引入

案例1：蛋挞店着火，列车跳站运行

某日下午4时19分左右，某地铁站，站厅内的一家蛋挞店因电线短路引起火灾，商铺电线噼啪作响闪着火花，泛着刺鼻味道的黑烟不断冒出商铺窗外。消防部门接到报警后赶往现场救援，4时30分，火灾被扑灭。

事发后，车站采取了应急措施，关闭了出入口，将乘客及商铺经营人员安全疏散至站外，火灾未造成人员伤亡。所有的列车经过该站时，行车调度员安排不停车跳站运行。下午5时起，该地铁站恢复正常运营。

案例2：列车受电弓缠有塑料袋的处理

1407次列车由某站出发后，车站工作人员发现受电弓后弓缠有塑料袋，报告行车调度员。行车调度员将1407次扣停在前方站，经确认，确实有塑料袋缠在受电弓上。行车调度员指示1407次降下后弓单弓运行，要求沿途各站注意观察。有车站发现车顶有蓝色闪光，有车站闻到焦煳味。1407次限速45km/h运行一个区间后，仍有焦煳味。行车调度员布置1407次取消限速，到前方站清客后回车辆段检修。

1407次退出运营后，由1012次替开1408次，0812次替开1012次，备用列车替开0812次，由存车线加开7102次。1011次列车受到影响，终到晚点188s。

 相关知识

行车调度是城市轨道交通运营的关键工作，以经济合理地使用各种设备、安全正点地运送乘客为目标，实行集中领导、统一指挥和逐级负责的原则。调度指挥工作由运营控制中心（OCC）完成，负责完成城市轨道交通的日常运营、设备维护和行车组织。控制中心（OCC）的具体功能如下：进行行车调度，监控客运列车服务，监控电力供应系统，监控通信及信号设备控制，监控自动售检票终端，监控防灾报警系统，组织防灾事件处理，对内部、外部单一集中联络，收集及发布运营信息，组织施工维修作业，处理协调事故、故障及意外事件。控制中心（OCC）设有行车调度员、电力调度员和环控调度员等，共同完成运营指挥工作。行车调度员负责指挥全线行车工作，电力调度员负责指挥供电设备的运作，环控调度员负责指挥环境控制设备和防灾报警设备的运作。

行车调度员对全线列车运行进行监视、控制、协调、指挥和调度，对列车运行安全负有重要职责，有关人员必须执行行车调度员的命令，服从调度指挥。行车调度员指挥行车时，要密切注意列车运行和客流变化情况，正确、及时地处理临时发生问题，防止列车运行事故，保证行车和人身安全。行车调度员应严格按照列车运行图指挥行车，保持正常的行车秩序，遇列车发生晚点时，应积极调整列车运行，采取适当措施恢复正点。发生事故后，行车调度员应积极组织救援，采取有效措施，防止事故扩大，减少事故损失。

一、日常调度安全

1. 运营前的安全检查

行车调度员于每天运营前 30min 进行检查，确认运营线路空闲、技术设备正常，在一切准备工作就绪，达到运营条件后，校对时间、建立时刻表，开始投入运营服务。运营开始前的检查工作是安全运营的前提，有助于及早发现问题，消除隐患，维护正常的运营秩序。

（1）确认线路出清　每日运营前，行车调度员检查全线线路出清情况，根据施工作业和线路巡查的登记，逐项检查注销情况，确认运营线路空闲。发现线路未出清时，查明原因后督促其在规定时间内出清。

（2）确认设备状态良好　行车调度员确认线路出清后，将控制权转为中心控制模式，登录列车自动监控系统（ATS），确认线路无异常占用，清除告警窗内的所有无效告警。

检查视频、广播、电话和无线通信等与运营有关的设备，确认状况良好。对全线信号、道岔进行测试，确认道岔位置及信号表示正确。向电力调度员确认全线牵引供电、自动售检票设备处于正常状态。测试时发现异常，应立即抢修；暂时不能修复时，尽可能降低对运营的影响。

检查全线各车站、车辆段运营前的准备工作。要求车站报告施工检修作业结束、运营线路空闲、无异物侵入限界、线路出清、行车设备及备品齐全完好、相关人员到岗等，要求车辆段报告当日使用列车和备用列车的安排与驾驶员配备等。

（3）建立时刻表、校对时间　在每天时刻表规定的首发列车发车前，建立并确认当日运营的时刻表，与车站、车辆段核对当日时刻表、校对时间和说明相关注意事项。

2. 运营中调度监督

目前，城市轨道交通主要采用列车自动控制（ATC）系统。列车自动监控系统（ATS）是 ATC 系统的子系统，在正常情况下，列车运行由 ATC 系统自动监视和控制，无须人工干预。运营开始后，行车调度员通过 ATS 调度终端，密切监控设备状态及列车运行情况，获取报警信息，进行列车运行组织，确保列车安全运行。

ATS 与联锁设备、轨旁 ATC 设备和车载 ATC 设备等信号系统一起，对信号设备进行集中监视并控制，实现列车在正线按照预先制订的运营计划自动运行，并与时钟系统、广播系统、乘客信息系统、无线通信系统和综合监控系统等接口，为城市轨道交通运营提供更好的服务。ATS 的基本功能包括：获取轨道占用情况，识别进路状态，确认、跟踪和动态显示列车位置、车次号和到发时分等；监视列车运行、信号显示和道岔位置，发现异常情况进行报警；储存基本运行图与双休日运行图等多套列车运行图，并根据当前使用的运行图进行调整，自动绘制实际运行图，生成各种运行报告；自动或人工调整列车运行，如控制列车运行等级、停站时间、发车时刻和折返方式等；自动根据列车运行图触发进路，或人工设置进路；在人工运行控制模式下，执行车站扣车及取消，建立及解除限速，临时区间封锁及取消；系统故障时降级处理，故障复原处理；在控制中心专用设备上提供培训和演练；具有记录、统计和打印功能；向旅客提供列车到达时间、列车目的地、列车终到和末班列车等显示信息。

3. 运营结束后的安全工作

行车调度员应组织好最后一班列车的运行，保证正点运行，禁止早开，并监督车站做好客运服务工作。运营时间终止后，行车调度员核对所有运营列车及备用列车离开正线，确认列车入段或停放在指定位置，确保正线线路空闲。将信号控制权转换至各车站，进行本地控制，组织和监督夜间施工。

对当天列车运行图进行保存和归档，整理统计当日运行情况，在次日运营前删除使用过的时刻表。

二、调度命令发布安全

调度命令是行车调度员指挥行车的重要指令，是列车安全运行的重要依据。调度命令正确与否、及时与否，直接关系到列车的安全。因此，调度命令的每一个环节都应认真对待，严格遵守安全规范。

调度命令分口头命令、书面命令和口头指示三种。录音通信设备正常时，行车调度员发布口头命令，内容包括：命令号码、命令内容、发令日期及时间。录音通信设备故障停用时，行车调度员发布书面命令，内容包括：命令号码、命令内容、受令处所、发令日期与时间、发令人及复诵人。日常调度指挥中，行车调度员还经常发布口头指示，口头指示无须编号，不用登记。使用后的调度命令应及时装订成册，妥善保管。

指挥列车运行的命令和口头指示，只能由行车调度员发布。行车有关人员必须服从调度指挥，执行调度命令，防止因争执造成调度命令执行混乱，影响行车安全。行车调度员发布调度命令前，应详细了解现场情况，听取有关人员意见。

调度命令应一事一令，先拟后发。内容和受令处所应简明清楚、正确及时和清晰完整，使用规范用语，不得随意涂改，遇有不正确的字应圈掉后重新书写。调度命令号码循环使用，每一个循环期间不得漏号、跳号及重号。

发布调度命令时，应使用普通话，口齿清楚、语速适中，并要受令人复诵，复诵正确后方可执行。列车尚未出段时，调度命令由车辆段负责向列车司机转达。列车进入正线运行时，书面命令由车站负责向列车司机转达，口头命令由行车调度员直接向列车司机发布。调度命令未及时传达给列车司机时，应及时补交。

三、列车运行调整安全

行车调度员应严格按列车运行图指挥行车，努力保证列车安全正点运行。但是，在日常行车组织中，由于施工、事故、自然灾害、设备故障、客流增大、列车运缓和指挥不当等，会造成列车开行数量及运行时刻不能符合列车运行图。这时，就需对列车运行进行调整，努力使其回归到列车运行图上，实现按图行车。

列车运行调整归根结底是调整列车的运行时分和停站时分。列车运行时分取决于列车运行速度，受列车构造速度、线路状况、乘客舒适度、运行效率和节能要求等条件制约。列车停站时分主要用来完成列车司机开关列车门和屏蔽门、乘客上下车，乘客上下车花费时间又取决于客流量大小。当列车运行秩序紊乱时，通过调整列车运行时分和停站时分，使列车恢复正点运行。较小的行车延误，由列车自动监控系统（ATS）自动调整；延误较大或遇突发事件时，就需要行车调度员人工调整。

行车调度员进行列车运行调整时，不仅要考虑恢复列车正常运行秩序，还要兼顾行车安全。常用列车运行调整办法有：加开列车，停运列车，列车载客通过，扣停列车，减少或延长停站时分，列车减速或加速运行，改变列车运行等级，变更列车运行交路，采用小交路运行，列车反方向运行，单线双向运行，调整列车运行间隔，列车站前折返，始发站提前或推迟发车，在始发站更改车次等。

1. 列车载客通过车站

列车载客不停车通过车站，又称跳停、跳站和越站等，是行车调度员调整列车运行的方法之一，由于影响乘客乘车，一般情况下不采用。遇突发事件与设备故障等，造成后续列车大量拥堵，短时间内无法恢复，系统无法自动调整，为了减少对后续列车的影响，尽量使后续列车恢复正点运行，行车调度员可使部分载客列车在运行图规定的停车站通过。采用列车载客通过的调整办法，可以加速列车运行，使晚点列车正点终到。遇车站发生火灾等意外情况，让列车不停车通过，可以避免扩大事故后果。某些车站客流突然增大时，在客流较小的车站不停车通过，有助于快速疏散客流。

列车载客通过时，应提前做好安排，提前通知相关车站和列车司机，车站和列车司机应提前进行广播，便于乘客提前选择好上下车地点。广播故障的列车，原则上不得办理载客通过。图定首班车、末班车不得办理载客通过，高峰时段尽量避免办理载客通过，与后续列车间隔较大的载客列车不办理通过（特殊情况除外）。客流量大的车站、换乘站除特殊情况外，原则上不办理载客通过。既要避免同一个车站连续多列车载客通过（站台因故关闭除外），还要避免同一列载客列车连续通过多个车站。载客列车通过未设屏蔽门的车站时，应降低速度，车站维持好站台秩序，防止乘客越过安全线，列车司机要时刻注意站台状况，发现危及行车及人身安全的情况，立即停车。

列车载客通过的指令可以在设备上设置，由行车调度员设置，还可以由列车司机设置，仅对以自动驾驶模式（ATO）运行的列车有效。设置条件是通过站不能是终点站，设置时机是列车尚未离开后方车站。载客通过指令一旦被应用，列车能自动向乘客广播"下一个车站不会停车"。载客通过指令可以在列车尚未离开后方车站时取消。如果通过车站实施了扣停列车，扣停控制被优先执行。

2. 扣停列车

由于设备故障、列车救援、发生事故或其他原因，造成列车延误时间较长，为防止列车局部密度过大，将后续列车扣停，以缓解故障区段列车压力，保证前方列车或车站有充裕的时间来处理问题。待造成列车堵塞的原因消除后，再采取压缩停站时间和载客通过等方式，恢复列车正常运行秩序。

扣停列车有区间扣车和车站扣车两种。区间扣车就是行车调度员通过无线电台通知列车司机，使列车临时停于区间，等待前方车站或前行列车处理意外事件完毕后，再启动列车进站。区间停车时，列车司机必须通过广播告知乘客，避免乘客因恐慌而使用紧急解锁装置打开车门，引发挤落轨道、跳车等危险行为。车站扣车需要在设备上进行设置，通常说的扣停列车就是指车站扣车，本书也不例外。

（1）信号系统具备扣车功能时　对于未设移动闭塞信号系统（CBTC）的区段，办理扣停列车后，出站信号机不能开放，已开放的出站信号关闭（进路仍在锁闭状态）；取消扣停列车后，如果满足联锁条件，相应出站信号机自动开放。扣停列车的设置可以由行车调度员操作，也可以由车站操作。取消时，一般执行"谁扣谁放"的原则。在中央控制模式下，需要扣停列车时，可以由行车调度员设置，也可以由车站设置，还可以由行车调度员和车站同时设置；取消扣车时，行车调度员只能取消控制中心设置的扣车，不能取消车站设置的扣车，车站则可以取消控制中心和本站设置的扣车。在车站控制模式下，需要扣停列车时，行车调度员不能设置，只能由车站设置；取消扣车时，行车调度员不能取消，包括之前控制中心设置的扣车也不能取消，车站则可以取消本站设置的扣车，也可以取消控制中心之前设置的扣车。

扣车信息可以在控制中心、车站控制室和驾驶室同步显示。扣车信息不能通过信号设备同步显示时，扣车者应向其他人通知扣车信息。

遇紧急情况，可以使用车站控制室或站台上的紧急停车按钮进行扣车。

扣车命令应在列车到达车站前发出。特殊情况下，需要在车站扣车时，应确认列车到站停妥并且列车门和屏蔽门开放。取消扣车后，列车司机方可关闭列车门和屏蔽门。

（2）信号系统不具备扣车功能时　信号系统不具备扣车功能或来不及通过设备扣车时，行车调度员使用无线电台通知列车司机自行扣车并通知车站；车站使用无线电台、口头通知或显示紧急停车手信号等方式要求列车司机扣车并报告行车调度员。采用电话闭塞法行车时，扣停列车后，车站应收回行车凭证。

3. 小交路运行

由于设备故障或发生事故，导致某区域不能行车，正线严重堵塞，列车无法按时在终点站折返，使得一个方向上列车大量积压，另一方向列车急剧减少，乘客大量滞留车站。遇到这种情况，行车调度员经常运用小交路方式调整列车运行。通过缩短列车运行交路，组织列车在中间站折返，既可以维持非影响区段的列车运行，又可以防止列车积压。当客流量不够均衡，运行列车数又不足时，也可以采用小交路运行的调整策略。为了实现小交路运行调整，在城市轨道交通线路上，往往每隔若干个车站，就设置一条折返线。

安排小交路运行时，应充分考虑折返能力和排列进路的可行性。另外，还应考虑列车的均衡性，防止恢复原交路行车后，给列车运行调整带来不便。

采用小交路运行时，行车调度员需通知有关车站和列车司机，并监控小交路行车的整体运作，关注各站发车情况，随时对列车做出适当调整，根据车站客流变化来决定是否进行客流控制。驾驶员应通过广播通知乘客变化情况，对于第一班走小交路的列车，通知要特别清楚。列车运行中，列车司机应加强瞭望，注意道岔位置和线路状况，发现与行车调度员或车站的指示不符时，立刻停车，向行车调度员报告并求证后，方可继续运行。车站必须通过广播、乘客信息系统和张贴告示等方式，通知乘客交路变化情况。车站应紧密留意本站客流状况，随时做好客流控制的准备。发现线路状况、道岔位置和倒计时发车牌等有异常时，立刻报告行车调度员。暂停运作的车站要安排好乘客疏散。

4. 单线双向运行

单线双向运行俗称"拉风箱"，就是在一段固定线路上只有一列车往返运行，适用于一条线路行车中断，而另一条线路仍具备列车运行条件的情况，是一种最低限度维持列车运行的调整方式。

单线双向运行的距离不宜过长，这样会造成乘客候车时间过长，不利于吸引客流。如果具备行车条件的单线距离较长时，可拆分成若干个小区段，分别进行单线双向运行。

单线双向运行的两端站是安全控制重点，无论是行车作业，还是客运组织，都有一定的安全风险。单线双向运行往往和其他列车运行调整方式结合使用，在两端站经常既有单线双向运行的列车，还有以其他交路方式运行的列车，存在列车冲突的隐患。两端车站需要控制好列车进路，做好防护；列车需要控制好进站速度，注意瞭望。另外，两端站是单线双向运行列车的始发与终到站，又是其他交路方式列车的换乘站，既有上行方向的客流，又有下行方向的客流，并且往往混杂于同一站台。因此，车站需要增加人手，加强客流的疏散引导。

四、突发事件行车调度应急处理

1. 区间线路火灾的应急处理

区间轨道及轨旁发生冒烟失火的原因可能是各种电缆、电气组件短路或绝缘不良，也可能是垃圾或杂物暗燃或失火，还可能是地面失火的浓烟涌入隧道。

隧道感温系统报警时，可以向有关列车司机核实，也可由车站派人携带防护用品、通信工具前往查看，如属误报，向行车调度员和环控调度员报告。

（1）区间明火处理　行车调度员接到区间发生火灾的报告后，立即停止列车进入事发地点，做好行车调整工作，向全线车站和列车通报延误信息。

隧道起火引起牵引供电中断，造成列车区间停车时，根据火灾位置确定疏散方向，开启隧道通风及隧道照明，进行区间疏散。

火势较大时，已在区间运行的列车立即停车，组织退回车站清客。根据需要组织车站疏散，致电119、110、120，召集外部支援，进行救援抢险。

火势较小时，已在区间运行的列车可根据具体情况来通过。开启隧道通风及隧道照明，后续首列车清客后，就近车站的站务人员或驻站机电人员添乘前往现场，出发时应携带防护用品、通信备品和干粉灭火器，确认起火原因，将现场情况报告行车调度员。行车调度员根据确认结果，对后续列车及救援抢险做出针对性安排。对于轻微火灾，在做好个人安全防护的前提下，现场人员使用干粉灭火器、沙土和隧道消火栓等尝试灭火。火灾扑灭后，清除垃圾或杂物。但是明火熄灭后，不得清除覆盖于轨道扣件上的沙土，防止再次起火。未受过有关培训的人员，不得清除引起短路的电缆、铁屑和轨道扣件等物件。烟雾较大或不能确定着火电气组件的属性时，应报告行车调度员，并立即撤离现场。

（2）区间隧道烟雾处理　　发现区间隧道有烟雾时，行车调度员立即安排相关车站前往地面查看，确认是否由于风亭周围失火或其他原因导致烟雾涌入隧道，并开启隧道通风进行排烟，必要时开启隧道照明。

烟雾轻微时，已在区间运行的列车通过，其他列车维持正常行车。就近车站的站务人员或驻站机电人员添乘前往现场，根据确认结果，行车调度员对行车及救援做出相应安排。

烟雾较浓时，已在区间运行的列车立即停车，组织退回车站清客。事发区间立即停运，进行列车调整。经过隧道通风系统减轻烟雾后，将后续首列车清客，就近车站的站务人员或驻站机电人员添乘，前往现场查看情况，报告行车调度员。根据烟雾持续状况，安排后续列车运行，并采取相应的救援措施。

2. 水淹线路的应急处理

由于暴雨引发的严重汛情、水管爆裂、地面积水灌入隧道、排水系统淤塞和水泵故障等，都可能造成线路水淹或淤泥冲积，影响列车运营服务。

（1）轨道巡查　　列车司机或检修人员发现水淹线路时，立即向行车调度员报告。行车调度员指示后续首列车清客，就近车站的站务人员或驻站机电人员添乘，前往现场查看情况。巡查人员出发前须穿戴荧光衣、绝缘靴和绝缘手套等防护用品，携带无线手持电台与应急灯等备品。发现设备被淹，立即报告行车调度员，确认相关设备已停电，无触电危险后，方可进入水淹现场，详细了解水淹位置、水淹深度、淤泥堆积高度、水淹原因及其他异常情况，报告给行车调度员。巡查完毕，如果列车可继续前行，到达前方站折返。

（2）行车组织　　行车调度员详细了解水淹原因、水淹程度和影响范围后，向值班调度主任、环控调度员、电力调度员和维修人员通报。行车调度员根据情况设置或发布限速命令，列车司机按规定速度操纵列车运行。水漫道床但未超过轨面时，列车以能及时停车的速度减速运行通过积水地段。水漫过轨面时，原则上列车不准通过积水地段，未受影响区段仍维持列车运行。向全线车站和列车通报延误情况，调整列车运行，做好客流组织工作。

（3）组织抢修　　由维修人员根据水淹情况决定是否限速或抢修。需要抢修时，办理相关手续，利用列车运送抢险专业人员和抢险器材前往水淹地段。如情况恶化，请求消防部门协助清理积水和淤泥。行车调度员随时了解现场情况，掌握抢险进展。抢险完毕，恢复正常运营。

3. 恶劣天气时调度的应急处理

暴、风、雨、雪、雾等恶劣天气对地下线路影响较小，对地面线路和高架线路的破坏力不容忽视。大风可能影响设备的牢固性，沙尘暴可能掩埋线路，暴雨可能水淹线路、倒灌地下车站，冰雪影响道岔转换，大雾影响能见度，高温可能使钢轨胀轨跑道、员工及乘客中暑，雷击可能使牵引供电系统失电。恶劣天气带来了潜在危险，直接影响运营效率和安全。在恶劣天气的不利条件下，运营人员必须本着预防为主、救人第一、确保安全的原则，迅速控制相关区域,进行快速处置,最大限度减少人员伤亡和财产损失。

(1) 信息收集与通报　控制中心关于恶劣天气的信息来源主要有两个：气象部门的天气预报、列车司机或车站的报告。控制中心获得天气恶劣的报告后,立即向全线车站、列车司机、车辆段和停车场发出恶劣天气警告,使其做好相应措施。行车调度员应立即确定恶劣天气的区域和列车运行的位置,根据具体情况指挥列车运行,并通知车站及后续列车司机密切注意该区段的天气变化,加强与控制中心联系。同时要求前线员工及时报告设备毁损及异常情况,及时通知设备管理维修部门,便于行车控制和维护抢修。恶劣天气造成列车停运时,应及时向乘客发布运营调整信息。

(2) 预防措施　收到恶劣天气的预报时,行车调度员应安排车站提前完成早晨线路出清工作,指示车辆段做好正线列车及备用列车的准备工作。有关部门做好应对措施,减轻恶劣天气对运营造成的不良影响。

车站提前进行运营准备工作,准备好防洪沙袋、塑料布、防滑垫、除雪及除冰工具、紧急告示等应急物资或防护备品。对站内可移动物品及暴露地面的设备设施进行加固,防止移动、歪塌、变形和脱落等。值班站长向全体员工发出信息通报,对关键岗位提出工作要求,加强车站巡视。遇下雪天气,折返车站检查道岔加热装置,准备必要时开启。

车辆段做好加开备用列车的准备,提醒值乘列车司机注意天气状况。按行车调度员的指示,安排首班列车提前出段(场)。首班列车按 ATP 模式进行线路巡视,恶劣天气造成无法按 ATO 模式运行时,后续列车继续采用 ATP 模式运行。

相关部门加强对设备的监控与巡视,关注区间水位变化及水泵运行情况,注意暴雨与雷击对接触网的影响,及时铲除接触网冰冻,注意高温时线路胀轨跑道现象。准备好有关工具和备件,专业维修人员选择合适的地点待命,根据情况添乘列车检查设备,做好随时进行抢修抢险的工作准备。

(3) 对车站的要求　站务人员在做好自身防护的前提下,加强车站巡视,注意检查暴露地面的设备设施、乘客动态以及列车运行情况,发现问题及时上报并处理。特别注意巡视车站出入口、风亭、站厅、站台、设备区和轨道等范围,密切观察吊灯灯箱、广告牌、导向标志、屏蔽门、线路、信号、道岔和接触网等,注意车站出入口、线路是否有异物阻塞、积雪或沙尘堆积高度以及是否有水淹线路的危险,发现有危及行车和人身安全的情况时,及时采取拦停列车等有效措施。

密切监视乘客动态,及时清理积水和积雪等,做好相应的预防措施,及时进行安全注意事项的广播、警示、隔离等,防止乘客滑倒、挤倒或跌落站台等。

恶劣天气造成能见度降低、视野不清时,按行车调度员的指示,由车站人员显示夜间手信号。

积雪或沙尘影响道岔使用时,进行现场人工操纵和加锁。大雪天气及时开启道岔加热装置。

需要人工清除道岔冰雪时,经行车调度员准许,除雪人员穿戴好防护用品,做好防护后,在尖轨与基本轨之间放置卡块。清除冰雪的标准为：尖轨与基本轨之间、辙叉心、岔区道床无积雪，拉杆固定螺栓未结冰。

（4）列车运行组织　在恶劣天气条件下，行车调度员以确保行车安全为原则，控制好列车运行间隔，根据情况降低列车运行速度或停止运行。大风天气，根据风速控制列车运行速度。风速较小时，可维持正常速度；风速较大时，限速运行；风速过大，相应区段停止行车。沙尘暴、大雾影响视线时，根据能见度情况，指示减速或暂停运行。积雪、沙尘、积水高度越过路基时，限速运行；越过轨面时，暂停行车。通知有关人员及时铲除积雪或沙尘，清理积水，未受影响路段仍维持列车服务。根据情况，派人添乘列车，检查接触网状态、线路积水等情况，或协助列车司机瞭望。

列车司机认真执行行车调度员的指示，沿途加强瞭望，注意区间及车站设备情况，严格控制好速度。能见度较低时打开前照灯，注意轨道异物阻塞、接触网异物悬挂、积雪或沙尘堆积程度等，沿途间歇鸣笛，必要时停车确认信号显示、道岔位置等，严禁臆测行车。

4．ATC设备故障应急处理

列车自动控制（ATC）系统包括列车超速防护子系统（ATP）、列车自动驾驶子系统（ATO）和列车自动监控子系统（ATS），简称"3A"系统。城市轨道交通车站通常设计为区域性联锁，控制站一般为设有道岔的车站。ATC系统的设备分布于控制中心、控制站、轨旁和列车中，协同动作，共同实现对列车运行的自动控制。

（1）ATP设备故障应急处理　ATP列车超速防护系统承担着保证行车安全的重要职责，是ATC系统的核心，由轨旁地面设备和车载设备组成。列车接收地面设备提供的该区段目标速度，ATP控制列车不超过该速度运行，从而保证前后两列车的运行间隔。对于联锁车站，ATP确保只有一条进路有效。ATP还提供列车门、屏蔽门监控功能，防止列车未停在预定地点时开门以及列车未关好门时启动。

1）车载ATP设备故障处理。车载ATP设备故障仅影响一趟列车，对全线列车运行影响不大，通常处理的办法是将故障列车退出运营。

车载ATP设备故障时，列车会产生紧急制动，行车调度员接到列车司机报告后，确认列车停车位置，指示列车司机进行修复。故障无法修复时，行车调度员确认停车位置至前方站出站信号机之间线路空闲、道岔位置正确且锁闭，指示列车司机以非限制人工驾驶模式（NRM）按规定速度运行，到适当车站后退出运营。关于退出运营的车站，各地有所不同，有的选择在前方站，有的选择在终点站。选择在前方站退出运营时（包括在车站发生车载ATP故障的情况），清客后的空车按地面信号显示，以NRM模式限速运行到合适的存车点。选择在终点站退出运营时，列车限速运行至前方站后，行车调度员安排车站工作人员上车引导（双列车司机驾驶时除外），协助列车司机瞭望、监控列车运行速度，必要时立即按压紧急停车按钮，并协助列车司机开关屏蔽门。

行车调度员必须严密监控故障列车的运行情况，严格控制列车的运行间隔。发现列车运行间隔过小时，采取紧急措施扣停跟随故障列车运行的列车。故障列车前方的列车因故停车时，立即采取措施保证安全间隔。

2）轨旁ATP设备故障处理。轨旁ATP设备故障会导致在该区段运行的列车接收不到限速指令，但是列车越过故障区段后即可恢复正常运行模式，所以列车不需要清客退出运营。小范围的轨旁 ATP 设备故障对全线列车运行影响较小，但是大范围的轨旁 ATP 设备故障则可能造成全线列车阻塞。

轨旁 ATP 设备故障造成列车停车后，列车司机应立即向行车调度员报告。行车调度员确认列车停车位置和故障区段，确认前方线路空闲、道岔位置正确且锁闭后，指示列车司机以限制人工驾驶模式（RM）限速 25km/h 运行。列车越过故障区段，收到车载信号后，恢复 ATO 驾驶模式运行。行车调度员同时向全线列车司机发布调度命令，通知各次列车在故障区段采用 RM 模式运行，同时向有关车站通报故障情况，要求故障区段的车站加强列车监控。在故障期间，行车调度员要注意监控故障区域内的列车，控制好行车间隔。

如果轨旁 ATP 设备故障影响范围较大时，列车以限速 25km/h 的 RM 模式通过较长区段，必然大大影响全线通过能力，很有可能因运行缓慢而发生列车阻塞，严重打乱列车运行秩序。因此，可在故障区段采用 NRM 模式运行或按电话闭塞法组织行车。按 NRM 模式运行时，须安排引导人员添乘。

（2）ATS 设备故障应急处理　ATS 负责对列车运行进行自动监督与控制，能够完成排列进路、运行调整、列车识别、监测设备状态和记录列车运行实迹等功能，由位于控制中心的中央 ATS 设备和位于集中联锁站的本地 ATS 设备组成。

1）中央 ATS 设备故障应急处理。当中央 ATS 设备故障时，控制中心失去数据显示，行车调度员确认各集中联锁站联锁设备正常，授权给联锁站控制，通知相关车站通过本地控制工作站（LOW）监控列车运行，将故障情况通报全线各站及各次列车，加强对列车的监控。

联锁站值班员确认 LOW 显示的报警信息为"RTU（车站远程终端单元）降级模式激活"时，表示车站级自动运行模式激活，车站时刻表功能可用，进路可自动办理，列车运行基本不受影响。如果 LOW 显示的报警信息为"RTU 降级模式未激活"时，表示车站级自动运行模式没有激活，车站值班员需要在 LOW 上人工排列进路。

RTU 降级模式激活时，运营停车点可自动取消；如果不能自动取消，由联锁站值班员使用 LOW 人工取消。RTU 降级模式未激活时，联锁站值班员听取各站列车停稳开门的报告后，使用 LOW 人工取消联锁区各站的运营停车点。车站使用 LOW 无法取消运营停车点时，立即报告行车调度员，由行车调度员转告列车司机采用 RM 模式驾驶列车出站，直至转换为 ATO 模式。车站取消运营停车点，而列车目标速度仍为零且超过规定时间，列车司机按行车调度员的指示开车，恢复正常 ATO 模式后，报告行车调度员。

ATS 设备故障导致列车无法按列车时刻表分配的车次运行，需要由列车司机人工输入车次，到终点站换向运行时，输入新的目的地码和车次。列车司机应加强监控车次，发现错误及时更正。列车运行中收不到速度码时，列车司机及时报告行车调度员并按其指示办理，应控制好列车停站时间，必要时与行车调度员联系。

各站应记录各次列车的到发时刻并及时填记《行车日志》，必要时按行车调度员的要求报点。行车调度员根据需要铺划列车运行图。

2）本地 ATS 设备故障应急处理。当集中联锁站的 ATS 设备故障时，车站值班员与行车调度员互相通报并确认故障。故障集中联锁站设为自动通过进路，列车需要临时折返时设为人工排列折返进路，列车固定折返时可设为自动折返进路或人工排列折返进路。

列车越过故障区域后，行车调度员须及时输入车次。列车司机应注意车次变化，遇车次显示错误或没有车次显示时，及时通知行车调度员输入正确车次。

一般情况下，车站应记录各次列车的到发时刻并及时填记《行车日志》，但无须报点，行车调度员无须铺划列车运行图。

（3）ATO 设备故障应急处理　　ATO 自动驾驶系统负责控制列车运行，能够自动完成列车的启动、牵引、惰行和制动等操作功能，并且在 ATP 授权下控制车门与屏蔽门。ATO 系统在 ATP 系统的安全监督下，完成 ATS 授予的运行任务，离开了 ATP 系统和 ATS，ATO 系统无法正常工作。

当 ATO 设备故障时，列车司机报告行车调度员，列车转换为 ATP 超速防护下的人工驾驶模式（SM）运行，仍然能保证列车运行安全，对全线列车运行几乎没有不良影响。

五、行车调度应急处理示例

1. 接触网断电处理

某城市轨道交通线路共有 13 个车站，J 站至 K 站间、L 站至 M 站间分别为一个接触网供电分区，车站分布情况及 J 站至 M 站之间下行接触网供电分区的具体情况如图 3-2 所示。305 次列车即将进入 K 站时，接触网突然断电，列车滑行进站停车。

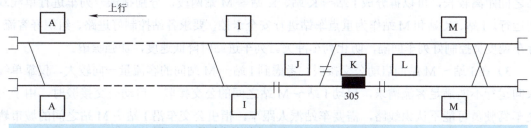

图 3-2　某城市轨道交通线路车站分布示意图

（1）事件处理

1）指示 305 次列车清客。行车调度员接到 305 次列车司机的报告后，确认列车车次和停留位置等，指示列车司机降下受电弓，组织清客。305 次列车司机向乘客广播列车延误及清客信息，打开列车门、屏蔽门，在车站配合下，将乘客全部疏散到站台，看守列车。

2）指示 K 站协助疏散乘客并控制客流。行车调度员通知 K 站接触网断电，要求 K 站做好以下工作：广播通报站内乘客列车延误信息，并通知乘客向站外疏散；协助 305 次列车司机将车内乘客疏散下车；开放闸机，引导站内乘客尽快出站；张贴告示，控制进站客流。

3）对其他列车的处理。行车调度员检查 J 站至 K 站间下行接触网分区是否有其他列车停留，将后续列车扣停在适当的车站，并向全线车站和列车发布延误信息，指示各个车站和各列车司机做好向乘客广播的工作。监控其他列车的运行，监视全线各站的客流情况。

4）对故障接触网的处理。确认 305 次列车已降弓、故障接触网范围内没有其他列车、现场无其他异常情况，行车调度员通知电力调度员尝试送电。电力调度员尝试送电失败，通知维修人员前往现场进行抢修。

（2）列车运行调整　预计接触网短时间内无法修复，为了减小接触网故障对全线运营的影响，最大限度维持运营，行车调度员采用如下办法调整列车运行。列车运行调整示意图如图 3-3 所示。

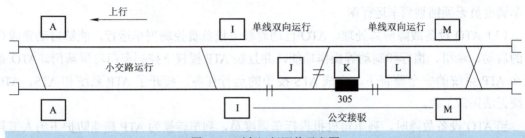

图 3-3　列车运行调整示意图

1）在 A 站～I 站之间采取小交路运行。该城市轨道交通线路每隔 2～3 站，设置一条折返线，完全可以满足小交路运行。确定列车在 I 站清客折返，在 A 站和 I 站之间小交路运行。将小交路调整情况广播通知 A～I 各站及全线各次列车，特别要求各站及各列车向乘客广播清楚，以说明交路变化情况。

2）在 I 站～M 站上行线采取单线双向运行。由于 I 站～M 站上行线接触网供电正常，完全具备列车运行条件，因此可利用 I 站～M 站上行线，采取单线双向方式运行。由于 I 站～M 站之间距离较长，可以拆分成 I 站～K 站、K 站～M 站两段，分别指派一列车进行单线双向运行。I 站、K 站和 M 站作为重点车站进行安全卡控，要求各站控制好进路、组织好客流。行车调度员控制好列车间隔，防止列车冲突。列车进站时降低速度，加强瞭望。

3）在 I 站～M 站间启动公交接驳。考虑到 I 站～M 站间的客流量一向较大，仅靠单线双向运行不能满足客流需求，启动 I 站～M 站之间的公交接驳。启动公交接驳时，由于公交车驾驶员可能不认识线路，需要车站派人跟车，指引公交车沿 I 站～M 站之间的城市轨道交通线路运行。另外，要广播通知乘客公交车停放位置，引导乘客从正确的出口出站。

4）停运、替开列车。由于 I 站～M 站间下行线行车中断，造成 A 站～I 站之间列车大量积压，使得列车运行的间隔过小。因此，将一部分列车停运（也称抽线），选择合适的车站清客后，返回车辆段或进存车线暂放。还可以将下行列车转入上行线，在 I 站～M 站上行线单线双向运行。

（3）接触网断电处理的注意事项　接触网断电导致列车停于区间隧道时，应及时开启故障区域的隧道事故照明和工作照明，必要时组织隧道通风。由于失去外部供电，列车蓄电池仅能提供地下线路 45min 左右、地面与高架线路 30min 左右的应急供电，确认短时间内不能恢复接触网供电后，应考虑区间疏散乘客。对于停于区间隧道的列车，可根据列车上乘客数量、现场工作人员数量和列车内空气流通等情况，打开适当数量的车门，增加客室通风，防止列车通风不良引起乘客身体不适和情绪激化，打开的车门必须指派工作人员负责把守，防止乘客不慎从车门坠落于轨道。

2．列车故障处理

某城市轨道交通线路共有 13 个车站，车站分布情况如图 3-4 所示，车辆段位于 H 站，I 站是客流大站。

302 次列车在 L 站～K 站间发生空气压缩机故障，维持运行至 K 站后无法缓解。

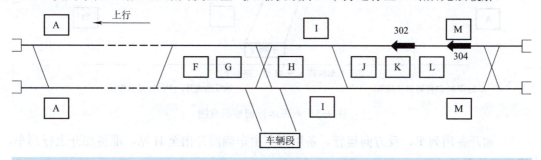

图 3-4　某城市轨道交通线路车站分布示意图

（1）救援方案　行车调度员首先指示 302 次列车司机立即进行处理，争取在短时间内排除故障，列车得以继续运行。确认无法排除故障后，确定救援方案。302 次列车在 K 站清客，利用后续 304 次列车救援。304 次列车在 M 站清客后，空车运行到 K 站连挂 302 次列车，将 302 次列车推进到 H 站后入段检修。

（2）事件处理

1）对 302 次、304 次列车的处理。行车调度员接到 302 次列车司机报告后，了解列车车次、停留位置和故障原因等；提出处理意见辅助列车司机进行故障的判断和排除，关注 302 次列车司机排除故障的进程；确认列车司机无法处理故障后，报告值班调度主任，确定救援方案。

指示 302 次、304 次列车司机组织清客，并要求车站协助。向 302 次列车司机、304 次列车司机、K 站、M 站发布救援命令，要求做好救援准备。302 次、304 次列车司机向乘客广播列车延误及清客信息，在车站配合下，将乘客全部疏散到站台。

302 次列车司机可以继续处理故障，但禁止移动列车，并做好列车的防护和救援准备工作。304 次列车清客完毕后，以救援列车车次，空车去往 K 站。在 K 站与 302 次列车连挂完毕后，推进运行，为了缓解后续列车的拥堵问题，中途不停车直至 H 站入段检修。救援列车运行途中，注意关闭客室照明，防止引起乘客误会。

2）对 K 站、M 站的指示。行车调度员通知 K 站、M 站救援方案，要求两站做好以下工作：向站内乘客广播通报列车延误信息，并通知乘客向站外疏散；协助列车司机将车内乘客疏散下车；开放闸机，引导站内乘客尽快出站；张贴告示，控制进站客流。

3）对其他列车的处理。行车调度员将后续列车扣停在适当的车站，选择合适的时机解除扣停。向全线车站和列车发布延误信息，指示各个车站和各列车司机做好广播通知。监控其他列车的运行，监视全线各站的客流情况。

（3）列车运行调整　由于列车救援花费的时间较长，造成故障列车前方的运行间隔大幅度增加，后方的列车形成拥堵。行车调度员必须调整列车运行，减少前方的列车空档，加大后方的列车行车间隔，使列车尽量均衡运行。列车运行调整示意图如图 3-5 所示。

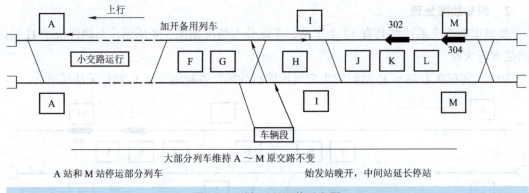

图 3-5　列车运行调整示意图

1）加开备用列车，反方向运行。备用列车由车辆段开出至 H 站，准备加开上行列车，来满足运量需求。

由于 I 站是客流大站，302 次列车在 K 站发生故障必然造成 I 站客流增大，尤其是上行方向的客流增加迅速。因此，备用列车必须运行至 I 站载客，以减轻 I 站的客流压力。同时 302 次列车在 K 站发生故障造成下行线列车积压，上行线的列车间隔较大。如果备用列车由 H 站沿下行线正方向运行至 I 站，必然增加下行线的运行压力，并且在 I 站还存在折返到上行线的问题，而上行线的列车间隔足以保证列车反方向运行安全。因此，备用列车采用反方向行车方式，从 H 站沿上行线运行至 I 站。

2）停运、扣停列车。将一部分列车停运，暂时退出服务，可以有效解决列车密度过大的问题。停运列车最好选择始发站和终点站，即 A 站和 M 站，这样避免了中途清客的问题。扣停列车既充分给予了列车救援的时间，又拉大了前方列车的间隔。

3）小交路运行。使部分下行列车在 F 站清客，折返到上行线，在 A 站～F 站小交路运行。此时，大部分列车仍然在 A 站～M 站按原交路运行。F 站既是小交路的始发终到站，也是原交路的中途站，还是一个暂时的换乘站。同时，小交路列车清客使客流量增大，都会给 F 站客流组织带来一定的难度。

4）始发站推迟发车，中间站延长停站时分。要求部分列车在始发站晚开，并在沿途各站延长停站时分。目的是控制运行节奏，使列车运行间隔保持在一个较为合理的范围内，并且还能提供出一个较为宽松的时间，保证列车救援和小交路列车折返。

第三节　车站作业安全管理

 案例引入

案例 1：某市地铁 6 天内发生两起屏蔽门玻璃爆裂事件

7 月 19 日清晨 5 时左右，某市地铁 10 号线 M 站一屏蔽门玻璃突然爆裂。该固定玻璃墙位于 M 站 14、15 号屏蔽门之间，约 2m 高、3m 宽。未受外力作用，整块玻璃突然自爆，细碎的玻璃碴散落在地面和轨道上。车站工作人员立即清理现场，使用隔离带进行安全防护，未对乘客安全和地铁运营造成影响，并立即组织更换。

此前的 7 月 14 日，该市地铁 11 号线 K 站也发生过一起屏蔽门玻璃突然爆裂的事件。

该市地铁 6 天之内连续发生两起屏蔽门玻璃爆裂事件，而且情况类似，玻璃却来自不同的厂家，这引起了有关方面的重视。地铁方面通知屏蔽门项目承包商及生产厂商，组织力量查找事发原因，并安排技术人员对全线屏蔽门玻璃进行检查。

地铁方面表示，该市地铁多数屏蔽门玻璃采用了铯钾玻璃技术，抗冲击度优于一般的钢化玻璃。即使发生玻璃碎裂，因其破碎颗粒小于钢化玻璃，也能最大限度地保证乘客的安全。

案例 2：乘客夹于列车与屏蔽门间安全脱险

在某地铁站，列车到达后，乘客蜂拥而上。随着屏蔽门关闭，列车开走后，站台上的乘客惊奇地发现，一名男子留在了屏蔽门内，面对着空空荡荡的隧道。乘客马上通知站台维持秩序人员，因地铁列车运行间隔仅 3min，待站台尾端工作人员赶到时，已能听到列车从远处开来的声音。地铁工作人员使用钥匙打开屏蔽门，迅速将该男子拽出。该男子 20 多岁，身高不到 1.7m，偏瘦，神态平静，脸色煞白，经地铁工作人员进行安抚后，情绪稳定，搭乘列车自行离开。

案例 3：某市地铁道岔故障导致全线延误近 2h

7 月 27 日 17:41，某市地铁 U 站站前折返道岔发生故障，至 19:20 恢复正常，全线运营延误近 2h。

1. 对乘客出行的影响

乘客在 I 站登上开往 U 站方向的列车后，屏蔽门和列车门迟迟未关。约 2min 后，列车广播："各位乘客，由于前方线路故障，列车暂时停止运行，请赶时间的乘客换乘其他交通工具。"因车内嘈杂，第一次广播时乘客没有反应过来，第二次广播乘客才听到。不少乘客下车准备乘坐其他交通工具，更多乘客选择留在列车上等待。直到 20 多分钟后，列车才关闭屏蔽门和列车门出发。约 2min 后，列车到达 J 站，停留时间近 5min。列车启动后再次广播"各位乘客，由于故障，本次列车运行到 R 站折返，请乘客做好换乘准备。"此后，该列车在 K 站、L 站和 M 站，均延长了停站时间。平时 15min 左右的 5 站路，耗时 40 多分钟。

还有乘客反映，列车停在过江隧道内约半小时，乘客情绪激动，一名中年妇女晕倒。也有乘客反映，在 U 站等候近半个小时未见到列车。

2. 地铁方面采取的应对措施

（1）限制客流 由于故障发生时正值周末晚高峰时段，为避免大量乘客聚集车站，在客流量大的 J 站、K 站和 O 站等站，采取了限制客流的措施。记者注意到列车在各站停留时，只见乘客下车，不见乘客上车。并且，在 N 站发现，所有进站闸机关闭，地铁工作人员解释待站内乘客运送完毕后再开放。

（2）小交路运行 U 站折返道岔故障使得列车无法在此折返，改由 R 站折返，列车在 R 站与 A 站之间小交路运行。大量乘客从 R 站两个出站口出站，转乘公交车前往 U 站方向。

（3）及时发布信息　针对此次道岔故障引起的运营延误，地铁方面除了通过广播通知和引导乘客外，还连续三次通过新浪官方微博发布运营信息。17:58发布第一条微博："今日17:41，U站站前折返道岔出现故障，现工作人员正在紧急处理中"。18:32发布第二条微博："城市轨道交通2号线由于U站站前折返道岔故障，A站至R站正在采取小交路运行。到S站、T站和U站的乘客请换乘其他交通工具"。19:33发布第三条微博："今日19:20，城市轨道交通2号线U站折返道岔现已恢复正常，A站至U站恢复正常运行。"

该市人民政府新闻办公室第一时间在其新浪官方微博转发了这三条信息，不少网友对相关部门的及时应对表示称赞。

相关知识

车站业务主要包括行车工作、客运工作、票务工作和综合业务（包括便民服务、商业开发和物业管理）等，相对应的站务人员有站长、值班站长、车站值班员、站务员、保安员和保洁员等，车站值班员又分为行车值班员、客运值班员，站务员又分为售票员、站厅站务员和站台站务员。除此之外，车站还有外单位或外部门驻站的维修人员、公安人员和商铺人员等。

站长是车站的行政管理者，全面负责车站的安全、行车、客运、票务、培训、人员、班组和对外协调等任务。值班站长具体负责车站的日常运营活动，当班时全权负责车站行车、客运和票务工作，对当班期间的设备、作业和人员进行监督管理。行车值班员是车站落实行车组织、保证行车安全的关键岗位，主要负责开展车站的行车工作。客运值班员是车站落实客运组织的关键岗位，主要负责开展车站的客运服务和票务工作。售票员负责直接面向乘客的票务工作，主要包括售票、补票、兑零、充值、处理坏票和回答乘客咨询等工作。站厅站务员负责为站厅乘客提供服务，主要包括引导乘客购票及检票、维持站厅乘客秩序和制止违反乘车规定的行为等工作。站台站务员主要负责保证站台行车安全和为站台乘客提供服务。

城市轨道交通一般不提供24h运营服务，运营时间通常是从早晨5:00～6:00开始，至晚上11:00～12:00结束，非运营时间不提供对外服务，但是仍需要完成设备的检修维护、车票和收益的核算以及各种统计报表的填写等工作。

一、开放车站前的安全作业

车站应做好相关准备工作，保证在首班列车到达前一定时间内开放，各个车站的开放时间随首班列车到达时间的不同而不同。

1. 行车安全准备

（1）运营信息的核对　运营开始前，车站有关站务人员查看控制中心发布的运营信息，与行车调度员核对列车运行计划，进行时钟校核。

（2）车站线路及站台的检查　查阅有关登记，确认区间与车站范围内施工完毕、线路出清；检查人员携带应急照明灯、拾物钳、无线手持电台和相关钥匙等备品，实地巡视车站；检查线路空闲，确认无异物侵入限界、隧道顶部无渗漏水以及轨道无积水。检查站台，尤其注意头尾端墙附近，确认所有工具均已撤离车站公共地方，没有存放或遗留影响行车的物品。

(3) 设备设施的检查测试

1) 屏蔽门状态的检查测试。确认滑动门和端门锁闭状态良好，车站控制室和屏蔽门监控亭的控制盘指示正常；测试就地控制盘（PSL），整侧滑动门能正常开启和关闭，PSL 指示灯显示正确，滑动门的门头指示灯显示正确。

2) 信号设备的检查测试。确认信号控制权的归属，中央控制时，将控制权转为中心控制。检查联锁终端操作设备各种显示正常，状态良好，能正确执行各种指令。对道岔进行定反位测试，确认转换正常、显示正确。进行排列进路测试，确认进路显示正确。

3) 其他设备设施的检查测试。

① 检查接触网状态，目视接触网连接正常，无脱落、断线现象，无影响运营安全的异物。

② 检查低压供电系统运作，确认车站照明及各种设备的供电正常。

③ 检查环控系统状态，确认冷水机组和风机运转正常，监控系统无报警显示。

④ 检查行车备品齐全完好，数量足够，功能正常。

⑤ 测试车站广播系统正常，与邻站、行车调度员和站务人员测试通信良好。

2. 票务安全准备

运营开始前，车站准备好车票、发票和备用金等，对自动售检票设备进行清洁、维护及测试，确保干净整洁、运行良好。车站仅设一名值班员时，票务准备工作应在行车准备工作之前完成。

3. 客运服务安全检查

巡视车站出入口、进站通道、站厅和站台，确认没有影响乘客安全的隐患。发现有积水、结冰和障碍物等现象时，立即清理。如果在运营开始前无法清理完毕时，采取隔离、引导等防护措施。检查向乘客发布的临时通告，保证内容正确，摆放完毕。

4. 开启运营设备

1) 开启自动售检票系统（AFC）设备（包括自动售票机、闸机和自动验票机等），确认显示正确。

2) 开启站厅、站台照明，确认 LED 灯显示正确、无故障灯具。

3) 开启电梯，确认自动扶梯无异响、运行方向正确，确认垂直电梯升降正常。

4) 开启车站出入口卷帘门及消防通道卷帘门，确认卷闸门完全打开、出入口无障碍物。当光线较弱影响乘客通行时，开启出入口照明。

5) 开启乘客信息系统，确认显示正常、内容正确。

6) 车站开放后，向乘客广播候车注意事项。

二、车站日常行车作业安全

车站的行车岗位主要包括值班站长、行车值班员和站台站务员。值班站长和站台站务员的工作内容均包括行车作业和客运作业，所以既可以看作行车岗位，也可以看作客运岗位。有的车站仅设一名值班员，既负责行车工作，又负责客运工作。有的车站安装屏蔽门后，不再设站台站务员，站台站务员的行车工作由站厅站务员兼任。有的车站由于规模及业务量较小，将站台站务员和站厅站务员合并设置，在站台巡视时负责行车工作。

1. 值班站长日常行车作业

值班站长的日常作业包括：对当班人员进行监督、检查、指导和考评，对驻站人员进行属地管理；安排并记录客运服务、故障维修，及时处理日常作业、突发事件和事故等；监督管理车站施工作业安全，发现问题及时纠正；主持交接班，传达上级指示及文件，强调注意事项及工作重点；及时传达各种通知要求，并负责落实；组织站务人员完成车站的开站和关站；负责管理车站设备设施、行车备品，进行检查并记录；监控车站的行车作业，发生紧急情况能进行相应的应急处理；负责当班期间的票款管理，检查相关账目。

2. 车站值班员日常行车作业

车站值班员值守在车站控制室内，负责监控车站运营情况，实现对车站日常业务的管理与指挥，接收并执行控制中心的指示，收集车站运营信息并报告控制中心，与相邻车站互通信息，保证车站运营安全。

（1）监控车站运作情况

1）监控列车运行。车站值班员监控列车进路、道岔位置、信号开放和轨道电路占用等，发现与列车运行计划不符时，立即报告行车调度员。遇进路错误、道岔位置不正确而列车启动时，立刻关闭信号，按压紧急停车按钮，呼叫列车停车。通过视频监控系统（CCTV），不间断地监控列车进出站、列车在车站的作业和屏蔽门开关门状态，发现危及行车或人身安全时，按压紧急停车按钮，进行应急处理。

2）监控客流变化及乘客动态。车站值班员根据视频监控系统（CCTV）或现场站务员汇报，密切注意客流变化，发现客流突然增大时，报告值班站长进行车站客流控制，报告行车调度员调整列车运行。掌握乘客候车秩序及上下车状况，发现问题时，立即报告值班站长及行车调度员，并辅以实地巡视，还要及时操作设备、记录现场情况，根据需要采取有效的应急措施。

3）监控站务人员工作状态。车站值班员通过视频监控系统（CCTV），协助值班站长指导及管理本班组作业人员，监控站厅和站台站务人员的工作情况，发现违反劳动纪律、作业标准、行业规范等行为时，及时予以制止和纠正。

4）监控车站安全。车站值班员通过视频监控系统（CCTV），监控车站各个位置，尤其是车站出入口、通道、人流密集处和站务员巡视死角，发现可疑人员或可疑物品时，及时上报处理。

5）根据需要进行广播。车站值班员根据需要进行人工广播，做好乘客的引导、解释工作。遇紧急情况，向乘客、员工和驻站人员发出紧急广播。

（2）监控设备运行状态

1）监控信号系统。观察信号系统的控制模式、进路模式、折返模式和报警指示器是否与实际情况相符，观察轨道电路、信号显示和道岔状态是否正常，发现影响列车运行安全的情况时，及时报告控制中心，按行车调度员的指示办理。

2）监控自动售检票系统（AFC）。监视自动售检票系统的各种设备处于正常状态，由于钱币、票卡影响使用时及时做出处理，出现报警时采取正确的应对措施。根据客流情况，设置闸机适当的进出站方向及相应模式。发现影响客运组织的情况，应适当隔离引导。

3）监控屏蔽门系统（PSD）。监视屏蔽门能正常开启及关闭，发现屏蔽门不能正常使用时，按有关规定人工进行处理。

4）监控火灾自动报警系统（FAS）。发现报警时确认火灾位置，及时核实是否为误报。确认发生火灾时，及时通知值班站长组织火灾的初期扑救。确认火灾不可控时，启动自动灭火系统，并采取其他相应的措施。

5）监控环境与设备监控系统（BAS）的环境控制系统。对于环控小系统（车站设备、管理用房通风与空调系统），车站可自行选择相应运行模式。隧道通风系统和环控大系统（车站站厅、站台通风与空调系统）由控制中心管辖。当发现不明气味或异常烟雾时，报告环控调度员，共同协商工作模式，并根据其下达的命令进行操作。遇危及行车或人身安全的紧急情况时，可先行操作，事后尽快报告。遇列车区间阻塞或发生火灾时，密切监控系统运行情况，如果系统没有自动启动相应模式，人工选择正确模式。如无法自动运行或情况紧急时，使用综合监控后备盘（IBP）启动相应模式，或由环控调度员通知电控室就地操作。

6）监控环境与设备监控系统（BAS）的其他设备。包括自动扶梯、垂直电梯、照明和给水排水等，发现故障及时报修，遇紧急情况，及时停止有关设备运行。

7）监控道岔电热除雪装置。道岔电热除雪装置不使用时，监控有关电源开关处于关闭状态；遇下雪开启后，监视电压及温度显示是否正常，发现异常时立即通知信号维修人员。

8）监控广播系统。当发生自动广播故障或音质、音效影响广播质量时，及时改用人工广播，并通知有关人员进行维修。

9）监控乘客信息系统。确认乘客信息系统播放内容、格式和时间等是否符合发布要求。

（3）监控施工作业安全　在车站范围内进行施工作业时，应在车站控制室登记要点。车站值班员核对施工作业计划，确认施工作业内容、施工时间、施工地点和影响范围等符合要求后，向行车调度员申请施工，得到调度命令准许后签认，施工人员方可进入现场。施工结束后，施工负责人到车站控制室注销。车站值班员确认施工完毕、施工人员和施工器具出清施工场地、设备状态正常后，报告行车调度员，签字确认注销。

3. 站台站务员日常行车作业

站台站务员的值守区域是站台，除了负责站台服务性工作外，还应听从行车值班员的指挥完成站台行车工作。站台站务员除了完成日常接发列车工作和组织乘客乘降外，还应熟悉站台各种设备设施的位置，可以熟练使用站台设备设施、工具和器具等处理突发事件，能够根据具体情况正确及时地显示手信号，具备处理车门故障、屏蔽门故障及人工准备进路等技能。

（1）监视列车到发　站台站务员的一项重要职责就是接发列车。正常情况下，接发列车的主要内容是监视列车到发和组织乘客乘降。接发列车时，站台站务员应服从命令，听从指挥，作业中严格执行车站相关规定及安全标准。必须位于站台紧急停车按钮附近，监视列车进站、出站和在站作业情况，注意是否有列车冒进信号、发出异常声响等不正常现象，发现危及行车或人身安全时，立即按压紧急停车按钮，并通知车站值班员。列车关门时，观察屏蔽门与列车门指示灯显示是否正常，确认未设屏蔽门的站台无人员、物品越过安全线，确认屏蔽门、列车门及屏蔽门与列车之间无夹人夹物。列车出发后，站务员应巡视站台，确保所有下车乘客安全有序地离开站台，并做好下次接车的准备。

（2）注意站台乘客动态并提供服务　监视乘客站台候车秩序，特别注意楼梯口、通道处、屏蔽门处和列车门处的客流，发现拥挤时及时疏导。未设屏蔽门的站台，防止乘客越过站台安全线；设有屏蔽门的站台，劝止乘客倚靠、手搭和攀越屏蔽门。发现乘客进入轨道，立即按压紧急停车按钮，通知车站值班员，并根据实际情况果断采取措施。列车到站后，组织好乘客乘降。特别注意列车进出站时的候车状况，阻止乘客抢上抢下、随车奔跑及其他不安全行为。

重点关注行为异常的乘客，比如在站台游荡没有乘车意图的人员，必要时主动上前询问，根据现场情况及时报告，并采取适当措施。发现乘客违反安全、票务和服务等乘车规定的行为，及时制止和纠正，对于屡劝不止、拒不改正者，报告值班站长或公安部门。发现可疑物品，及时上报处理。

耐心回答乘客的询问，态度要主动热情，使用规范用语及普通话。及时为乘客提供力所能及的帮助，遇到不能处理或不在处理权限之内的情况时，及时报告值班站长。

（3）巡视设备设施状况　掌握站台各种设备设施的位置、使用方法和使用规定，以便遇特殊情况能及时、正确地使用。

检查接触网和线路，发现有侵入限界、影响行车安全的物品时，立即按压紧急停车按钮，并通知车站值班员，根据现场实际情况采取适当措施。

检查站台设备设施，发现外观不良、运行异常和变形脱落等现象，确定可能危及安全时，立即关闭或隔离。

检查各种标志，发现错误、不能起到引导指示作用时，立即防护，并通知值班站长处理。

发现乘客信息系统显示不正确、广播的播放不符合要求时，立即通知车站值班员，以便及时更换。

发现地面有积水、结冰、障碍物和污物等，影响正常的运营安全及服务，立即警示、清理和隔离。

（4）终点站清客　列车到达终点站前，站台站务员提前在列车尾部附近站台做好准备，待列车到达、停车开门和乘客下车后，站务员由列车尾部车门进入列车，走向列车头部，开始清客。清客完毕，从列车头部车门下车，确认车内没有滞留乘客并且下车乘客亦离开屏蔽门或站台安全线后，在列车头部第一个车门处，向列车司机显示清客完毕手信号，以便列车司机办理折返作业。

（5）施工防护　需要进行设备维修或施工时，站台站务员负责引导有关人员到达现场。在施工维修作业过程中进行监控，督促施工维修人员采取防护措施，发现施工现场异常，及时上报。施工维修完毕后，监督施工维修人员清理现场，确认没有遗留影响安全的物品。

三、车站非正常行车作业安全

1. 道岔故障时行车作业安全

道岔故障表现为道岔失去定反位表示，呈灰显、短闪和长闪等现象。道岔失去表示后有两种情况：定位与反位仅有一个位置不能正常使用；定位与反位均不能正常使用。联动道岔失去表示后，一副道岔在某个位置不能正常使用，另一副道岔的同一位置也不能正常使用。

道岔故障时，执行先通后复的原则，没有得到行车调度员的准许，不得进行影响行车的抢修作业。

(1) 道岔故障时的作业办法

1) 道岔故障时的正线作业办法。列车在正线运行时，所经由的中间站道岔经常开通正线。中间站道岔故障时，确认该道岔开通正线并加锁，否则手摇道岔开通正线并加锁。

道岔故障时，列车应根据具体情况相应改变驾驶模式。在移动闭塞信号系统（CBTC）模式下，列车自动停车后，再以限制人工驾驶模式（RM）越过故障区段，收到车载信号后恢复正常行车。在联锁后备模式下，道岔故障导致防护信号机不能开放，列车以非限制人工驾驶模式（NRM）越过关闭的防护信号机，继续运行。

2) 道岔故障时折返的作业办法。道岔故障的情况下，办理列车折返作业时，优先考虑变更进路组织行车。无法变更进路，道岔仅有一个位置不能正常使用时，尽量使用该道岔的正常位置行车。如必须使用故障位置行车时，由车站人员现场人工准备进路。如果故障道岔位于所需位置，确认道岔开通位置正确后加锁。如果故障道岔不在所需位置，使用手摇把将道岔摇至所需位置，确认正确后加锁。对其他良好道岔单独操纵到所需位置并单独锁闭。

折返进路准备完毕后，由站务人员显示手信号，按调车方式指挥列车以限制人工驾驶模式（RM）完成折返作业。

(2) 手摇道岔前的准备工作　需要手摇道岔时，作业人员立即赶往车站控制室，查明故障情况，了解进路安排及列车位置，接受车站值班员布置进路的命令。手摇道岔准备进路时，不得少于两人，一人操作，一人防护并确认。作业中要分工明确，互相配合，互相监控，确保进路正确和人身安全。手摇道岔的人员应穿好荧光衣，戴好手套，携带无线手持电台、红闪灯、手信号旗（灯）、手摇把、钩锁器、有关钥匙和手电筒等工具备品赶赴现场。手摇地下线路道岔时，应开启隧道照明，必要时开启隧道通风。

作业人员进入轨行区，必须得到行车调度员的许可，并做好防护。行车调度员将列车扣停在就近的车站，并指示列车司机不得动车。车站按下紧急停车按钮防护，并派人监控站内停留的列车不得动车。进入轨行区后，使用红闪灯防护，将红闪灯设置于来车方向适当位置的轨道中间。

使用接触轨供电的线路，需要现场人工操纵道岔时，必须对接触轨停电并挂接地线，以确保作业人员的人身安全。在这种情况下，准备进路的时间长，并且会造成其他列车因失电而停车，对运营秩序破坏较大。

(3) 手摇道岔的作业步骤　手摇道岔必须严格遵守"六步曲"：一看、二开、三摇、四确认、五加锁、六汇报。

"一看"：查看道岔各部件良好，无机械故障，道岔开通位置是否正确，道岔尖轨与基本轨之间无异物，可动心轨与导曲线轨之间无异物，道岔滑床板无异物卡住。

"二开"：打开转辙机盖孔板（有些型号的转辙机必须先切断电源），道岔已被钩锁器加锁时拆下钩锁器（含锁具）。

"三摇"：将手摇把插入手摇把孔，直至不能再往里插为止，确认摇动方向，转动手摇把并保持向里施压，将道岔转向所需的位置，听到"咔嚓"的落槽声后停止（如未听到落槽声，确认尖轨与基本轨密贴），拔出手摇把，锁好盖孔板。

"四确认"：两人共同确认尖轨与基本轨密贴，可动心轨与导曲线轨密贴，进路上所有故障道岔开通位置正确。一条进路有多副道岔故障时，仅人工操作故障道岔，并按由近及远或由远及近的顺序逐个手摇，然后按相反方向逐个顺序确认道岔位置正确。

"五加锁"：使用钩锁器分别加锁尖轨、可动心轨，折返道岔因经常转换可只挂不锁，但操作人员需确认道岔已操作至机械锁闭位置。

"六汇报"：作业完毕后，撤除红闪灯，收拾工具备品，清点数量，确认轨行区无遗留物品。根据作业要求进入安全避让点或回到站台，清点人数，确认全部作业人员出清轨行区。使用无线手持电台或轨旁电话，向车站控制室或行车调度员汇报进路准备情况，内容包括道岔号码、道岔开通位置、道岔加锁和线路出清等。

(4) 手摇把管理　车辆段、停车场和一些正线车站设有道岔，在这些地点均应配备手摇把。手摇道岔的原因可能是维修人员检修道岔或处理转辙机故障，也可能是车辆段（或停车场）工作人员或车站站务人员因设备停电或故障需手摇道岔准备进路。

为严肃手摇把的使用，保障行车安全，缩短故障处理时间，对手摇把应严格管理。手摇把的数量按道岔组数配备，统一编号，登记造册。手摇把统一装箱加锁，钥匙由指定人员保管。

使用手摇把时，由使用人登记用途、编号，经保管人签认后，方可开锁取出手摇把。手摇把使用完毕后，保管人清点数量、核对编号，确认无误后签收装箱加锁。

(5) 道岔故障处理示例　如图 3-6 所示，301 次列车进入 A 站上行折返线，系统办理进入 A 站上行站台的折返进路时，2/4 道岔失去表示。随后，302 次列车到达 A 站下行站台，清客后等待折返。

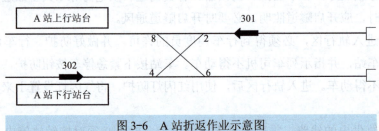

图 3-6　A 站折返作业示意图

1) 对 301 次列车折返进路的处理。将 2 号道岔手摇至定位，并使用钩锁器加锁。将 6/8 号道岔单独操纵至定位，并单独锁闭。确认进路正确后，站务人员显示道岔开通信号，301 次列车按调车方式折返至上行站台。通知 301 次列车司机待乘客上车完毕后尽快发车。

2) 对 302 次列车折返进路的处理。将 4 号道岔手摇至定位，并使用钩锁器加锁。此时，6 号道岔被单独锁闭在定位。302 次列车凭站务人员显示的道岔开通信号，经 4 号、6 号道岔定位进入下行折返线停车，再将 6/8 号道岔单独操纵至反位并单独锁闭，302 次列车经由 6/8 道岔反位折返至上行站台。

3）对后续列车折返进路的处理。2号、4号道岔加锁在定位后不再操纵，仅单独操纵并单独锁闭6/8号道岔，使所有列车均利用下行折返线完成折返作业。这样可大大减少人工操纵道岔的次数，既保障了手摇道岔人员的人身安全，又提高了折返作业效率，减少了列车运行的延误时间。

2. 电话闭塞作业安全

当基本闭塞设备或联锁设备因故障或特殊作业不能使用时，根据调度命令，由车站组织实施人工代用闭塞法。车站之间通过电话联系，人工组织列车运行，维持运营服务。按人工代用闭塞法行车时，列车不受设备的安全保护，列车运行间隔仅依靠站间电话联系来人为保证，安全保障程度较低，只能从制度上加以约束和规范。

需要说明的是，当多个区段设备故障时，大量区段使用人工代用闭塞法行车，由于其效率低、安全性差，会极大地打乱全线列车运行秩序，并影响运营服务质量。所以，这时可以采用有效的运行调整策略。例如，故障区域停止运营改用公交接驳，其他区域采用小交路运行。

（1）电话闭塞作业办法介绍　部分城市轨道交通线路采用这类人工代用闭塞法时，进一步细分成电话闭塞法和电话联系法。这两种作业办法基本相同，只是电话联系法比电话闭塞法进一步简化了作业程序。这两种作业办法最主要的区别是：电话闭塞法向列车司机发放书面行车凭证，电话联系法不向列车司机发放书面行车凭证。为统一起见，本书将这两种办法统称为电话闭塞法。

1）电话闭塞法办理程序简介。各地的电话闭塞作业办法大体类似，但是细节上仍有区别。现介绍其中一种作业办法，目的是了解办理电话闭塞法的基本程序。

第一步：行车调度员发布采用电话闭塞法行车的调度命令。

第二步：发车站查明前方线路空闲，向接车站请求闭塞后，准备发车进路。

第三步：接车站查明有关线路空闲，准备妥当接车进路，向发车站发出承认闭塞的电话记录号码，双方站填写《行车日志》。

第四步：发车站填写行车凭证（有的采用路票，有的采用行车许可证），确认行车凭证正确后，交与接发列车人员，指示发车。

第五步：发车站接发列车人员与列车司机核对行车凭证，确认无误后交付列车司机。

第六步：列车司机接收行车凭证，确认发车条件具备，起动列车出发。

第七步：发车站向接车站及行车调度员报告列车出发时刻，双方站填写《行车日志》。

第八步：接车站指示接发列车人员接车，接发列车人员到站台端墙处显示停车手信号，待列车在停车手信号前对准停车标停妥后，收回行车凭证，划"×"注销。

第九步：接车站向发车站及行车调度员报告列车到达时刻，双方站填写《行车日志》。

2）各地电话闭塞作业办理程序不同之处。各地的电话闭塞作业办法不尽相同，其不同之处主要体现在发车进路准备时机、行车凭证处理和发车手信号显示等方面。下面列举几种常见作业办法的不同之处，以供开阔视野、拓宽思路，在工作中互相借鉴。

① 发车站准备发车进路的时机不同。

第一种：发车站准备妥当发车进路后，方可向接车站请求闭塞。

第二种：发车站向接车站请求闭塞后，不需要得到接车站承认闭塞，即可准备发车进路。

第三种：发车站收到接车站承认闭塞的电话记录号码后，方可准备发车进路。

② 行车凭证处理及发车办法的不同。

第一种：发车站车站值班员填写行车凭证，接发列车人员到车站控制室领取行车凭证，向驾驶员交付行车凭证，不显示发车手信号，列车司机自行起动列车。

第二种：发车站车站值班员电台通知接发列车人员在站台填写行车凭证，接发列车人员向驾驶员交付行车凭证，不显示发车手信号，列车司机自行起动列车。

第三种：发车站车站值班员填写行车凭证，接发列车人员到车站控制室领取行车凭证，向驾驶员交付行车凭证，接发列车人员显示发车手信号，列车司机凭发车手信号起动列车。

第四种：发车站车站值班员电台通知接发列车人员在站台填写行车凭证，接发列车人员向驾驶员交付行车凭证，接发列车人员显示发车手信号，列车司机凭发车手信号起动列车。

第五种：发车站车站值班员填写行车凭证，但是不交给接发列车人员，也不向列车司机交付，只将接车站承认闭塞的电话记录号码通知接发列车人员，作为列车占用区间的许可，接发列车人员显示发车手信号，列车司机凭发车手信号起动列车。

第六种：发车站不填写行车凭证，只将接车站承认闭塞的电话记录号码通知接发列车人员，作为列车占用区间的许可，接发列车人员显示发车手信号，列车司机凭发车手信号启动列车。

第七种：不论车站是否填写行车凭证，仅将接车站承认闭塞的电话记录号码直接通知驾驶员，并通过电台通知列车司机发车，列车司机凭电台通知起动列车。

3）各地电话闭塞作业办法的相同之处。

① 均须得到调度命令准许。

② 均须保证列车有足够的行车间隔。

③ 接车站在接车进路准备妥当后，方可发出承认闭塞的电话记录号码。

④ 接车站无须发出列车到达的电话记录号码，只通报列车到达时刻。

⑤ 准备接发车进路时，能在设备操纵、锁闭道岔的，在设备上办理；不能在设备上办理时，现场人工手摇并加锁道岔。

（2）电话闭塞的安全控制

1）列车运行安全控制。行车调度员命令故障区域内所有列车停车待令，并扣停开往故障区域的列车。列车司机向行车调度员报告列车停车地点；车站通过视频监控装置或站务人员确认站内列车停留情况，向行车调度员报告。行车调度员通过故障前的列车运行图记录，与车站、列车司机共同核对，确认故障区域内所有列车的位置。

对于故障区域站内停留的列车，按电话闭塞法组织发出。对于故障区域区间停留的列车，行车调度员确认列车停留位置至前方站线路空闲、道岔位置正确并人工加锁后，指示列车司机以限制人工驾驶模式（RM）或非限制人工驾驶模式（NRM）运行至前方站停车待令。

确认故障区域内所有列车到达车站停稳后，行车调度员向故障区域内各站及全线各次列车发布改按电话闭塞法行车的调度命令。

在采用电话闭塞法行车期间，通常不安排列车通过车站。

列车在电话闭塞区段运行时，采用限制人工驾驶模式（RM）或非限制人工驾驶模式（NRM）。当信号系统恢复或进入正常联锁区时，列车司机自行恢复正常模式驾驶列车。在行车期间，列车司机必须加强瞭望，留意道岔的位置及路段的状况，发现与行车调度员或车站值班员的指示不符时，立刻停车报告行车调度员。由车站出发时，列车司机应认真核对行车凭证，确认发车手信号、站台作业完毕、列车门和屏蔽门关闭且无夹人夹物，具备发车条件后，方可启动列车。到达车站时，应控制好速度，按接发列车人员显示的停车手信号，对准停车标停车，交还行车凭证，打开列车门和屏蔽门，组织乘客上下车。

2）行车间隔安全控制。按电话闭塞法行车时，应从时间和空间上适当加大列车的运行间隔，同一个电话闭塞区段同一时间内只允许有一列车占用。发出列车时，发车站和接车站均应确认电话闭塞区段线路空闲。对于电话闭塞区段空闲的确认，接车站负有更大的责任。

电话闭塞区段的长度各地规定不一致，有"一站一区间""一站两区间""两站两区间"等情况。"一站一区间"是以一个区间和前方站接车线路为一个电话闭塞区段，接车站承认闭塞前须确认后方站发出的前次列车已到达本站，并且从本站已发出。"一站两区间"是以车站接车线路和相邻两端区间为一个电话闭塞区段，接车站承认闭塞前须确认后方站发出的前次列车到达前方站。"两站两区间"是以前方连续两个区间和两个车站接车线路为一个电话闭塞区段，接车站承认闭塞前须确认后方站发出的前次列车出清前方站。接车站是折返站时，电话闭塞区段比较特殊，接车站承认闭塞前须确认列车已完成折返作业。各种电话闭塞区段如图 3-7 所示。

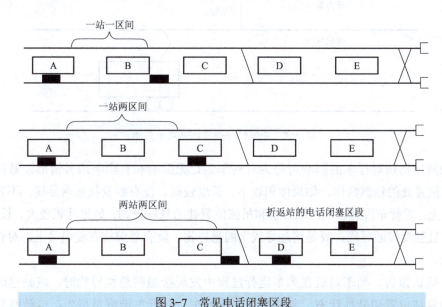

图 3-7 常见电话闭塞区段

3）接发列车安全控制。接车站确认电话闭塞区段线路空闲、接车进路准备妥当后，方可向发车站发出承认闭塞的电话记录号码。发车站收到接车站承认闭塞的电话记录号码后，确认发车进路准备妥当，根据需要填写行车凭证，行车凭证应由两人认真检查核对，确认无误。

电话闭塞时，车站应指派站务人员担当接发列车任务。接发列车人员应携带手信号灯

（旗）、无线手持电台和笔等备品，到站台端墙处接发列车。发车时，到车站控制室领取并核对行车凭证或按车站值班员的指示在站台正确填写行车凭证，与列车司机核对行车凭证，确认无误后交付，确认乘客上下完毕、列车门和屏蔽门关闭、无夹人夹物后，向列车司机显示发车手信号，监视列车出发。接车时，显示停车手信号防护，协助列车司机对准停车标停车，向列车司机收回行车凭证并划"×"注销保管，监视站台乘车秩序。

四、轨行区作业安全

1. 接触网悬挂异物处理

多数城市轨道交通车站禁止乘客携带气球类轻浮物体进站，所以地下线路接触网悬挂异物的情况较为少见。地面线路和高架线路则不然，一些轻浮物体很容易被风吹起，悬挂于接触网，影响列车运行。接触网一旦悬挂异物，应动员各方面力量，尽快清除。在清理接触网异物的过程中，应特别注意人身安全问题，避免被高压电击伤。

接触网悬挂异物按性质可分为轻飘物体和较大物体。常见的轻飘物体主要有小型、轻薄、易熔的塑料袋及较短的丝带类绳带物；常见的较大物体主要有较大塑料袋、气球以及较长的尼龙绳、麻绳等相对粗重的绳带物。

接触网异物按悬挂位置一般可分为承力索处悬挂物、吊弦处悬挂物和接触导线处悬挂物。接触网异物悬挂位置如图3-8所示。

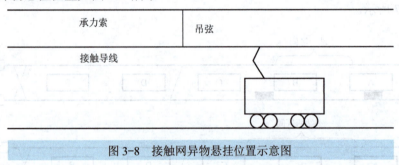

图3-8 接触网异物悬挂位置示意图

接触网异物按对行车的影响可分为对列车运行无影响和有影响两种情形。悬挂于承力索和吊弦位置处的轻飘物体，如果体积较小、长度较短、没有触及接触网导线，不容易缠绕在受电弓上，对行车没有影响；承力索和吊弦位置处的悬挂异物，如果体积较大、长度较长、相对较重且触及接触导线，或是接触导线上的悬挂物，就容易缠绕在受电弓上，对行车造成严重影响。

（1）确认报告 列车司机在列车运行过程中发现接触网悬挂异物时，应减速或停车，确认异物悬挂位置和悬挂状态，判断是否影响行车。向行车调度员报告：接触网悬挂异物的确切地点，如具体的车站、区间位置；悬挂物的类型、特点、悬挂位置及是否影响行车；根据对本列车行驶的影响，计划采取的处理办法。

车站人员发现接触网及受电弓带有异物时，也应迅速报告行车调度员。

（2）列车运行办法 列车司机确认接触网悬挂异物不影响行车时，向行车调度员报告后，列车按正常速度通过。

列车司机确认接触网悬挂异物影响行车时,向行车调度员报告后,降低速度,降弓滑行通过异物悬挂地点,再升弓按正常速度运行。如果列车位于长大坡道处,滑行时很容易造成制动失效。列车司机可将列车前弓降下,以较低的速度运行,待前弓越过该悬挂物后停车;再升起前弓,降下后弓,起动列车,以较低的速度运行,让该悬挂物越过后弓后恢复正常速度运行。

如果不适于用上述办法处理时,列车在接触网异物悬挂地点前停车,向行车调度员报告,以请求支援。等待行车调度员指派的有关人员到该处清理异物,在停车等待期间,通过广播安抚乘客。待接触网异物清除完毕后,恢复列车运行。

(3)行车调度员的处理 行车调度员接到接触网上悬挂异物的报告后,安排清除异物的工作,在清除过程中,可以停止续行列车的运行,必要时对相关列车进行清客。清除异物时,首先考虑是否需要对接触网断电,遇雷雨天气,因雷电及雨水的导电作用,有触电的危险,必须先将接触网断电后再作处理;其次决定派接触网维修人员还是车站人员进行清除。如果在非运营时间内发生接触网悬挂异物,或全线多处悬挂异物,应当由维修部门安排接触网专业维修人员前往清除;如果在运营时间内发生接触网悬挂异物,则指派车站人员携带必要的防护用品进行清除。

(4)车站的处理

1)清除接触网异物的时机。区间接触网悬挂异物时,需要进入区间处理。距离车站较近时,徒步去往区间。距离车站较远时,可搭乘列车进入区间,到悬挂地点停车清除,作业完毕后搭乘列车到前方站下车,再乘其他列车返回本站。

站内接触网悬挂异物时,根据列车的位置决定清除的时机。列车尚未进站时,按压紧急停车按钮防护后清除;列车在车站停车,异物不影响行车时,待列车出站后再清除;列车在车站停车,异物影响行车且位于列车前方时,通知列车司机停车待令,并按压紧急停车按钮防护后清除;列车在车站停车,异物影响行车,并且位于列车顶上无法处理时,列车按上述无法滑行的办法,降低速度通过悬挂物后清除。

2)绝缘杆的检查。使用绝缘杆前,应认真进行检查。常用绝缘杆有分节接扣式和伸缩式,无论哪种,都应确认节杆之间连接牢固,没有松动脱落,表面无损伤,要特别防止绝缘杆潮湿导电,发现有水珠,必须使用干布擦拭干净,保持干燥。

3)清除接触网异物的办法。接到行车调度员清除接触网异物的指示后,车站立即派人前往现场。操作人员应穿戴绝缘手套、绝缘靴和荧光衣,使用规定的绝缘杆,至少两人在场,一人清理、一人防护。到达现场后,从列车开来方向短路轨道电路,做好防护。操作人员双手持绝缘杆绝缘部分,人员与绝缘杆均不得侵入邻线,站稳站牢,不得站于钢轨上,注意观察脚下情况,防止绊倒。

清理异物时,要根据异物的材质、大小和悬挂方式,分别采取不同的清理方式。当异物缠绕于接触网时,反复上挑,直至异物变为悬挂后,以下拽方式将异物清除,下拽时发现粘着力较强,不可大力拉拽,以免造成接触网损伤。为防止损坏设备,保证安全,接触杆金属部分应避免触碰接触网,也应尽量避免同时与接触绝缘子和铁网架接触;避免重击绝缘子,发现绝缘子损坏,应停止清理工作,并向行车调度员汇报。即使异物较大较长,也不得徒手与异物接触。

异物清除完毕,清理现场,撤除短路轨道电路用具,迅速返回站台,及时向行车调度员汇报,以便尽快恢复运营。

2. 轨行区捡拾物品

乘客携带的物品掉落轨道后,站台工作人员应立即到现场查明情况,安抚乘客,向车站控制室汇报,由车站值班员向值班站长和行车调度员报告。

掉落物品不影响行车时,按行车调度员的安排办理。如行车调度员不同意运营时间处理,向乘客说明情况,登记乘客详细资料,运营结束后将物品取出,通知乘客领回。

掉落物品影响行车时,站务人员立即按压相应站台侧紧急停车按钮,行车调度员扣停续行列车。车站派人携带信号灯至站台尾部端墙处,显示停车信号进行防护。拾物人员携带拾物钳、下轨梯、隔离带和屏蔽门钥匙等工具备品,赶赴现场。为防止乘客掉落轨道,到达现场后疏散围观乘客,隔离相应屏蔽门。使用钥匙打开屏蔽门,根据物品的大小、形状等,选择下轨梯或拾物钳捡拾物品。拾物钳不要高举,以免与接触网接触,危及人身安全。物品取出后,车站做好相关记录,将物品归还乘客,恢复屏蔽门使用,撤除隔离,收回防护信号,确认线路出清后,报告行车调度员,取消紧急停车,恢复正常运营。

掉落物品虽不影响行车,但是乘客强烈要求或其他原因必须立即取回时,行车调度员根据列车运行间隔,安排适当时间捡拾物品。

3. 道岔清洁涂油安全

车站范围内道岔归车站管辖,由车站负责日常使用、养护及管理。如果道岔滑床板有污垢,会影响道岔转动或造成尖轨与基本轨不密贴。车站必须定期进行涂油清扫,以保持道岔滑床部分清洁。道岔的清洁涂油通常安排在非运营时间,在车站控制模式下进行,须取得行车调度员的准许,并进行登记。

(1) 安全防护 车站值班员在作业前必须关闭车站所有信号灯;作业中密切监视,发现有车进入本站控制区域,及时通知室外作业人员退至安全地点。

室外作业人员至少两人,一人操作、一人防护。作业前,穿戴好荧光衣、手套等防护用品,携带刷子、抹布、短路封联线、卡块和砂纸等备品,前往作业地点。到达作业现场后,使用封联线对来车方向的轨道电路进行短路,与车站值班员确认出现红光带。如果没有出现红光带,使用砂纸打磨该处钢轨。在来车方向设置专职防护人员,持红色信号灯进行防护,防止工程列车等没有车载信号的列车进入作业区域。没有人防护,禁止作业。在基本轨和尖轨之间放入卡块,将卡块由道岔尖端往里塞,直到不能移动为止,防止道岔误动伤人。

(2) 清洁涂油安全 使用油灰刀和钢刷清洁滑床板及垫板,用抹布将滑床板擦拭干净,使滑床板和垫板表面无油腻、铁锈等杂质,保证道岔滑床板彻底清洁。使用毛刷对滑床板和垫板表面进行涂油,使油量均匀覆盖于滑床板和垫板表面。取掉卡块,通知车站值班员将道岔操作到另一位置。确认道岔位置正确后,重新放置卡块,继续清洁涂油。

在道岔滑床板清洁涂油过程中，作业人员严禁脚踏钢轨面、尖轨、道岔连接拉杆、轨道电缆、滑床板及其他行车设施设备，横过线路时应注意脚下有无障碍物，注意不要破坏轨道电缆走线。

（3）撤离现场安全　作业完毕，取出卡块，通知车站值班员，对道岔进行往返操作测试，确认道岔转换灵活后，擦掉钢轨上的油污，清理现场。撤除短路封联线，与车站值班员确认轨道红光带消失。收拾工具物品，清点数量，防止遗留在轨行区，影响行车安全。确认无误后，离开现场，返回站台销记，交付使用。

五、关闭车站安全作业

车站应在末班列车到达前一定时间内，启动关闭车站工作，各个车站的关闭时间随末班列车到达时间的不同而不同。

在运营服务终止前，车站在出入口、站厅播放末班车广播，并在入站口、闸机处和付费区设置告示，告知乘客车站服务即将结束，提醒抓紧时间购票进站，以免错过末班车。在末班列车到达前，广播宣布车站服务结束，停止进站，停止售票，将自动售票退出服务。末班列车到站后，督促乘客上车。确认站台乘客均已上车后，巡视全站通道、站厅、站台和卫生间等处，确认站内无乘客及闲杂人员逗留。

关闭售票窗口，摆放好暂停服务牌，整理现金、车票、钥匙和工具备品等，关闭票务设备，锁好门离开。关闭进站闸机、自动扶梯、垂直电梯、乘客信息系统和出入口卷帘门，将车站照明、环控设备等转入夜间工作模式。

进行票款统计、结算，处理退票、坏票，填写有关报表。

六、车站突发行车事件应急处理

1. 屏蔽门故障的应急处理

（1）个别屏蔽门不能打开的处理　列车司机驾驶列车正常进站停妥后，发现个别屏蔽门不能打开，报告行车调度员，延长在站停车时间，广播通知乘客从其他门下车。

行车调度员通知全线列车进行速度控制，并做好广播安抚乘客的工作，安排维修单位到该车站排除故障。

车站工作人员发现屏蔽门故障或门头指示灯报警时，立即将故障屏蔽门隔离，在站台指引或通过广播，引导乘客从正常滑动门上下车。当一节车厢对应的屏蔽门全部不能打开时，至少手动打开一个滑动门，并将其隔离。

列车司机待乘客乘降完毕，关闭车门和屏蔽门，启动列车出发。

待列车出发后，车站在故障门上张贴告示，对无法关闭的滑动门手动关闭，对乘客进行安全广播。

维修人员排除故障后，进行手动开关门测试，确认状态良好后，恢复屏蔽门的自动控制。

（2）整侧屏蔽门不能打开的处理　列车司机驾驶列车正常进站停妥后，按压相应侧开门按钮，发现整侧屏蔽门不能打开时，再按压一次开门按钮，如果屏蔽门仍然不能打开，使用随身携带的钥匙,操作就地控制盘(PSL)进行手动开门,同时向行车调度员报告。

列车司机使用就地控制盘(PSL)还是无法打开屏蔽门时,重复使用一次,仍然不能打开,报告行车调度员和车站。车站派人操作列车尾端站台的就地控制盘(PSL),仍然不能打开时,报告行车调度员。

使用就地控制盘(PSL)无法打开屏蔽门时,列车司机通过广播指导乘客自行手动打开屏蔽门,车站工作人员使用钥匙手动打开部分屏蔽门,引导乘客从打开的屏蔽门乘降。原则上对应每节车厢打开的屏蔽门不少于一个,车站人员将打开的屏蔽门(包括乘客自行打开的)隔离。如果因打开的屏蔽门数量较多未能及时隔离,操作就地控制盘的互锁解除开关,以方便列车出发。

行车调度员通知全线列车进行速度控制,并做好广播安抚乘客的工作,安排维修单位到该车站排除故障。

车站对打开的屏蔽门使用隔离带进行安全防护,或指派专人看护。

车站人员确认乘客上下完毕、站台安全后,向驾驶员显示"好了"的信号,列车司机关闭列车门,起动列车出发。

待故障排除后,确认手动开关门测试良好,转为自动控制。撤除隔离,向行车调度员报告,全线列车恢复正常运行。

(3) 个别屏蔽门不能关闭的处理 列车司机或车站人员发现个别屏蔽门不能关闭时,报告行车调度员。站务人员立即将故障屏蔽门隔离,确认乘客上下完毕、站台安全后,向驾驶员显示"好了"的信号。列车司机确认具备发车条件后,关闭列车门,起动列车。

待列车出发后,站务人员在故障门上张贴告示。对手动不能关闭的滑动门,设置安全防护栏或派人看护,对乘客进行安全广播。

行车调度员通知全线列车,并安排维修。

(4) 整侧屏蔽门不能关闭的处理 列车司机准备出站时,按压相应侧关门按钮,发现整侧屏蔽门不能关闭时,再按压一次关门按钮,如果屏蔽门仍然不能关闭,使用随身携带的钥匙,操作就地控制盘(PSL)进行手动关门,同时向行车调度员报告。

列车司机使用就地控制盘(PSL)还是无法关闭屏蔽门时,重复使用一次,仍然不能关闭,报告行车调度员和车站。车站派人操作列车尾端站台的就地控制盘(PSL),仍然不能关闭时,报告行车调度员,对乘客进行广播通知。

车站使用隔离带进行安全防护或指派专人看护,向驾驶员显示"好了"的信号,列车以限制人工驾驶模式(RM)出发。

行车调度员通知全线列车进行速度控制,并做好广播安抚乘客的工作,安排维修单位到该车站排除故障。向续行列车通报故障情况,要求列车司机以限制人工驾驶模式(RM)进站并鸣笛。

(5) 列车进出站时因屏蔽门故障发生自动停车或紧急制动的处理 列车进站时发生自动停车或紧急制动,列车司机确认屏蔽门故障,报告行车调度员。如果进站自动停车后能收到速度码,列车正常进站;如果是紧急制动或收不到速度码,按行车调度员指示以限制人工驾驶模式(RM)进站。

站务人员发现列车自动停车或紧急制动时，立即查看屏蔽门状态及门头指示灯是否报警，同时报告车站控制室。如果门头指示灯报警，将该屏蔽门隔离；如果门头指示灯不报警，但屏蔽门全部关闭，就地控制盘（PSL）的"ASD/EED 门关闭"绿灯亮，列车以限制人工驾驶模式（RM）出站；如果就地控制盘（PSL）的"ASD/EED 门关闭"绿灯不亮，列车凭行车调度员的指示或站务人员"好了"的信号动车，并使用互锁解除来接发后续列车。

列车起动后突然紧急制动，列车司机确认是屏蔽门故障导致后，报告行车调度员，按其指示以限制人工驾驶模式（RM）动车。

（6）屏蔽门玻璃碎裂时的处理　车站报告行车调度员，行车调度员通知全线列车广播告知乘客，并安排维修。车站立即疏散周围乘客，张贴告示并设好隔离带，对乘客进行安全广播，对该道屏蔽门加强监控与防护。用胶带纸将破碎玻璃粘贴好，手动打开左右两边滑动门，并对打开的屏蔽门及玻璃破碎的屏蔽门进行隔离处理。经过进一步检查，发现玻璃碎碴掉入轨道且影响行车时，向行车调度员报告并请示，做好防护后去轨道清理，清除干净后再次报告。由行车调度员通知全线列车恢复正常行车。

2. 屏蔽门或列车门夹人夹物的应急处理

（1）屏蔽门或列车门夹人夹物列车未起动　站台工作人员发现屏蔽门或列车门夹人夹物，而门没有自动弹开时，立即按压紧急停车按钮，在去往紧急停车按钮处的途中，使用无线手持电台呼叫驾驶员不得动车或向驾驶员显示停车手信号，防止列车夹人夹物起动，并向车站控制室报告。

车站值班员立即通知值班站长前往处理，并向行车调度员报告，同时利用视频监控装置观察现场情况。

列车司机接到夹人夹物通知或自行观察到夹人夹物或看到站务人员显示的停车手信号，重新打开列车门和屏蔽门，让人或物撤出。如果人和物在开门后并未撤出，驾驶员使用电台通知站务人员处理。

人或物撤出后，现场站务人员向列车司机显示"好了"的信号，并报告车站控制室。列车司机看到信号后，重新关闭列车门和屏蔽门，确认列车门、屏蔽门无夹人夹物，屏蔽门和列车之间的空隙没有人或物，起动列车出发。

车站值班员接到人或物撤出的通知后，取消紧急停车，报告行车调度员。

值班站长赶赴现场处理并调查原因，对乘客进行教育，向行车调度员报告有关情况。造成乘客受伤时，按有关规定处理。

（2）列车门夹人夹物列车已起动　站台工作人员发现列车门夹人夹物，而列车已起动，立即按压紧急停车按钮，在去往紧急停车按钮处的途中，使用无线手持电台呼叫列车司机停车或向列车司机显示停车手信号，并报告车站控制室。

车站值班员立即通知值班站长前往处理，并向行车调度员报告，同时利用视频监控装置观察现场情况。行车调度员接到报告后，立刻通知列车司机处理。

列车紧急制动或列车司机得到夹人夹物的通知立即停车后，列车司机确认夹人夹物的具体位置，通过广播向乘客进行解释安抚。列车司机不得按压驾驶室开门按钮打开车门，而是前往该夹人夹物车门处，确保附近乘客安全后，使用车门紧急解锁装置打开车门。待人或物撤出后，恢复车门，报告行车调度员，按其指示起动列车出发。

如果列车停于站台的有效范围内，站务人员前往现场了解情况，必要时协助驾驶员处理，并将情况向车站控制室报告。

车站值班员接到人或物撤出的通知后，取消紧急停车，报告行车调度员。

值班站长赶赴现场，协助列车司机处理，调查原因，检查有无影响车站设备，向行车调度员报告有关情况。造成乘客伤亡时，按有关规定处理。

行车调度员得到处理完毕的报告后，指示列车司机起动列车。确认影响设备时，行车调度员通知相关部门前往处理，并对后续列车的运行做出相应指示。

如果列车未停车继续运行时，车站值班员立刻报告行车调度员，并通知前方站。行车调度员将列车扣停在前方站，通知前方站安排人员到指定车厢了解情况，并采取相应的处理措施。

（3）屏蔽门夹人夹物列车已起动　站台工作人员发现屏蔽门夹人夹物，而列车已起动，立即按压紧急停车按钮，在去往紧急停车按钮处的途中，使用无线手持电台呼叫列车司机停车或向列车司机显示停车手信号，并报告车站控制室。

列车停车后，站务人员使用钥匙打开屏蔽门，撤出被夹的人或物，将屏蔽门关闭锁紧，报告车站控制室。

车站值班员取消紧急停车，报告行车调度员。

值班站长赶赴现场，协助驾驶员处理，调查原因，检查有无影响车站设备，向行车调度员报告有关情况。造成乘客伤亡时，按有关规定处理。

行车调度员得到车站处理完毕的报告后，指示列车司机起动列车。确认影响设备时，行车调度员通知相关部门前往处理，并对后续列车的运行做出相应指示。

（4）屏蔽门与列车之间夹人夹物　站台工作人员发现屏蔽门与列车之间夹人夹物，立即按压紧急停车按钮，在去往紧急停车按钮处的途中，使用无线手持电台呼叫列车司机或向列车司机显示停车手信号，并向车站控制室报告。待列车停车后，站务人员使用钥匙打开屏蔽门，撤出被夹的人或物，将屏蔽门关闭锁紧，报告车站控制室。造成乘客伤亡时，按有关规定处理。

3. 列车挤道岔的应急处理

车轮挤过或挤坏道岔，往往造成尖轨弯曲变形，转辙机杆件变形，尖轨不能与基本轨密贴。道岔处于四开状态（指道岔上的两个尖轨与两个基本轨全部分离）时，很容易造成列车爬上道岔脱轨。

（1）列车处理　发现车站本地控制工作站（LOW）出现道岔长闪报警以及列车过道岔时发生异响或异常振动，必须立即停车。根据列车所处的位置，行车调度员安排车站或列车司机检查现场情况，确认列车是否挤道岔。

确认列车挤道岔后，列车司机不准移动列车，并做好安抚乘客的工作。根据行车调度员的指示，车站和列车司机组织好乘客疏散。

行车调度员做好列车运行调整，扣停相关列车，向全线列车和车站广播列车受阻的信息。

环控调度员组织开启隧道照明和隧道通风。

在维修专业人员的确认和监护下，压在道岔上的列车顺道岔方向慢慢开出道岔区域。列车挤道岔后，禁止后退，以免造成脱轨。必须后退时，应当将尖轨固定后再行后退。

（2）道岔修复　行车调度员封锁事故区域，停用被挤坏的道岔。抢修人员前往现场查看，根据道岔损坏情况，准备相应的工具及材料，由工程车运行到事故地点。处理时，应做好防护，根据具体情况，更换尖轨、电动转辙机及其装置。处理完毕后，进行测试，确认道岔恢复正常功能后，交付使用。对现场进行彻底清理，保证轨道及限界内没有遗留任何物料。清点工具和人员数量，确保线路彻底出清。行车调度员发布解除封锁的命令，恢复正常行车。

第四节　调车作业安全管理

案例引入

案例1：列车与列检库大门相撞

某地铁列车回列检库15道时，负责15道大门的保安人员未把大门开启到位，列车司机入库前未认真确认，未发现大门侵入限界，导致列车与大门相撞。列车头部表面擦伤，列检库大门严重破损。

地铁公司事后进行了反思，有针对性地制订了应对措施，杜绝了此类事件。该具体措施为：要求库门负责人在列车入库时，将大门开启到位，确认没有侵入限界；列车则在大门前一度停车，确认库门开启良好、线路及其限界内无人员或障碍物后，方可动车入库。

案例2：列车连挂时车钩碰撞

某车辆段派列车出库连挂一故障列车时，因位于小半径曲线，自动连挂时钩位未对正，导致车钩碰撞，两列车均有不同程度的轻微损伤。

经查，按该列车的技术文件要求，在半径小于300m的线路上，列车不得进行自动连挂，而当时列车连挂的线路半径只有150m。

作业人员不了解该车的技术要求，也不了解该处线路的半径，没有想到手动调整钩位，以致发生了车钩碰撞。

事故反思：对职工加大培训力度，使调度人员、调车人员和列车司机等各人员均了解全线列车、线路等设备情况。对曲线、坡道等特殊地段的调车作业，进行安全预想，使作业人员掌握特殊情况的调车作业办法。在特殊地段进行标示，以便调车作业时起到警示提醒作用。

案例3：调车挤道岔

某车辆段列车在洗车线洗车完毕，没有与车辆段信号楼值班员联系，也没有确认信号机显示、道岔位置，擅自动车，以15km/h的速度挤坏道岔。信号楼值班员听到挤岔警示后，立即呼叫列车司机停车，列车越过道岔超30m后停车。

造成该事故的原因是特殊设备给列车司机确认进路带来了一定的影响：该信号机设

于线路左侧，与列车司机右侧行车的习惯不一致；被挤道岔为交分道岔，对于不熟悉其结构的人来说，不易辨认道岔开通位置。但是最主要的原因还是列车司机安全意识不强，严重违反相关规章。

事故反思：列车司机及有关调车作业人员应熟悉车辆段的设备，特别是一些特殊设备。调车领导人布置调车作业计划时，除了督促作业人员了解作业内容外，还要说清楚需要特别注意的安全事项。

调车是指除了列车在正线运行以及在车站或车场到、发、通过外，一切机车、车辆或列车有目的的移动。

按工作内容，调车工作可分为：电动列车的转线、转场、出入车辆段或停车场、洗车和试车等作业，以机车作动力的编组、解体、转线、摘挂和取送等作业。按作业地点不同，调车工作可分为车辆段（停车场）调车和车站调车。

调车工作执行统一领导、单一指挥的原则。调车领导人和调车指挥人的设置，各地不一致。大体来说，在车辆段（停车场）调车时，以车辆段调度员为调车领导人，以调车长为调车指挥人；在车站调车时，以值班站长为调车领导人，以车长为调车指挥人。

一般情况下，调车作业主要发生在车辆段或停车场。

一、调车作业计划安全

调车作业计划是进行调车作业的依据。调车作业计划的正确与否、合理与否，直接关系到调车作业的安全与效率。调车作业计划由调车领导人编制，以书面形式下达。对于编制的调车作业计划，必须认真检查核对，确保与实际情况相符，计划应安全、正确、可行。向列车司机和有关人员布置调车作业计划时，要保证所有参与调车作业的人员均清楚并理解作业内容、作业方法和操作要求，了解机车车辆停留位置，熟悉调车径路上的线路、道岔和信号机等，明确运行速度、驾驶模式和防溜措施等安全注意事项。

调车作业人员必须严格执行调车作业计划，不得擅自变更。遇必须变更计划时，应停止作业，重新布置、传达，确认所有作业人员均了解清楚后，方可继续进行调车作业。

二、调车作业安全规定

调车作业方法一般仅限牵引和推进，禁止溜放调车。未取得行车调度员准许，禁止使用转换轨进行调车作业，有些城市规定使用转换轨调车时按列车办理。在特殊情况下采用手推调车时，须经有关负责人同意，控制好速度，并采取好相应的安全措施。越出站界（或场界）调车时，须得到行车调度员的准许。

车辆段内的调车作业，不得影响出入段列车的正常运行。

不得调动挂有禁止移动标志牌或设有红闪灯的车辆或列车。

为了保证调车有足够的制动力，遇危险情况能及时停车，调车车列应根据需要，按照有关规定连接制动软管。

在调车过程中，有关人员应严密监控作业动态，发现调车作业人员违反安全规定，有危及调车作业安全、设备安全及人身安全的情形时，立即采取适当措施，并通知有关人员停止调车作业。

由于情况变化或实际工作的需要，必须取消调车进路时，应确认调车尚未起动，通知调车长或调车列车司机，得到回复后，方可关闭调车信号。

三、调车作业安全

1. 作业前安全检查

为了做到调车时心中有数，调车作业人员在调车作业开始前，按规定程序前往现场实地检查。了解停留车辆的位置、防溜情况；查看线路上及限界内有无障碍物，是否有小半径曲线；确认道岔的开通位置等。

2. 调车运行安全

调车作业必须按调车信号机和调车手信号的显示进行。没有信号不准动车，信号不清立即停车。调车作业时，调车长必须正确及时地显示有关信号，列车司机要认真确认信号，并鸣笛回示。没有列车司机回示，调车长立即显示停车信号。

调车作业中，牵引运行时，前方进路的确认由列车司机负责；推进运行时，前方进路的确认由调车长负责。

调车起动前，应确认防溜措施已撤除，所有人员在安全位置。调车运行中，应时刻确认道岔位置与信号显示正确、有关人员在安全位置、调车线路及其限界内没有障碍物。进入停车库或维修库前，应停车确认车库大门及入口处没有异物或人员，方可驶过。调车越过平交道口前，一度停车，注意观察没有障碍物或行人，确保安全后再通过。两列车或两车组不准在同一条线路内同时移动，必须待其中一列车或一组车暂停后，另一列车或车组才能移动。

调车长应掌握好距离，及时显示信号。列车司机根据调车长的距离信号，严格控制调车不超过规定速度。遇天气不良或瞭望困难时，应适当降低速度。在尽头线上调车时，距线路终端应有一定的安全距离。遇特殊情况必须近于安全距离时，要严格控制速度，并加强对线路的观察，发现问题及时停车。

3. 车辆连挂安全

连挂车辆时，应显示规定的距离信号，以便列车司机根据停留车的距离，不断地降低速度，达到要求的连挂速度，防止超速连挂。没有显示规定的距离信号，不准挂车。暴、风、雨、雪、雾等恶劣天气造成视线不良，或曲线、坡道和照明不足等造成瞭望不便，调车长确认前方停留车位置有困难时，应派人显示停留车位置信号。

连挂车辆时，应确认被连挂车辆状况、无人员或异物侵入限界，并根据线路、车辆情况，调整钩位，防止连挂时损坏车钩或造成溜逸。连挂车辆后应试拉，确认连挂妥当。在同一条线路需要连挂多辆车时，不得连续连挂。根据需要连接规定数量的制动软管，并进行自动制动机简略试验。

4. 车辆防溜

调车作业完毕后，应将列车或车辆停于线路警冲标的内方，防止越过警冲标甚至压道岔，造成线路堵塞。对不再移动的车辆或列车，做好防溜措施，防止车辆或列车自动溜走。不论停留线路有无坡道，也不论停留时间长短，均应拧紧手制动机或使用铁鞋做好防溜措施。使用手制动机防溜时，必须拧紧，闸链不得松弛。使用铁鞋防溜时，鞋尖紧贴车轮踏面，牢靠固定。

调车作业中临时停车时，机车应保持制动状态，不得关闭空气压缩机。必要时，还应采取铁鞋防溜。交接班时，接班人员必须按规定现场检查停留车辆的防溜措施，发现问题及时处理并报告。

第五节　行车事故救援

案例引入

案例1：地铁列车脱轨事故

1月8日，某市轨道公司地铁运营分公司乘务中心的两名列车司机担任00755次列车（0113号车）值班列车司机，进行首期工程南段列车空载试运行。9时09分，列车运行至30km+905m处时，与运行左侧的侵限防火门体发生碰轧。列车司机立即采取紧急制动措施。因列车速度较高、距离异物较近，并且正处于弯道地段，列车滑行后第一辆车第一转向架左侧车轮脱轨，脱轨侵限的第一节车厢车头左侧与该处第一扇人防门门框发生侧面碰撞后，列车车头弹起与第二扇人防门上侧门框发生碰擦，造成驾驶室车顶上方通风单元坠落，砸在列车司机身上，造成一名列车司机死亡、另一名列车司机轻伤。

经事故调查组初步调查，造成地铁空载试运行脱轨事故的直接原因为高架与地下隧道过渡段处防火门坠落，侵入行车线路限界。而防火门坠落的原因，初步确定是施工单位没有严格按照施工规范要求进行安装。

案例2：新加坡地铁列车追尾事故

2017年11月15日8时18分，新加坡一列开往大士连路站的地铁列车在裕群站因故障停车。1min后，另一列载有500多人的地铁列车在故障列车后方停下。随后，第二列车突然以16km/h的速度向前行驶并撞上前方的列车，导致27名乘客及两名职员受伤。两列车在事故发生6h后被移走。

列车发生追尾碰撞的根本原因是CBTC系统的一个软件逻辑问题。即第一列车在开往裕群站途中，经过轨道上一个故障的信号电路，导致列车防护软件功能无意间被解除。这导致第二列车误测前方停滞的列车只是备有三车厢的列车，而不是六车厢列车，因而错误判断了两列车之间的距离，从而引发碰撞事故。

由陆交局、新加坡地铁和泰雷兹（信号系统供应商）进行了现场场景再现及深入大量测试，确认了事故是由多种故障情况交织在一起造成的。

①列车碰到了车载控制器与轨旁信号子系统通信故障的情况。当发生这种故障情况下，CBTC系统会启用安全包络（NCO，非通信障碍物）以保证通信故障列车的运行安全。

这是产生这次事件的开始状态。

② 列车正通过唯一还未完全修改兼容 CBTC 系统的道岔。

③ 因为 CBTC 系统软件处于 passive 模式时，无法正确处理这个与 CBTC 系统不能完全兼容的道岔，所以这个安全包络被 CBTC 系统旁路了。在配备了完整的 CBTC 系统的线路且 CBTC 系统处于 active 状态下，这种情况是不会发生的。

相关知识

城市轨道交通列车具有自动防护功能，发生冲突、脱轨等恶性事故的概率较小。但是，城市轨道交通线路多位于隧道、高架桥，一旦发生严重事故，受空间限制，救援难度较大。城市轨道交通还具有人员密集、设备集中的特点，发生事故后，处置稍有不当，便会扩大事故后果，引发巨大的人员伤亡和财产损失。

一、救援列车开行

列车因故不能继续运行时，行车调度员根据列车位置，确定安全快捷的救援方案。在救援过程中，行车调度员应与有关列车司机、车辆段（停车场）及车站紧密联系，以便进行相关安排。救援列车可以由正线运行的列车、备用列车和工程车担当，目前多用正线运行的列车进行救援。列车被迫停于区间需要救援时，根据实际情况，可以选择在区间清客，也可以救援至附近车站后再清客。但是，工程车只能担当空客车的救援任务。

1. 正线列车担当救援列车

（1）救援请求　列车在运行中发生故障、火灾等情形，经处理后仍无法运行时，列车司机应及时向行车调度员请求救援。请求救援时，列车司机应说明以下内容：列车车次及车号、救援事由、列车被迫停车的位置、列车状态、设备情况，是否有人员伤亡，是否妨碍邻线以及其他需要说明的事项。

（2）救援前的准备工作　行车调度员接到救援请求后，确定救援方案，向被救援列车、救援列车、有关车站发布开行救援列车的命令，命令中应指明车次、地点、救援方式及其他注意事项。要求被救援列车做好救援准备，并说明救援列车开来方向。列车区间被迫停车需要救援时，原则上不封锁区间线路。但是，遇救援列车车载 ATP 故障、故障列车所在区间轨旁 ATP 故障、使用前方列车担任救援列车反方向运行或发生挤岔、脱轨、线路故障等影响行车安全的情形时，必须下达封锁线路调度命令。在开通封锁线路前，不得将救援列车以外的其他列车开往该线路。行车调度员在组织救援的同时，还要考虑全线列车的运行，进行列车运行调整，扣停有关列车，向全线车站和列车发布列车延误信息。

被救援列车司机通过广播说明情况，稳定乘客情绪。需要清客时，指导乘客疏散，做好保障乘客人身安全的措施，并注意自身的安全。已请求救援的列车不准再行移动，做好列车的制动防溜措施，打开列车两端的前照灯作为防护信号。如果列车由于故障被迫停车，在等待救援期间，可以继续排除故障。如果故障排除，也不准擅自启动列车，必须报告行车调度员取消救援后，才能继续运行。列车司机携带有关钥匙、照明用具和无线手持电台等备品，到救援列车开来方向，做好引导、连挂救援列车的准备。

车站接到行车调度员清客的指示后，根据列车的位置，在站台或进入区间，做好乘客疏散工作。加强广播宣传，做好解释工作。

列车在区间救援时，开启隧道照明和隧道通风。需要区间疏散时，停止接触轨供电。

（3）救援列车运行　正线运行的列车担当救援列车时，能否使用载客列车，各地规定不一致。有的要求不得载客救援，必须在就近车站清客后，空车前往救援。有的原则上不使用载客列车救援，尽量空车救援；当救援列车和被救援列车在同一区间时，可以载客救援，但要和被救援列车一起在最近的车站清客。

需要封锁线路救援时，救援列车进入封锁线路的许可为行车调度员的命令，不办理行车闭塞手续，但是仍要确认前方进路与道岔状况。

救援列车司机接到救援命令后，应认真确认救援方式、停车位置和有关注意事项等内容，运行途中加强瞭望，控制好速度，注意防护信号。空车前往救援时，途中关闭客室照明，防止不停车载客引起沿途车站的乘客误会。

（4）救援连挂　救援列车接近救援地点时减速，并一度停车，鸣笛示意，听从被救援列车司机的指挥进行连挂。被救援列车司机听到救援列车的鸣笛示意后，鸣笛回应，向救援列车司机显示连挂信号。救援列车继续降低速度运行，靠近被救援列车时，再次停车，得到连挂信号后，降下受电弓，关闭头灯，以规定的速度完成连挂。

连挂完毕后进行试拉、制动试验、驾驶室之间的内部通话测试，确认连挂妥当、制动系统作用正常、通信良好、有关人员上车、线路具备列车运行条件后，采用适当模式运行。

（5）连挂运行　救援列车根据行车调度员的命令，按规定速度，将被救援列车推进或牵引至指定地点。不论推进还是牵引运行，救援列车司机均应在运行方向的救援列车前端驾驶室驾驶。推进运行时，被救援列车司机应位于运行方向的被救援列车前端驾驶室，负责确认前方进路，引导列车运行，通知救援列车司机起动列车，指引列车位置和速度，发现危及行车和人身的情况，通知救援列车司机停车或自行采取停车措施（按压紧急制动按钮或停放制动按钮）。牵引运行时，前方进路的确认由救援列车司机负责。

（6）救援至存车线的处理　区间救援时，如果被救援列车没有清客，或者被救援列车与救援列车均没有清客，连挂运行到前方站后，进行清客，然后继续运行至指定停放地点。

到达指定停放地点后，救援列车以调车方式推进运行至指定存车线，运行中要严格按规定速度运行，防止碰撞车挡。到达指定存车线停妥后，做好被救援列车的防溜措施，经行车调度员、车辆段调度员或现场指挥人的允许，使用自动解钩按钮进行解钩，自动解钩失效时手动解钩。

如果存车线的长度不足以容纳两列车时，为了开通后方区间，行车调度员确认后方无列车占用、相关道岔位置正确且锁闭，允许救援列车解钩后退行至防护信号外。

2. 工程车担当救援列车

工程车包括内燃机车、重型轨道车和接触网检修车等，担任救援列车的工程车必须加装过渡车钩，通常使用内燃机车，也有的使用固定编组的工程车（如两台内燃机车夹平板车）。

当救援地点靠近车辆段或停车场时，才使用工程车担当救援列车。

工程车没有 ATP 防护，安全保障程度低。因此，许多城市轨道交通公司规定工程车只准救援空客车，并且必须封锁线路。工程车救援时，不办理行车闭塞手续，凭行车调度员的命令进入封锁线路，途经的道岔位置必须正确并且加锁好。行车调度员向车辆段及工程车列车司机发布救援命令时，必须说明工程车编组情况、过渡车钩安装方向、开行车次、开行时间、出段进路和救援地点等。

工程车列车司机接到救援命令后，认真核对书面命令内容，确认救援方式及停车地点，做好安全预想，安装好过渡车钩，检查机车状态，重点检查空气制动系统。确认工程车状态良好后，携带无线手持电台等行车备品，以规定速度运行。接近被救援列车时，一度停车，与被救援列车司机联系，经其许可后车长担任连挂指挥人（无车长时由被救援列车司机担任指挥），指挥工程车以规定速度连挂。连挂完成后，进行试拉，确认连挂妥当，报告行车调度员，由车长和被救援列车司机到运行方向的被救援列车前端驾驶室，担任引导工作，按规定速度运行至指定地点。

二、行车事故救援

1. 列车冲突或脱轨救援

（1）信息收集　列车司机发现列车发生冲突或脱轨，立即采取紧急停车措施，报告行车调度员。使用广播通知乘客，安抚乘客情绪。携带无线手持电台前往事故地点，查看设备损坏和乘客伤亡情况，向行车调度员报告，并做好防护措施。如列车停在区间，应注意对列车前后线路进行巡查。

行车调度员接到列车冲突或脱轨的报告后，立即与当事列车司机联系，若无法与列车司机取得联系，立即命令相关车站派人赶赴现场。要求列车司机或车站人员确认现场情况后，报告以下信息：列车车次、事故准确地点、车辆挤压状况、冲突后是否引起脱轨、列车是否倾斜、是否与隧道碰撞、是否影响邻线、有无发生火灾、车辆有无拱起、脱轨车辆的位置、脱轨辆数、脱轨轮对号、设备受损状况（消防水管、线缆、接触网、轨道和隧道等）、大约载客量、有无残疾乘客、乘客伤亡人数及状况和是否需要救助等，并报告调度值班主任。确认有人员受伤时，立即拨打 120、110 进行报告。

（2）救援准备　列车司机应保护现场，坚守岗位，严禁擅自动车。

行车调度员扣停续行列车，防止列车进入事故影响区域。如区间有其他列车运行时，应指示尽量驶往就近车站停留，避免停在区间。列车在区间冲突或脱轨时，停止相邻轨道以及乘客疏散可能经过轨道的列车运行。进行列车运行调整，最大限度地维持运营，向全线列车和车站进行事故报告并发布运行调整信息。

列车在区间冲突或脱轨时，环控调度员组织开启隧道照明和隧道通风，组织关闭破裂的消防水管阀门。

需要区间疏散乘客时，电力调度员正确供电、断电，以保证乘客的生命安全。采用接触轨供电时，停止受影响区段的牵引供电。采用接触网供电时，在乘客疏散完毕前尽量维持供电,以保持列车的空调、照明正常运转。

(3) 乘客疏散　列车司机通过广播不断发布救援信息以安抚乘客,避免引起恐慌情绪。

列车在车站冲突或脱轨时,车站得到行车调度员清客的指示后,通过广播提醒站台上的乘客不要登乘列车,并安排人员到站台组织清客。列车司机广播通知车厢内乘客进行清客的决定,打开车门,协助乘客返回站台。

列车在区间冲突或脱轨时,确认好疏散方向,车站人员和列车司机执行区间疏散程序。在安全的情况下,搜寻、解救受困人员,并进行安抚和简易救治。车站人员根据需要,携带担架、急救药品等进入事发地点,并引导急救人员进入现场。

对于站内乘客及从列车上疏散到站台的乘客,车站应做好以下几点工作:发布列车暂时不能运行的消息;向乘客提供相关路段公共汽车运行信息;组织滞留乘客有序离开车站。

确认乘客疏散完毕后,及时向行车调度员报告。

(4) 救援抢修　行车调度员立即发布命令封锁事故区域,并要求相关抢险部门出动。通知车辆段做好工程车出动的准备工作,以便必要时运送抢险物资。

进行救援起复作业时,事故区域的接触网必须停电,并挂好接地线。根据救援需要,停止相关电缆供电。

由于重型救援器材在运送、使用方面都存在一定的难度,救援人员通常使用具有轻便灵活、操作简单、安全迅速和便于携带等特点的救援工具。救援人员到达现场后,应先对事故车辆进行防溜,然后再对事故现场进行全面勘察,根据事故车辆状况及其他实际条件,制订具体的救援方案。列车发生冲突时可采用切割等方法分离车体、车钩,对脱轨车辆进行起复。起复脱轨车辆时,应先起复容易起复的轮对,并对碎石道床进行平整。救援中要分工明确,由一人负责指挥,由胜任人员作业,做好防护。在救援作业中应注意安全,防止发生人身伤亡事故或扩大事故。

救援完毕,抢修人员检查列车、线路及其他设备的损坏情况,及时更换钢轨、枕木和道岔,修复接触网、消防水管、电缆等有关设备。在事故勘察、救援工作及公安调查完成后,救援抢修人员清理轨道,把一切工具撤出线路。

行车调度员加强与现场的联系,了解救援抢修进度。将事故列车拉到附近的车辆段或停车场存放。确认线路出清,具备开通条件后,发布解除封锁的命令,及时开通线路。

2. 列车分离救援

(1) 列车分离的确认　列车司机在列车运行过程中,应时刻注意驾驶室的有关设备,如发现总风压力表指示的压力急剧下降,就可以判断有可能发生列车分离。乘客发现列车分离时,也可以直接通知列车司机。列车在运行中,半自动车钩或半永久牵引杆发生分离时,会导致紧急制动。列车司机看到的故障现象为:首次激活端的所有系统均报故障或处于断电状态,非首次激活端为断电状态。

列车司机确认列车分离或有列车分离的迹象时,必须停车,并立即向行车调度员报告。列车停妥后,列车司机立即巡视,仔细检查列车各个部位,查看是否发生列车分离。

(2) 列车分离的报告　列车司机携带无线手持电台前往列车分离处,查看设备损坏及乘客伤亡情况，对受伤者提供适当帮助。列车司机确认列车发生分离后，向行车调度员报告列车车次、列车分离地点、分离部位、分离的距离、车辆贯通道状况、车钩及电缆状态、能否提供照明、是否影响邻线行车、线缆受损情况、大约载客量、有无残疾乘客、乘客伤亡人数及状况和是否需要救助等。行车调度员了解初步情况后，报告调度值班主任。确认有人员受伤时，立即通知120、110。

（3）救援准备　列车司机对分离车辆做好防溜措施，保证就地制动；尽量保持列车的通风及照明，防止造成乘客恐慌；得到行车调度员的清客指示后，通过广播向乘客说明列车故障，不断安抚乘客情绪，劝告乘客留在列车上，不要惊慌；等待车站人员到达后进行疏散，引导乘客安全返回车站。

车站广播通知乘客列车延误及运营调整，并向乘客发布有关路段公共汽车的信息，并根据实际情况，疏散车站内乘客。

行车调度员扣停续行列车，停止相邻轨道的列车运行。向全线列车和车站通报事故，要求做好广播通知工作。指示后续列车停于车站，区间内的列车尽量驶往就近车站停留，防止列车停在区间。做好列车运行调整，广播通知全线列车和车站延误信息。

根据需要开启隧道照明和隧道通风，需要区间疏散时停止接触轨牵引供电。

（4）列车救援　清客完毕后，列车司机和车站工作人员留在现场协助救援工作。

行车调度员封锁事故区域，要求相关抢险部门出动，通知车辆段做好工程车出动的准备工作，以便必要时运送抢险物资。

救援人员携带有关器材，尽快到达现场，确认现场勘查和公安调查完成，轨道清理妥当后，即可采取适当措施。进行处理时，不得连接列车分离部分，可对受损的贯通道、车钩和电缆进行绑扎。应分段将分离的列车移到附近的车辆段或停车场，尽量将尚能开动的列车开走。如果列车有一部分不能开动，必须安排另一列车协助，将不能移动的这部分车拖走或推走。

行车调度员应随时了解现场救援进度，接到事故处理完毕的报告后，尽快恢复列车运行。

三、行车事故应急处置示例

1. 地铁列车侧面冲突事故处置

某市地铁线路示意图如图 3-9 所示。

图 3-9　某市地铁线路示意图

某日 5:50，该地铁 K 站至 M 站间上行线突发接触网断电，导致担当 10312 次运行任务的 0147 号列车停于区间。行车调度员指示 M 站进入隧道将乘客疏散至车站，并通知维修人员检查抢修接触网。同时进行运行调整，P 站至 Z 站、A 站至 H 站分别按小交路运行，调集 80 辆公交车在 E 站至 P 站实行公交接驳。7:06，接触网故障基本排除，运营逐步恢复。接触网断电后进行的列车运行调整方案如图 3-10 所示。

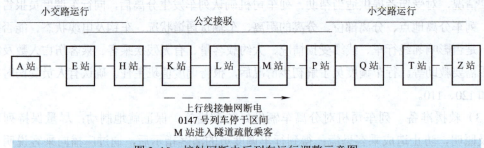

图 3-10 接触网断电后列车运行调整示意图

担当 P 站至 Z 站小交路运行的 0117 号列车到达 P 站下行站台，清客后准备站前折返。0117 号列车司机更换驾驶室后，以人工驾驶模式动车，准备进入折返线。此时，0150 号下行列车以自动驾驶模式（ATO）运行，正由 Q 站开往 P 站。以 60.5km/h 的速度运行的 0150 号列车越过区间曲线后，列车司机发现防护信号机是红灯，而 ATO 并无减速迹象。0150 号列车司机立刻紧急制动，1s 后系统也发出制动命令。由于两车相距仅 118m，制动距离不足，0150 号列车冒进信号，于 6:54 以 16.5km/h 的速度与正在折返的 0117 号列车的第 4 节车厢侧面冲突。造成 0150 号列车驾驶室头部受损，第 1 节车厢的第 2 位转向架轮对脱轨。由于 0117 号列车为空车且折返速度低，0150 号列车司机及时施行了紧急制动，没有造成人员伤亡。0117 号列车与 0150 号列车冲突示意图如图 3-11 所示。

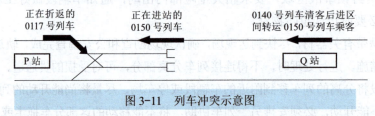

图 3-11 列车冲突示意图

事故发生后，在进行事故救援的同时，行车调度员立即重新进行运行调整。A 站至 H 站的小交路维持不变，另一方向的原 P 站至 Z 站改为 T 站至 Z 站，原 E 站至 P 站的公交接驳区段改为 H 站至 T 站。同时安排跟随 0150 号列车运行的 0140 号列车清客后进入事故区间，将 0150 号列车上的乘客转运至 Q 站。

0117 号列车于 10:11 驶离事故现场。由于 0150 号列车是 8 辆编组，载客量大，在隧道内疏散缓慢，直到 11:00 左右才转运完毕。由于隧道空间狭小，复轨作业困难，0150 号列车起复后，由救援列车以不超过 20km/h 的速度推送至停车场。地铁 1 号线于 11:48 逐步恢复运营。

后经调查，造成这起事故的原因为：该地铁线于八年前进行 P 站改造，信号公司的技术人员修改配线图时，N11—1438 区段编码电路配线出错，导致在防护信号机显示红灯的情况下，该轨道区段向 0150 号列车错误地发送了 65km/h 的速度码，从而引发了两列车冲突。

2. 地铁列车追尾事故处置

9 月 27 日 14 时 37 分，某地铁 N 站至 O 站间，两列车发生追尾，事故造成 295 人到医院就诊检查，近百人住院和留院观察，无人员死亡。地铁线路示意图如图 3-12 所示。

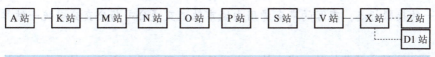

图 3-12 地铁线路示意图

维保中心供电公司签发了不停电作业的工作票，经运营公司同意，自动化仪表股份有限公司电工在地铁 P 站进行电缆孔洞封堵作业，导致 P 站（联锁集中站）信号于 13 时 58 分失电，引发中央调度列车自动监控红光带、区间线路区域内车站列车自动监控面板黑屏。

1016 号列车在 N 站以正常驾驶模式出站后，由于信号失电导致列车无速度码，列车司机根据行车调度员的指示，以限制人工驾驶模式（RM）向 O 站运行。14 时，1016 号列车遇红灯，停于 N 站至 O 站间隧道内，行车调度员命令原地停车待命。14 时 01 分，行车调度员开始进行列车定位。在未确认故障区段内全部列车位置的情况下，14 时 08 分，行车调度员发布了调度命令，在 M 站至 S 站间上下行采用电话闭塞法行车。

在 1016 号列车仍未出清区间的情况下，N 站与 O 站办理 1005 号列车的电话闭塞手续。O 站值班员未确认后方区间空闲，即同意闭塞。14 时 35 分，1005 号列车持路票从 N 站出发，以 54km/h 的速度运行至曲线处，发现前方停有列车，紧急制动后，仍以 35km/h 的速度与 1016 号列车追尾。

事故发生后，将两列车上的乘客从两头沿隧道分别疏散到 O 站和 N 站，至 15 时 40 分，乘客疏散完毕。维修人员进入隧道抢修受损列车和设备，1016 号列车、1005 号列车分别于 16 时、17 时 55 分驶离事故现场。地铁运营公司通过地铁网站、微博、电视台和地铁显示屏等方式，连续发布事故和救援信息，引导乘客改乘其他线路或改乘其他交通方式出行。K 站至 V 站的 13 个站关闭，V 站至 Z 站枢纽、A 站至 K 站，分别采取小交路运行。共有 60 辆公交车在 A 站至 K 站、K 站至 V 站进行公交接驳，同时地铁沿线 40 条公交线路，增派 200 辆公交车辆。

从 9 月 28 日 20 时起，地铁全线限速 45km/h 恢复运行，并调整了部分区段的列车运行间隔。10 月 9 日起，全线取消限速，恢复正常运营。

公 交 接 驳

由于发生事故、设备故障等，造成某一段线路运营中断时间较长时，列车在正常区段按小交路运行，在事故或故障区段内采取公交接驳方式。接驳公交车沿着城市轨道交通线路，在事故或故障区段的地面往返运行，在沿途各车站接驳点停车，供乘客上下，以缓解轨道交通的压力。这种城市轨道交通部门和公交部门联合接力的运输方式，能够有效疏散和接续滞留乘客，为乘客提供有限度的客运服务，有利于减小负面影响。

城市轨道交通公司与公交公司事先签订协议，约定启动公交接驳后第一辆公交车到达的时间、全部公交车到位的时间和行车间隔等。为了便于乘客和交警识别，接驳公交车应悬挂明显统一的接驳标志。乘客的乘车费用由城市轨道交通公司与公交公司统一结算，不再向乘客收取。

达到公交接驳启动条件时，城市轨道交通运营管理部门向公交公司提出公交接驳请求，同时提供影响区段、预计时间、预计客运量、公交接驳的车站和接驳方向等。

行车调度员通知相关区域的车站启动公交接驳，并跟踪监视各站客流情况。各车站进行应急广播宣传，向乘客发布公交接驳信息，摆放告示，在指定的接驳点设置接驳标志牌，派人接应公交车，准备好公交接驳车票。在接驳公交车到来之前，站务人员向乘客回收单程车票，更换公交接驳车票，引导乘客前往公交接驳点集中等候公交车。接驳公交车到达后，车站人员采取发放行车路段示意图等方式，与公交车驾驶员确认开行方向，组织乘客上车。

受影响区段恢复正常运行或滞留乘客疏散完毕后，停止公交接驳。接驳公交车到达接驳区段的两端站后，陆续退出服务。各车站撤除公交接驳点及有关告示，恢复正常运营。

控制中心紧急疏散

控制中心发生紧急事件时，在保证安全的情况下，控制中心员工应留守岗位，坚持工作。但是遇火灾、爆炸、炸弹、毒气、恐吓和恶意破坏等极度紧急情况，可能危及员工生命安全或导致设备故障时，控制中心应实施紧急疏散。控制中心应建立临时指挥所，以供紧急疏散后仍能指挥全线尽可能地维持运营。

紧急疏散时，应尽可能地分批撤离，待临时指挥所具备运作条件后，再全部撤离。确定所有员工疏散完毕后，派人驻守控制中心各个入口，防止无关人员擅入。控制中心应向全线列车、车站、车辆段、停车场和设备维修部门等单位发布紧急疏散通告，告知联系方式及临时指挥所地点。通告应在紧急疏散前使用正常通信设备发出，在极度紧急情况或通信设备故障时，可使用固定电话、无线电台和手机等通信方式发出通告。行车调度员将控制权下放到各联锁站，电力调度员将牵引供电系统转为就地控制并指示有关部门派人监控各变电所，环控调度员将环控设备的控制权下放到各车站。

各车站、车辆段、停车场及其他部门使用固定电话与临时指挥所保持联系，列车司机使用无线手持电台或手机与行车调度员或车站值班员保持联系。各站将环控设备改为站控模式，各联锁站取得本地控制工作站（LOW）的控制权。列车出入段（场），由车辆段（或停车场）所在站负责。

有关抢险部门积极调动人员、设备及技术支援，以最快捷的方式赶赴现场，迅速处理。事件处理完毕，相关专业人员对各中央设备进行测试，确认符合运营要求后，交付控制中心使用。控制中心向全线发布通告，收回相应设备的控制权，恢复正常运营。

车站紧急疏散

因车站发生火灾、爆炸、炸弹、毒气、恐吓、水淹、严重的列车事故、公安行动、电力故障和恶意破坏等情况，可能危及人身安全时，车站应实施紧急疏散。紧急疏散时，由于慌乱很容易发生人员挤压踩踏，造成恶劣的后果。为此，各车站都应事先制订紧急疏散预案，分区绘制紧急疏散路线，确定紧急疏散集合地点。平时进行演练，保证车站人员及维修、公安、商户等驻站人员均熟悉疏散路线和集合地点。一旦需要紧急疏散，这些人员可按自己所处区域的紧急疏散线路，带领乘客进行有秩序的疏散，保证安全，防止发生意外。

车站紧急疏散分为运营时间内疏散和非运营时间内疏散两种情况。

在运营时间内，车站需要紧急疏散时，报告行车调度员疏散原因、列车继续运行是否有危险、是否需要中断行车等。如果行车中断，按下紧急停车按钮，防止所有人员离开后，站台范围内的列车自行启动。在车站出入口放置告示并派人把守，阻止乘客进入车站。关闭所有售票机、充值机，打开所有闸机。将自动扶梯转向适当方向，情况紧急时，可停止自动扶梯运行。指示售检票员停止工作，并安全处理票款。通过广播向站内所有人员发布疏散信息，向乘客说明疏散原因、疏散路线及车票处理；引导并帮助乘客沿着疏散路线，迅速撤出车站；疏散完毕后巡视车站，确认站内没有滞留人员，到集合地点清点人数，确保所有人员安全撤离。如果发生出口不宜疏散的情形，行车调度员可安排一列空客车运行至该站，将站内所有人员运离车站。

在非运营时间内，车站需要紧急疏散时，由于没有乘客、商户等，仅有车站工作人员、设备维护人员和承包商等少量人员，组织起来相对容易。车站报告行车调度员后，打开专用通道作为紧急出入口，指示站内所有人员撤离。如果发生紧急出入口不宜疏散的情形时，可以考虑经由轨道疏散。这时，必须报告行车调度员，由行车调度员停止列车运行，接触轨供电区段通知电力调度员停电。所有人员沿轨道疏散至邻站后，清点人数，确保所有人员安全撤离。

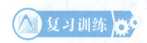复习训练

理 论 复 习

一、选择题

1. 列车自动监控系统（ATS）确认的计划列车出段时，列车运行到转换轨处停车后，列车车次号和目的地号设置办法是（　　）。

  A. 行车调度员人工设置车次号和目的地

  B. 列车司机人工设置车次号和目的地

  C. 车辆段值班员人工设置车次号和目的地

  D. 列车自动接收车次号和目的地

2. 列车需要反方向运行时，须经（　　）准许。

  A. 行车调度员调度命令　　　　　　B. 车站值班员调度命令

  C. 行车调度员口头　　　　　　　　D. 车站值班员口头

3. 当屏蔽门系统与信号系统的联锁作用良好时，列车进站后自动停于规定位置，相应站台侧的屏蔽门和列车门如何打开？（　　）

  A. 列车门和屏蔽门自动打开

B. 列车司机按压驾驶室相应侧的开门按钮，屏蔽门和列车门打开

C. 先操纵就地控制盘（PSL）打开屏蔽门，再操纵驾驶室相应侧的开门按钮打开列车门

D. 先操纵驾驶室相应侧的开门按钮打开列车门，再操纵就地控制盘（PSL）打开屏蔽门

4. 列车进站后尚未到达停车标停车，列车仍可移动时，（　　）。

　　A. 列车司机起动列车继续前行，停在规定范围内

　　B. 列车司机不开车门继续运行到前方站停车

　　C. 列车不再移动，人工打开列车门和屏蔽门，组织乘客上下车

　　D. 列车退回到后方站

5. 列车因故需要在区间疏散乘客时，以下处理哪个正确？（　　）

　　A. 对于接触轨供电的区段，电力调度员尽可能维持牵引供电；对于接触网供电的区段，电力调度员停止牵引供电

　　B. 对于接触轨供电的区段，电力调度员停止牵引供电；对于接触网供电的区段，电力调度员尽可能维持牵引供电

　　C. 不管是接触轨供电还是接触网供电，电力调度员均不应该停止该区段的牵引供电

　　D. 不管是接触轨供电还是接触网供电，电力调度员均应停止该区段的牵引供电

6. 列车起火被迫停于区间隧道需要疏散乘客时，以下处理哪个正确？（　　）

　　A. 车站派人进入区间隧道引导乘客疏散到车站

　　B. 由列车司机带领乘客疏散到车站即可，车站不必派人进入区间

　　C. 打开隧道事故照明即可，车站不必派人进入区间

　　D. 由列车司机通知乘客疏散方向即可，车站不必派人进入区间

7. 正常情况下，行车调度员通过（　　）监督指挥列车运行。

　　A. ATC　　　　　B. ATS　　　　　C. ATO　　　　　D. ATP

8. 列车运行调整如何实现？（　　）

　　A. 由列车自动监控系统（ATS）自动调整

　　B. 由行车调度员人工调整

　　C. 较小的行车延误，由列车自动监控系统（ATS）自动调整；延误较大或遇突发事件，由行车调度员人工调整

　　D. 较大的行车延误，由列车自动监控系统（ATS）自动调整；延误较小或遇突发事件，由行车调度员人工调整

9. 在中央控制模式下，（　　）设置扣停列车。

　　A. 只能由行车调度员

　　B. 只能由车站

　　C. 只能由列车司机

　　D. 可以由行车调度员设置，也可以由车站设置，还可以由行车调度员和车站同时

10. 列车司机在区间运行时发现隧道内有微小火灾时，如何处理？（　　）
    A. 列车立即停车，在区间疏散乘客
    B. 列车立即停车，退回后方车站清客
    C. 列车立即停车，等待救援
    D. 列车可根据情况通过，继续驶往前方车站

11. 车载 ATP 设备故障的处理办法是（　　）。
    A. 将故障列车退出运营
    B. 列车以 NRM 驾驶模式继续投入运营
    C. 列车以 RM 驾驶模式继续投入运营
    D. 列车以 ATO 驾驶模式继续投入运营

12. 手摇道岔准备进路时的要求为（　　）。
    A. 一人即可，操作、防护、确认，全权负责
    B. 不得少于两人，一人操作，一人防护并确认
    C. 不得少于三人，一人手摇，一人加锁，一人防护并确认
    D. 不得少于四人，一人手摇，一人加锁，一人防护，一人确认

13. 按电话闭塞法办理行车时，发出电话记录号码的时机是（　　）。
    A. 发车站发出请求闭塞的电话记录号码
    B. 发车站发出列车出发的电话记录号码
    C. 接车站发出承认闭塞的电话记录号码
    D. 接车站发出列车到达的电话记录号码

14. 列车在区间脱轨后需要救援时，（　　）。
    A. 不封锁事故区间线路
    B. 原则上不封锁事故区间线路
    C. 必须封锁事故区间线路
    D. 根据列车司机的要求，决定是否封锁事故区间线路

15. 担当救援列车的要求是（　　）。
    A. 正线运行的列车只能救援空客车，工程车只能救援载客列车
    B. 工程车只能救援空客车，正线运行的列车只能救援载客列车
    C. 正线运行的列车和工程车均可救援空客车及载客列车
    D. 正线运行的列车可救援空客车及载客列车，工程车只能救援空客车

二、判断题

1. 列车退行时只能推进运行。　　　　　　　　　　　　　　　　　　（　　）
2. 列车到站后，全列车门无法打开时，列车司机打开紧急疏散门清客。（　　）
3. 列车出发时，一个车门不能关闭且无法排除故障，立即就地清客。（　　）
4. 列车在区间撞人后，列车司机确认不危及本列车安全时，可不停车继续运行至前方站，由车站前往处理。　　　　　　　　　　　　　　　　　　　　　　　　　　（　　）

5. 口头调度命令无须编号，不用登记。（   ）
6. 车站发生火灾时，可以办理列车载客通过，防止扩大事故后果。（   ）
7. 在车站控制模式下，行车调度员不能从设备上取消扣车。（   ）
8. 恶劣天气下，行车调度员将控制权下放到车站。（   ）
9. 站台站务员值守在车站控制室内。（   ）
10. 手摇把统一装箱加锁，钥匙由指定人员保管。（   ）
11. 按电话闭塞法行车时，同一个电话闭塞区段同一时间内只允许有一列车占用。（   ）
12. 接触网异物必须由接触网专业维修人员清除。（   ）
13. 道岔清洁涂油可在运营时间内进行。（   ）
14. 列车出发时，发现整侧屏蔽门不能关闭时，对列车进行清客。（   ）
15. 调车作业时，没有信号不准动车，信号不清立即停车。（   ）

实 践 训 练

1. 为列车司机制订安全管理办法。
2. 为行车调度员制订安全管理办法。
3. 为站台站务员制订安全管理办法。
4. 针对已编制好的调车作业计划，制订安全注意事项。

第四章

施工安全管理

城市轨道交通系统构成复杂，专业设备数量庞大，从宏观上讲，如车站构筑、隧道结构、机电设备、装饰装修和水电管路等都属轨道交通系统范畴。在如此众多的系统中，若出现信号系统、供电系统和轨道系统等关键设备故障，将可能影响城市轨道交通继续运营，从而对市民出行产生较大影响。因此，城市轨道交通系统的各类设备稳定运行十分重要，而城市轨道交通系统的稳定运行除设计合理外，还主要依靠有效的维护保养。在实践中，一些维修、改建、变更和调整等工程行为无法避免。为了确保上述维修保养工作以及相应工程施工的安全有序开展，一般归入施工作业中统一管理。如果施工组织不当，就有可能引起一些安全事件或事故，或者造成设备状态不良而影响正常运营秩序。如施工作业安排中，将一些作业安排到动车区域实施，则对作业人员人身安全带来极大隐患；再如，在轨行区施工作业完毕，未及时出清现场，遗留物品出现侵限，则可能发生碰撞甚至造成列车颠覆等重大安全事故。所以，施工安全在城市轨道交通运营安全管理中也十分重要。

第一节 施工组织安全管理

案例1：某地铁接触网大修施工导致次日运营期间弓网事故

事故概况：2017年某日，某地铁一号线0103次在进站时受电弓打火花、有爆炸声；后续列车进入同一区段出现受电弓失电情况，同时该区段上下行接触网区跳闸，重合闸不成功。期间OCC组织部分区段小交路运行并启动公交接驳。事件影响中断运营82min，并导致区间乘客疏散。

事故原因：前一天夜间开展接触网大修改造施工，施工过程中，在调整电线位置环节安全监控不到位，造成往正线约 10m 的接触网电连接线驰度增大，侵入行车限界，导致电连接线与列车受电弓发生碰撞打火。

事故反思：①方案设计有隐患。在对接触网支柱立杆施工设计时，未能预见新支柱安装与原支柱接触网馈线存在绝缘距离不足的问题。②方案执行不到位。施工单位没有按照施工方案作业，接触网馈线安装完成后，仅以目测确定，未对相应设备进行测量复核。③施工监管不到位。施工配合专业人员不熟悉现场、没有经验，监理人员没有对施工后数据进行测量和提醒施工单位进行测量。对于施工的安全管控，应从施工方案设计阶段就引入风险管控，在施工实施前，根据不同的施工安全风险等级，安排不同技术等级的人员和监理人员到场配合施工作业，对于施工后的现场恢复，需对照系统标准进行定量测量，切忌以经验主义以肉眼测量。

案例 2：工程车转线作业中发现地线

事故概况：工程车作业结束后返回某站上行站台，等待回车辆段。行车调度员于 2:20 联系各站，逐站检查上行线路出清情况。接到各站报告上行线路出清、防护撤除后，行车调度员通知车站排列工程车反方向回车辆段的进路，并于 2:22 通知工程车列车司机凭地面信号动车。调度值班主任于 2:34 由洗手间返回，询问行车调度员上行线的地线是否拆除。行车调度员才意识到地线没有拆除，立刻通知工程车立即停车。此时，工程车已运行两个区间。行车调度员于 2:37 询问工程车列车司机运行线路是否有异常，列车司机刚回答"线路没有异常"，就发现两名供电人员从变电房出来检查地线。列车司机下车后发现离车站端墙 180m 处有一组地线，地线已在机车中部，附近并没有防护用的红闪灯。

事故原因：行车调度员没有与电力调度员核对地线位置，也没有在施工作业登记本上标记地线位置，未确认地线是否拆除就排列了工程车的进路，并盲目指挥列车司机动车。调度值班主任安全监控不到位，安全预想不到位，未发现当晚施工组织和工程车的安全隐患。电力调度员对现场地线具体位置不清楚，并且未与行车调度员核对地线位置。

事故反思：电力调度员接到现场挂好地线的报告后，必须确认地线的数量、位置以及拆挂时间，并通知行车调度员。行车调度员与电力调度员核对地线有关情况，并在施工作业登记本内记录地线位置。行车调度员确认地线位置后，在相应轨道区段设置"封锁区段/道岔"，防止盲目排列进路。应该规范施工作业进程，建立施工作业流程表，防止行车调度员遗忘施工步骤。各个调度班组提前审核施工计划，全盘了解施工时停电区域、拆挂地线地点和工程车开行情况。调度值班主任在交接班会上布置重点施工，各调度员之间应预先沟通，做好班前安全预想。

第四章　施工安全管理

案例3：消防检修触发系统喷气

事故概况： 2018年某日运营期间，消防专业作业人员在某线某站开展车站气体灭火系统年检作业，作业过程中触发区间跟随所气体灭火系统喷气。

事故原因： 该区间跟随所气体灭火系统主机程序设置错误，将气体控制盘"一级报警""二级报警"错编入"可消声"模块，同时，"演习"按钮漏屏蔽功能；作业人员进行气体灭火系统年检作业，误操作"演习"按钮导致误喷气。

事故反思： 新线验收中，未对控制盘按键进行全面测试，未检查复核厂家气体控制盘"演习"按钮功能的屏蔽情况，导致隐患遗留，需汲取经验教训，在新线调试验交阶段做好系统设备的查线核图、全面测试，尤其是已知风险防范措施的检查验收。

相关知识

根据上述案例可以得知，施工组织不当可能引发严重的安全事故。施工管理是城市轨道交通运营企业安全管理中重要的管理内容之一。要保证施工安全，必须从施工组织入手，了解每一个环节的安全要求。保证施工安全，还需要了解每个施工环节存在的安全风险，这样才能有的放矢地采取有效措施。

一、施工组织安全

1. 施工组织的基本概念

（1）施工组织　施工组织是指地铁运营企业为确保运营过程中各类维修（检修）作业有序可控，避免维修（检修）组织对正常运营造成影响，从而实行的一种作业许可制度，涵盖夜间地铁停运后的常规项维检修作业以及运营过程中的维检修作业及抢修作业等。

（2）请点　请点是指维检修施工作业人员在开始作业前依据作业许可凭证向相关管理单位（一般是行车调度员、车辆段调度员或车站值班员）申请允许作业的申报过程。待批准后，也就是完成请点后，方可按作业许可凭证及批准人所允许的限定条件进行维检修施工。

（3）销点　销点是指施工作业结束后，作业人员确认施工区域出清，向作业批准部门申请结束施工状态的过程。

（4）施工区域出清　施工区域出清指在施工区域范围内施工结束后，施工负责人或施工责任人确认所有作业的有关人员已撤离、有关设备设施已恢复正常、工具器具以及物料已撤走等。

2. 施工作业的一般性程序

施工作业可以由城市轨道交通运营单位内部人员自行组织完成，也允许由社会有资质的企业按照运营单位规定的程序组织完成。无论如何组织，都必须遵循严谨的程序，详细程序在后续章节中进行介绍。现对施工作业组织的一般性程序进行简要概括，如图4-1所示。

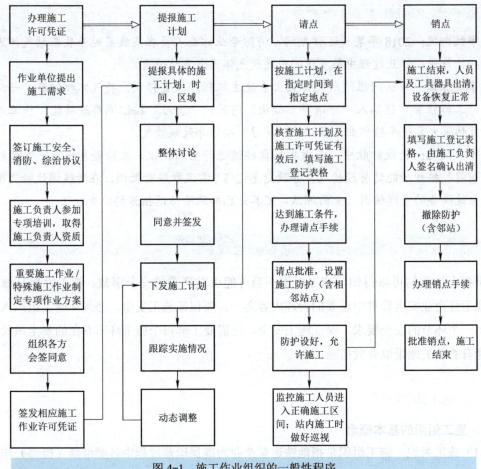

图 4-1 施工作业组织的一般性程序

3. 施工作业分类

在施工作业中,有些施工会占用轨行区,有些施工需要开行工程车,有些施工要动用行车安全设备。施工类型繁杂多样,一旦安排不当,将会带来极高的安全风险。为有序组织、确保安全、提高效率、合理分配资源,在实际作业中安排施工作业时,需对同类施工作业平行安排,对不同类型的施工统筹安排。不同的轨道交通运输企业对施工作业的分类方法不尽相同,本书就其中一种分类方法进行介绍。按施工作业的性质和作业地点,施工作业一般分为以下几类。

(1) A 类施工 影响正线、辅助线行车的施工为 A 类施工,其中开行工程列车、电客车的施工为 A1 类施工;不开行工程列车、电客车的施工为 A2 类施工;车站、主变电所和控制中心范围内影响行车设备设施的作业为 A3 类施工。

(2) B 类施工 在车辆段(停车场)的施工为 B 类施工,其中开行电客车、工程列车的施工(不含车辆维保部门电客车、工程车的检修作业)为 B1 类施工;不开行电客车、工程列车但在车辆段(停车场)线路限界影响接触网停电,在车辆段(停车场)线路限界外3m内种植乔木、搭建相关设施及影响车辆段(停车场)行车的施工为 B2 类施工;车辆段(停车场)内除B1/B2以外的施工作业为B3类施工(办公室、食堂等生活办公设备设施维修除外)。

（3）C类施工　在车站、主变电所和控制中心范围内不影响行车的为C类施工，其中大面积影响客运、消防设备正常使用及需动火的作业（含委托外部企业进行维修保养的人员进入变电所、通信设备房、信号设备房、环控电控室、照明配电室、蓄电池室、水泵房以及其他气体灭火保护房内作业）为C1类施工；其他局部影响客运、消防设备正常使用，但经采取措施影响不大且动用简单设备设施（如动用220V及以下的电力、钻孔等，不违反安全规定）的施工为C2类施工。

按上述方法对施工作业分类后，施工作业不再繁杂无序，组织更为便捷有效。在实际作业中将同类施工进行并行安排，对不同类型的施工进行统筹安排，合理分配资源，如线路某一段规划为A1类施工，其他区间开展A2类施工，从而大大提高了施工效率。组织时A1与A2类施工中间应设置一定的防护区域，避免工程车或电客车越过A1类施工区域而对A2类施工区域内的人员安全造成危险。

4. 施工计划安排

对施工类别进行划分后，可以按类别安排施工，从而提高施工效率，确保施工作业安全。但是，在施工作业时，如果仅按类别对施工作业进行划分，并不能够满足城市轨道交通运营维修组织需要。城市轨道交通系统一般包括土建结构和机电系统。土建结构包括桥隧、房建和轨道；机电系统包括信号系统、通信系统、通风空调系统、低压配电系统、给水排水系统、变电系统、接触网或接触轨系统、主控系统、设备监控系统、防灾报警系统、屏蔽门系统、电梯系统（包括自动扶梯、垂直电梯及楼梯升降机）、自动售检票系统和车辆系统等十多个系统。这么多系统涉及几十万甚至几百万台设备，设备维修施工作业量极为庞大。每一个设备需要根据检修规程，按照全生命周期的规律，制订年度、月度的检修计划，通过具体的施工计划来执行检修计划。为了确保城市轨道交通这个庞大系统内的各个设备能检修维护到位，就必须对施工作业进行合理有效安排，也就是通过计划来管理施工作业，同时，宜逐步过渡到利用计算机实现人工智能编排施工计划，实现科学化、智能化安排施工计划。

为确保施工组织的提前部署和灵活调整，施工计划一般分为月计划、周计划、日补充计划和临时补修计划。月计划即按月度为周期安排的施工计划，是施工计划的主要形式。周计划即以周为周期安排的施工计划，属于月计划的补充形式。日补充计划即由于各种原因需要在当日或前一日才下发的施工计划，应尽可能控制与限制日补充计划的数量。临时补修计划主要用于当日发生设备故障需要进行应急检修而申报的计划，故应优先安排该类施工，以便及时消除隐患。

5. 施工审批

施工计划由谁审批，也是一个值得探讨的问题。如果全部由控制中心审批，那么一天将可能涉及几百个施工，控制中心审批不过来，也就很难确保施工的安全和质量。如果全部由车站审批，由于车站不能对轨行区的使用情况进行准确判断，也就不能控制好安全。很显然，单一的由控制中心或车站（车辆段）审批，无法有效实施与控制施工作业组织。施工审批应分类别按"统筹管理、分级授权、分级审批"的原则，由最适合的单位进行。

（1）A类施工作业　A类施工作业须经行车调度员批准，方可施工。

（2）B类施工作业　B类施工作业须经车辆段调度员批准，方可施工；如影响正线行车的还必须同时报告行车调度员批准。

（3）C类施工作业　C类施工作业经车站批准方可施工。其中，C2类施工因不影响车站运作，可由车站直接审批；C1类施工将可能影响车站运作或造成较大影响，为此若影响行车的，应同时报告行车调度员批准；若影响供电的，应同时报告电力调度员批准；影响机电设备的，应同时报告环控调度员批准。

6. 施工作业请点及销点

施工请点及销点在施工基本概念中已介绍。简而言之，施工请点就是获得施工许可；施工销点就是注销本次施工作业。施工请点及销点对施工安全有着至关重要的作用。主要体现在：施工请点方面，一旦发生未符合施工作业条件而准许施工请点的话，将可能导致重大安全风险，如施工作业区域的人与车冲突、列车未出清便开始施工、设备未具备条件开展检修作业等；施工销点方面，容易出现施工未出清或防护未撤除等，给后续运营带来安全风险。为确保安全，施工请点及销点必须遵守严谨的作业程序。施工请点及销点的一般程序见表4-1。

表4-1　进、出站及请、销点作业程序

序号	作业程序	备注
1	施工负责人及施工人员凭施工作业令及证件进车站；关站后自行进站	
2	施工负责人向值班员填报人数，办理施工登记手续；多站请点的，主站施工负责人及辅站施工责任人向主站或辅站值班员填报人数，办理施工登记手续，辅站值班员要向主站汇报，由主站统一负责请点	
3	车站值班员根据施工负责人提出的施工申请及所报人数，办理施工登记手续，并按有关规定办理请点，如属A类作业，符合请点要求，向行车调度员请点	B类作业到车辆段调度处办理
4	行车调度员根据车站请点要求审核登记，达到施工条件，同意车站请点要求	C类作业可省略
5	属于开行工程车或调试列车作业，车站值班员通知本站员工及相关车站设置防护	
6	属于开行工程车或调试列车作业，车站员工根据值班员的指示及要求设置防护	
7	开始施工	
8	施工结束后，施工负责人清点人数，出清线路，撤除防护措施，到车站控制室办理销点手续；多站销点的，主站施工负责人及辅站施工责任人清点人数，出清线路，撤除防护措施，辅站施工责任人向主站施工负责人报线路出清，主站施工负责人向在主站登记的销点站车站控制室统一办理销点，同时施工负责人应在销点站进行登记	
9	车站值班员按有关规定办理销点，如果是A1类作业，车站必须安排人员撤除红闪灯后方能办理销点	B类作业到车厂控制中心办理
10	行车调度员根据车站销点要求审核，批准销点	C类作业可省略
11	销点后，开出入口门送施工人员出站	

7. 施工安全防护

由于施工作业类型、作业范围和作业影响各不相同，导致施工形式也有所不同。有些施工需要在轨行区开行工程车（电客车）配合；有些施工需要对行车安全设备，如信号系统、道岔转辙机、信号机以及接触轨（接触网）进行检修；有些施工可能要组织几十人甚至上百人同时作业。要想确保各种施工中作业人员的人身安全，必须依靠严格的施工安全防护措施。不同地铁运营企业的施工安全防护方法不尽相同，但一般都采用红闪灯作为施工安全防护的措施。下面简单介绍一种安全性及严谨性较高的施工安全防护办法。

（1）A1及A2类施工防护　A1及A2类施工均需要占用正线轨行区，为确保施工作业人员的人身安全，需要在每个施工作业区域两端设置红闪灯防护。设置原则如下：

1）A1类施工作业无需组织停电。

2）A2类施工作业必须停电挂地线后，方可组织施工。

3）站内线路施工时，需在车站两端端墙平行的轨道中央设置红闪灯防护。

4）在站间线路施工时，施工单位需在作业区域来车方向设置红闪灯防护，同时车站还需负责在该施工地段两端车站的端墙平行位置的轨道中央设置红闪灯防护。

请点、防护设置、施工开展的关系如下：对于施工作业，应先办理请点手续；在请点批准后，才能设置施工防护；防护设置后，方可开展施工作业。

若请点站是施工作业区域的端点车站时，由请点站设置红闪灯，并通知作业区另一端车站放置红闪灯防护。若请点站是施工作业区域中间站时，由请点站分别通知作业区域两端的车站设置红闪灯防护。施工结束后，若销点站为施工作业区域端点站时，由销点站撤除红闪灯，并通知作业区另一端车站撤除红闪灯。若销点站是施工作业区域中间站时，则由销点站分别通知作业区域两端的车站撤除红闪灯防护。如施工作业包括车站站台对应的轨行区时，车站的防护应放在车站同一线路另一端端墙平行位置的轨道中央，即设置的防护必须包含全部施工作业区域。

5）在折返线、存车线和联络线上施工时，车站人员无法在其端点处设置防护，故由作业人员在作业区域可能来车方向处放置红闪灯防护，车站无需再设置防护。若施工区域从某站延续至折返线、存车线和联络线时，靠近车站端的防护按照第3）点进行设置。

6）车站应对红闪灯的设置情况进行检查。

（2）B类施工防护

1）车辆段（停车场）内的施工（检修）作业，只有在接触网（接触轨）及线路上或线路限界外3m范围内进行施工（检修）作业（包括保洁人员在线路限界外3m范围内的种植、搭建相关设施的作业），影响到列车出入车辆段（停车场）或机车车辆运行时，才按封锁线路办理作业。

2）对于采用接触轨的线路，所有在接触轨区域的施工（检修）作业（包括线路、接触网地面巡视作业），均按停电、封锁办理。

3）检修作业的防护标志牌昼间为红色方牌，夜间为红闪灯。

4）凡是影响行车的施工（检修）作业（信号检修，并能随时交付使用者除外），应在作业区域两端外方10m处设置防护标志牌。

5）不需封锁的施工（检修）作业，作业人员应穿戴荧光衣，安排人员做好现场防护，并在作业区域两端外方30m处设置作业标志牌。

6）凡在客车、机车及车辆上进行技术作业、检修作业时，应在客车、机车及车辆（组）

两端揭挂"禁止移动"标志牌。

7) 接触网停电作业需操作手动隔离开关时,断闸后须在相应隔离开关上揭挂"停电作业,禁止合闸"的标示牌(接触网人员检修隔离开关时除外)。

8) 每一项施工(检修)作业须由车辆段调度员在车辆段信号设备平面布置图上相应位置放置一块标示牌,作为施工防护标记。

9) 乘务值班员按规定在信号微机控制台上设置防护措施。撤除防护措施前需得到车辆段调度员通知作业已注销允许撤除防护措施。因特殊情况需使用施工区域的道岔时,乘务值班员排列进路前须通知检修人员停止施工,确认设备正常、人员撤离现场,并得到负责人同意使用的签认后方可使用道岔排列进路。

(3) A3 及 C 类施工防护

1) A3 及 C 类施工须在施工现场设置防护。

2) 施工作业需要进入气体保护房间的,必须在进入气体保护房间前将气体灭火系统手自动开关转至"手动"位,避免施工作业时气体保护系统误启动而造成危险。

3) 在车站的作业,车站应安排人员对防护设置情况进行不定时检查,以确保施工防护设置有效与完好。

8. 工程车(调试列车)开行安全防护要求

工程车及调试列车开行是施工作业中必须高度关注的环节,存在较高的安全风险。工程车(调试列车)运行本身存在的安全风险包括:挤岔、进路错误、冒进信号和运行区域错误等;动车作业对施工作业所带来的风险,如车与人冲突、行车区间安排其他施工作业等。为此对于工程车(调试列车)开行的施工作业,也就是动车作业,必须高度重视,严格控制其安全运行。

(1) 施工安全 由于工程车施工作业中可能存在与人员在同一区域共同作业,机车惯性、列车司机操作反应等,都会使机车附近范围的安全风险较高,为此必须通过一定的措施对这种风险进行控制。

1) 人、工程车在同一区域作业时,由施工负责人与工程车负责人根据现场情况协调控制安全。

2) 按施工前进方向,列车在前、人员在后,原则上不得颠倒或在列车运行前后皆安排作业。

3) 非随车施工人员与列车应有 50m 以上的安全间隔距离,原则上列车不得随便后退。如果需要动车时,必须经施工负责人和车长协商后才能动车,以确保人身安全。

4) 作业人员应在自己现场作业区域的来车方向设置红闪灯防护。

(2) 施工防护 上述施工安全控制措施是在施工作业过程中,现场控制安全的措施。为了确保开车作业不对其他施工作业人员的人身安全或作业安全产生影响,就必须将开车作业的区域与其他施工作业区域相互间隔,预留一个安全防护区域。该安全防护区域可按以下原则设置。

1) 组织工程车运行时,在工程车运行的到达站前方必须保证至少有一个站间区间空闲。

2）在开行工程车进行作业的封锁作业区，前后方必须保证至少有一个站台区或站间区间空闲。

3）在开行高速调试列车的封锁作业区，前后方必须保证至少有一个站间区间空闲。

4）凡进入线路施工的施工作业人员必须按要求穿荧光衣，并根据作业性质及作业要求使用其他安全防护用品。

（3）工程车开行安全注意事项　工程车开行安全风险较高，为此在其开行时应遵守以下原则。

1）安排工程车作业时，必须严格按照划分的区域安排作业，工程车必须按照规定的时间离开作业区，特殊情况按照行车调度命令执行。

2）工程车返回时，从离开作业区开始，牵引运行时由车长、列车司机负责观察，确保工程车返回车辆段途中的前方线路出清，并保证车上物品及部件不掉落。工程车在回库前汇报行车调度员。

3）工程车进路的排列由行车调度员负责，行车调度员在指挥工程车运行时，要严格确认工程车运行前后是否有施工作业，并确认工程车运行的前方进路已准备妥当。

4）行车调度员发布封锁区间线路施工命令时，如没有指明不包括车站时，就是包括车站在内。

5）封锁区域工程车的运行由施工负责人负责指挥。

6）涉及接触网停电挂地线且需工程车配合的作业，工程车到达作业区后，行车调度员同意后才挂地线；作业完毕，地线拆除，得到行车调度命令后，驾驶员方可动车回车辆段（停车场）。

7）外单位工程车在运营线路运行时，必须有城市轨道交通运营单位的工程车驾驶员添乘。

9．施工组织中的职责划分

安全责任制是安全管理的重要工作内容之一。安全责任制的落实对于保障安全生产有着十分重要的作用。同理，在施工作业时，也应积极明确相应关键人员的施工安全职责，通过清晰明确的职责来督促相关人员落实责任，确保施工作业安全。施工作业中最关键的作业人员或单位一般包含三个：施工负责人（施工责任人）、车站和配合人员。他们应该具有的施工安全职责如下：

（1）施工负责人（施工责任人）职责

1）负责作业人员及设备的管理。

2）办理请点、销点手续。

3）作业过程的组织指挥。

4）及时与车站、车辆段（停车场）联系作业有关事项。

5）组织设置、撤除作业安全防护设施（其中接触网停电及挂地线由电力调度员负责）。

6）出清作业区域、设备状态恢复正常。

（2）车站人员的职责

1）负责查验施工作业人员和施工负责人的相关证件。

2）负责办理施工作业登记、请点和销点手续。

3）负责站台端墙处线路设置和撤销区间作业的施工防护。

4）负责监督施工负责人和配合人员清点进出作业区域的施工作业人员。

5）负责监督车站施工作业安全。

6）负责与施工负责人、配合人员确认施工区域线路出清。

（3）配合外单位作业时配合人员的职责

1）协助外单位办理施工请点与销点，检查外单位人员施工防护、劳动保护的情况。

2）负责清点进出作业区域的施工作业人员。

3）负责监督外单位的施工作业安全。

4）负责检查外单位人员、物品（工器具、材料、施工垃圾等）出清线路，并向车站反馈。

5）检查、确认施工所动用的运营设备恢复到正常使用状态，并且已经加固，不会侵入行车限界，并向车站反馈。

6）检查监督所配合作业的外单位人员的保卫综合治理问题（盗窃、抽烟等）。

10．特殊施工作业的注意事项

如同特种设备一样，在施工作业时也存在一些特殊的作业，是国家法律或者行业规范所明确需要特殊对待的。在城市轨道交通运营施工组织中，最为常见的主要为高处作业和动火作业。该两类施工作业必须办理其特有的施工作业手续，并严格落实规定的安全措施及防护要求。

（1）高处作业　根据《高处作业分级》（GB/T 3608—2008），凡在坠落高度基准面 2m 以上（含 2m）有可能坠落的高处进行的作业，均称为高处作业。为确保作业人身安全，应对高处作业进行严格管理，实行按高处作业分级的审批许可制度。进行高处作业的施工作业单位凭高处作业许可凭证，到车站办理相关施工作业审批手续（请点手续），并做好相关防护。

1）高处作业人员必须经安全教育，熟悉现场环境和施工安全要求。对患有职业禁忌症和年老体弱、疲劳过度、视力不佳及酒后人员等，禁止高处作业。

2）高处作业人员要按照规定穿戴劳动保护用品，衣着灵便，衣袖、裤脚应扎紧，穿软底防滑鞋。作业前要检查、作业中要正确使用防坠落用品与登高器具、设备。

3）在高处作业现场开始工作前或行走时，要先观察周围环境是否安全，有无孔洞未加盖板和临时防护措施。

4）高处作业应设监护人对高处作业人员进行监护，监护人应坚守岗位。

（2）动火作业　动火作业是指因工作、施工需要使用电焊、气割或明火烧接等方法进行的作业。车站、控制中心等都是消防安全主管部门确定的消防安全重点监督单位，一旦发生火灾可能严重危及人身和财产安全，为此必须严格管理。在车站内或其他区域进行动火作业时，都存在较大的消防安全风险，为此必须对动火作业进行重点管理，实施作业许可制度，由作业单位提报申请"临时动火作业许可证"，经相应管理单位审批签发后，依据该许可证到作业地点办理施工作业手续，并做好相应防护后方可进行动火作业。

1）明确动火作业现场安全负责人,注意动火情况,发现安全隐患时,要立即停止作业。
2）动火作业人员要持操作证上岗,严格执行安全操作规程。
3）落实防火、灭火措施,作业区 5m 范围内要设置足够的且适用的灭火器。
4）作业区周围不得存放易燃杂物。
5）对于作业区附近难以移动的易燃易爆物体,采取有效安全防护措施后方可动火。
6）对盛装过油类等易燃液体的容器、管道,经洗刷干净后再作业。
7）严禁对受热膨胀有爆炸危险的容器和管道动火。
8）发生火灾事故时,要及时扑救和报警。
9）动火作业完毕应彻底清理现场火种才能离开现场。

11. 施工管理的信息化、智能化发展

前述 10 项描述是施工管理的流程与组织过程的原则要求。随着信息化及人工智能的发展,施工管理也应逐步在上述流程基础上进行提升、改进,利用计算机系统乃至云计算等信息化工具,与时俱进、持续优化,减少人为操作,以"技(术)防(范)"提升施工安全等级。

二、施工管理安全风险及应对措施

以上对施工组织的基本概念、分类、防护设置和安全注意事项等的学习,仅仅是对轨道交通运营企业施工组织有了初步了解。在施工组织中的各个实施环节中,还存在着安全风险,必须采取相应的措施,才能确保施工安全。

1. 施工计划编制环节

施工计划是对施工组织进行科学合理的提前安排。施工计划中存在安全问题属于源头问题,必须严加防范。施工计划中可能存在的风险及应对措施如下:

(1)施工计划冲突　如开行工程车(调试列车)区域又安排了其他施工作业,从而存在人员与列车间冲突的可能。

为此,编制施工计划时应高度关注需要开车的施工作业,也就是 A1 类施工作业,将开车区域进行单独标注,避免在安排其他施工作业时重复安排在开车区域。

(2)施工计划与施工作业许可不一致　如计划下达的施工作业区域与施工作业许可中允许作业的区域不一致或时间不一致等,都将会给施工安全带来重大风险。

为此,施工计划编制及审批人员在下发施工作业许可凭证时,必须认真核对计划及许可中的信息,确保信息的一致性。

(3)施工计划或施工作业许可中存在错误　如时间错误、作业区域错误、施工作业许可发放错误或停电区域错误等,将可能引发错误施工、不具备施工条件施工等,均存在安全风险。

为此,施工计划编制及审批人员必须提高施工安全责任意识,做好对施工计划或作业许可凭证的审核,避免发生错误。

(4)漏安排施工配合人员　漏安排施工配合人员,会导致施工作业无法正常开展。城市轨道交通运营的维修维护除需要本单位人员参与外，还有大量的工作通过委外合同或选取有资质的企业参与一起实施。为加强对这些企业人员的管理，在安排上述单位施工作业时，一般要求运营单位安排相应专业的人员配合，做好施工安全监督管理。如果遗漏安排配合人员，则在施工请点时，车站（车辆段）将拒绝其施工。

为此，施工作业申请单位（人）在提报施工作业计划时，必须注明需要进行配合的专业人员及需求。

（5）施工计划安排不均衡　施工计划安排不均衡，会致使施工安全风险集中。如在安排施工计划时，施工作业量不均衡，忽多忽少，从而导致施工作业难以管理。或过多施工集中安排在某一区域或某一站点，从而增加排队请点时间，施工管理力度也会因施工作业数量较多而摊薄。

为此，施工计划编制及审批人员必须对施工作业进行宏观的把控，避免施工作业不均衡，避免过度集中。

（6）特殊施工作业方案未经会签、审查，批准草率　对于个别特殊的施工作业，如果影响较大，则必须在批准其施工前，将施工方案下发、进行会签，以便于各参与实施单位都能够掌握施工的方法及程序，并提前预想可能存在的风险，对不能接受的风险及时提出，由施工组织单位进行变更安排。

（7）跨越不同控制中心管控线路的施工，计划审批时未经双方控制中心审批　如某施工作业在甲线路施工，其部分作业区域需涉及与乙线相连的联络线，但未经乙线所在的控制中心审核，则该施工处于乙线的区域，实际上未获得严格意义上的批准，存在风险。

为此，涉及多条线路（或车辆段）的施工作业，必须经双方控制中心（车辆段）均审核后方可审批同意。

2. 施工请点环节

（1）施工布置　施工布置是指车站、控制中心以及车辆段的班组长或施工组织人员依据施工计划，对当天本单位施工作业进行专项强调，明确注意环节及注意事项，通知相关人员学习，做好施工安全预想，确保对本班的施工作业计划掌握到位。施工布置环节就相当于每日施工的提前预习，掌握重点，确保实施组织过程安全、有序。施工布置环节自身不会带来施工安全风险，但布置错误或遗漏重要项目，将可能给后续施工组织带来风险。施工布置重点要关注以下内容。

1）全面掌握月计划、周计划、日补充计划、临时补修计划中与本单位相关的施工作业，并按计划类别进行全面梳理。

2）认真填写施工布置台账，注明相关施工的作业区域，施工前提条件，如是否开行工程车、是否停电挂地线、作业计划开始时间和配合单位等。

3）组织本单位人员提前学习，关注施工关键点，做好预想。

4）掌握当班期间的行车安排，特别关注行车组织与施工作业关系。

（2）施工登记　施工登记是指施工作业人员在作业开始前到达车站、车辆段提前填写施工登记表格的过程（个别施工作业将在控制中心进行登记）。

1）必须认真检查施工作业的许可凭证与施工计划是否一致，避免允许错误的施工许可进行施工。

2）检查施工作业人员的证件，特别是施工负责人的证件，核实证件有效。

3）正确填写施工登记表格，对于重点信息，如停电区域、作业时间及作业区域、配合人员信息等进行认真检查或核对。

4）检查设置的施工占线板情况。施工占线板是用于记录施工作业情况的白板或特制铁板，一般画有本站到相邻两边站点的线路图。使用时，将相应标志牌，如"红闪灯""工程车（电客车）""封锁"等标志按施工现场实际放置在占线板上，用于施工作业提醒。

（3）请点 请点是施工作业中至关重要的环节，直接关系施工安全，必须高度重视，严格控制。

1）请点前必须由施工负责人在相关登记本上签名。

2）请点前必须确认施工条件已具备，如停电挂地线、配合施工的工程车（电客车）已到达指定地点待命、相关封锁区域已发布封锁命令等。

3）请点时必须确认相应的施工负责人在现场，同时如需配合人员的，配合人员也必须在现场。

4）行车调度员在批准请点时，必须认真核对施工布置中关于该施工的条件是否具备，特别是开车作业，避免错误批点。

5）施工请点后，请点站须立即通知需设置防护的车站设置红闪灯防护。需本站设防护时，立即通知防护设置人员设置红闪灯防护，避免由于通知不到位而耽误施工作业开展。在确认防护设置后，及时在施工占线板上放置红闪灯标志牌。

6）确认施工防护好后方可允许施工人员进入相应作业区域施工。车站应做好对施工人员的监控，发现施工作业人员进入错误的轨行区（如上、下行错误）时，应立即制止。

3. 施工销点环节

销点环节（含出清及撤除防护）是施工组织中最容易出现问题的环节，如错误撤除防护、未确认现场出清允许销点、销点后施工现场留有异物等，故必须加强对销点环节的控制。

1）施工销点时，必须确认施工防护已全部撤除；必须与施工负责人确认施工结束，线路出清，并要求施工负责人在相应台账上备注并签名确认后，方可向行车调度员销点。对于外单位施工，行车值班员还需确认配合人员在场，要求配合人员确认施工结束、线路出清，并签名后方可销点。

2）行车调度员在批准施工销点时，应与车站确认防护是否撤除，线路是否出清。确认后，方可允许施工销点。

3）在运营前，车站应对站内轨行区进行巡视，确保在可见范围内的线路出清。

第二节 施工作业安全规范

 案例引入

案例 1：施工防护不到位，致使乘客受伤

某地铁公司在组织电梯维修施工作业时，施工人员打开扶梯盖板进行维修。由于防护设置不到位且没有人员监控，一名乘客将故障扶梯作为步梯行走，导致在扶梯盖板处跌倒受伤。

案例 2：错误进入施工区间，与运行工程车相遇

某地铁公司某站在办理夜间施工作业时，错误放行尚未具备条件的施工人员进入轨行区，该区间有工程车作业。工程车列车司机在运行时发现前方区间有人而立即停车，未造成人员伤亡。

案例 3：施工乱操作误触短路，折返站道岔失电大晚点

某地铁公司某部门人员在某终点站进行设备巡检时，巡检规程只需目测，但该人员用测电笔验电，误将信号系统 A、B 相短路，导致该终点站全站信号系统双回路失压，道岔无法转动，造成该线路晚点 17min。

相关知识

施工作业安全除必须严格控制各个施工环节外，施工作业人员还必须佩戴相应的劳动防护用品，同时执行相应的安全作业规程。

一、劳动防护用品

劳动防护用品（劳保用品）是指由生产经营单位为从业人员配备的，使其在劳动过程中免遭或者减轻事故伤害及职业危害的个人防护装备。劳动防护用品是各类作业实施中必不可少的，也是国家法律强令要求执行与配备的。劳保用品分为特种劳保用品和一般劳保用品。特种劳保用品目录由国家安全生产监督管理总局确定并公布，未列入目录的劳保用品为一般劳保用品。特种劳保用品包括安全帽、过滤式防毒面具、长管面具、自给式空气呼吸器、安全带、特种护面罩、护目镜、防刺穿鞋、密目式安全立网、安全网、保护足趾安全鞋、阻燃防护服、防酸碱服、防静电工作服、有色眼镜、防酸碱手套、绝缘手套、绝缘靴和绝缘鞋。

下面就上述常见的劳动防护用品的主要防护特点等进行简单介绍，以便初步了解施工作业过程中应该使用何种劳动防护用品。

1. 安全帽

安全帽是防止冲击物伤害头部的防护用品，由帽壳、帽衬、下颊带和后箍组成。帽壳呈半球形，坚固、光滑并有一定弹性，打击物的冲击和穿刺动能主要由帽壳承受。帽壳和帽衬之间留有一定空间，可缓冲、分散瞬时冲击力，从而避免或减轻对头部的直接伤害。

2. 过滤式防毒面具

过滤式防毒面具是防毒面具中最为常见的一种，主要由面罩主体和滤毒件两部分组成。面罩起到密封并隔绝外部空气和保护口鼻面部的作用。滤毒件内部填充的主要成分为活性炭，由于活性炭里有许多形状不同、大小不一的孔隙，可以吸附粉尘，并在活性炭的孔隙表面浸渍了铜、银、铬金属氧化物等化学药剂，以达到吸附毒气后与其反应，使毒气丧失毒性的作用。新型活性炭药剂采用分子级渗涂技术，能使浸渍药品以分子级厚度均匀附着到载体活性炭的有效微孔内，使浸渍到活性炭有效微孔内的防毒药剂具有最佳的质量性能比。

过滤式防毒面具如图4-2所示。

3. 长管面具

长管面具是借助人的肺力吸入经过滤的新鲜空气，达到保护人体呼吸系统的安全防护装备。长管面具进气端必须放置于无污染环境，气源为常压的大气空气，用于在有毒、有害、缺氧的环境中进行救护、维修等工作。长管面具主要由全面罩、呼吸长管、进气口支架、消防员腰带和空气滤清器组成，如图4-3所示。

图4-2 过滤式防毒面具

图4-3 长管面具

4. 自给式空气呼吸器

自给式空气呼吸器是利用压缩空气提供呼吸所需要的氧气。工作人员从肺部呼出的气体通过全面罩、呼吸阀排入大气中。当工作人员呼气时，适量的新鲜空气由气体贮存气瓶开关、减压器中软导管供给阀以及全面罩被吸入人体肺部。在这个呼吸循环过程中，由于在全面罩内设有吸气阀门和呼气阀门，它们在呼吸过程中是单方向开启的，因此整个气流方向始终是沿一个方向前进，构成整个的呼吸循环过程。自给式空气呼吸器如图4-4所示。

图4-4 自给式空气呼吸器

5. 安全带

安全带是防止高处作业人员发生坠落或发生坠落后将作业人员安全悬挂的个体防护装备。

6. 特种护面罩

特种护面罩是一种用于保护眼睛和面部免受粉尘、化学物质、热气、毒气和屑物等有害物质迎面侵害的防护面罩，它是在弹性头夹上左、右各安装带齿旋钮，在带齿旋钮上安装大弧形薄曲面透明罩，大弧形薄曲面透明罩在带齿旋钮的弹性头夹上可旋置于面部或头顶部。它可与防毒口罩、防尘口罩和工作帽配合使用，达到全面防护的目的。特种护面罩如图 4-5 所示。

图 4-5　特种护面罩

7. 护目镜

护目镜就是一种滤光镜，可以改变透过光强和光谱，避免辐射光对眼睛造成伤害。护目镜可以吸收某些波长的光线，而让其他波长的光线透过，所以从外观看都呈现一定的颜色。

8. 安全鞋

安全鞋是安全类鞋和防护类鞋的统称，一般指在不同工作场合穿用的具有保护脚部及腿部免受可预见伤害的鞋类。

9. 密目式安全立网

网目密度不低于 800 目 /100cm^2，网孔用 12mm 直径的圆柱体不能插入，垂直于水平面安装，用于防止人员坠落及坠物伤害的网，一般由网体、开眼环扣、边绳和附加系绳组成。

10. 安全网

安全网是在高空进行建筑施工、设备安装或技艺表演时，在其下或其侧设置的起保护作用的网，用来防止人、物坠落，或用来避免、减轻坠落及物击伤害的网具。

11. 防护服

防护服有健康型防护服和安全型防护服两种。健康型防护服如防辐射服、防寒服、隔热服及抗菌服等，安全型防护服如阻燃服、防静电服、防弹服、防刺服、宇航服、潜水服、防酸服及防虫服等，主要应用于工业、电子、医疗、防细菌感染等环境下的作业。

12. 绝缘手套

绝缘手套又称高压绝缘手套，是用天然橡胶制成，用绝缘橡胶或乳胶经压片、模压、硫化或浸模成型的五指手套，起到对手或者人体的保护作用，主要用于电工作业。绝缘手套如图 4-6 所示。

13. 绝缘靴（绝缘鞋）

绝缘靴就是使用绝缘材料制成的一种安全鞋。绝缘是指用绝缘材料把带电体封闭起来，借以隔离带电体或不同电位的导体。绝缘靴、绝缘鞋如图 4-6 所示。

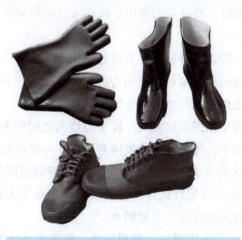

图 4-6　绝缘手套、绝缘靴、绝缘鞋

二、施工作业安全规范

任何作业或者操作都会有相应的规范性程序或要求，在作业中必须严格遵守，从而防止安全事故或意外的出现。不同城市轨道交通企业由于运作管理模式不同、设备设施及技术迥异以及环境差异等，在维修施工作业方面，可能有着不同的作业规范及标准，本书仅作简单介绍。

1. 通用作业安全注意事项

1）凡进行危险性较大、影响行车和人身安全的作业时，必须事先制订技术安全措施，并由施工负责人组织施工，派专人进行防护。

2）雷雨或暴风时，禁止在电杆上作业；正在打雷时，禁止靠近避雷设施及其引下线。

3）挖坑、沟时，应与有关部门联系，了解地下设备情况，土质松软处所应设防护和加固措施，以防坍塌；坑、沟原则上不过夜，特殊情况须采取防护措施；再开工时要检查深坑是否有有毒气体，检查坑、沟是否牢固，确认安全后方可作业。

4）装卸或搬运长大、笨重器材，多人同时作业时，要有专人指挥，统一行动，对使用的工具认真检查，防止滑动和折断，装载要牢固，禁止在车辆运行中或未停稳前进行装卸。

5）扛抬笨重物品时，每人负重一般不应超过 50kg，两人扛抬物品时，应同肩同步、同起同落，相互配合，呼唤应答。

6）各种设备、仪表的漏电保护器、熔断器及其他保护装置，应符合标准，不应任意改动，并应定期检验测试。

7）对易燃、易爆和有毒的材料，应有专人负责，隔离存放，妥善保管。

8）行灯的电压不能超过36V，在金属容器及潮湿场所电压不能超过12V。

9）电钻或电镐等手持电动工具，在使用前应采取保护性接地或接零的措施。

10）发生大量蒸气、气体和粉尘的工作场所，要使用密闭式的电气设备；有爆炸危险气体或粉尘的工作场所，要使用防爆性的电气设备。

11）用手动弯管器弯管时，要注意力集中，操作人员应错开所弯的管子，以免弯管器滑脱伤人。

12）用手动弯管器时，应选择开阔的地方进行操作。

13）削线头时，线头要向外，削线时应用力适当，防止削在手上。

14）在带电设备附近工作时，禁止使用金属卷尺测量。

15）使用梯子时，不准垫高或驳接使用，梯子与地面之间的夹角以60°为宜。

16）在配电房内搬运梯子、管子时，应放倒搬运，并与带电部分保持足够的安全距离。

17）未经调度命令，未经车站请点登记，不得擅入隧道或区间作业。在隧道或区间中作业，应穿荧光衣，作业区域放置红闪灯。作业前，施工负责人应到车站办理请点；作业结束后，施工负责人应检查出清线路，及时销点。

18）作业结束后，工作人员应清扫、整理现场。施工负责人应进行周密检查，确认后方可离开。

19）吊装物资时，吊装物不得从人员上空经过或停留；司索人员应面对吊装物，禁止背向或侧向吊装物。

20）进行设备检查和维修前，应先确认设备已断电，机械转动部件完全停止，才可进行设备检查和维修。

21）维修用的工器具及安全防护用品，必须经常检查保持完好。发现不良的，应立即停用，并及时维修或更换。检修人员每次工作前，必须检查一次。

22）高空作业，应正确佩戴适用的安全带等防护用品，需有监护人协助作业。

23）平板车装载物资不得超过车辆限界，装载货物达到一定高度时，接触网应停电。

24）客车在车辆段（停车场）内运行时，严禁其受电弓在分段绝缘器位置停车。

25）工作中要保持场地整洁，通道畅通，配件、原材料和工器具要堆放整齐。下班前，要关闭风、水、电、气等开关，工具、材料要收拾整齐，打扫周围环境，做到工完、料净、场地清。

26）在轨行区作业时，应遵守如下规定。

① 在车辆段作业时要注意瞭望列车运行，可根据线路布置建立安全岛；在岔群处以及瞭望困难处作业，须设专人防护。

② 在区间道床上行走或工作时，应不断前后瞭望；经批准在正线上作业时，须设专人防护。

③ 横过车辆段线路时，须执行"一站、二看、三通过"制度。禁止爬乘行驶中的机车或列车，禁止从行驶中的机车或列车跳上、跳下，禁止抢道、抓车和钻车。在停留列车的前部或尾部通过时，应与其保持3m以上的距离。

④ 禁止在钢轨、枕木和车辆下部休息。

27）设备房、机房及其他所属设备房内应保持清洁，通风良好，禁止烟火，并做好以下防火、灭火工作。

① 室内应备有性能良好的灭火器材，并按检修周期巡视设备，发现异状时须及时报告、处理。

② 室内不得存放易燃、易爆物品，不得用易燃液体擦洗地面和设备。

③ 禁止用汽油、酒精等易燃液擦洗运用中设备的电气接点。

28）装卸作业和押运人员应遵守如下安全规定。

① 在带电的接触网下，不准进行机械装卸作业，不准用长杆、竹竿等物测量货物装载高度，以免靠近接触网产生危险。

② 装卸作业在材料库线或指定的线路（无接触网）上进行，如必须在有接触网的线路上装卸货物时，则应按程序办理停电手续，作业中严禁碰触接触网设备。

③ 押运、随车装卸施工人员，在进入带接触网的区段内，禁止坐在车顶上、作业平台上或装载的货物上。

④ 装载车在进入接触网区段前，押运人员应仔细检查货物装载状态，不可有超出限界的额外突出物，对飘动的篷布、绳索应予以紧固。

2. 电气专业作业安全注意事项

1）城市轨道交通一般使用的接触网电压等级为 DC1500V，其各导线（如接触线、承力索、馈电线和吊弦等）及其相连部件（如腕臂、定位器、定位管、拉杆和避雷器等）都带有高压电，因此禁止直接或间接地（指通过任何物件，如棒条、导线和水流等）与上述设备接触。

2）当接触网的绝缘不良时，在其支柱、支撑结构及其金属结构上，在回流电缆与钢轨的连接点上，都可能出现高电压，因此平常应避免与上述部件相接触；当接触网绝缘损坏时，禁止与之接触。

3）新建线路在接触网送电前，城市轨道交通运营公司要把受电日期用书面通知公司内外各有关单位。各单位在接通知后，要立即转告所属有关人员。自此开始视接触网为带电设备，所需要的作业，均须按带电要求办理。

4）需要攀登接触网支柱的电力检修作业，要由经过专门训练的人员进行。

5）在检修电力高低压线路时，要将线路两端断开电源，并在工作区域两端予以接地封线。

6）新架或更换架空线路的导线时，要每隔 1km 将导线实行接地封线。

7）在隧道内悬挂的电缆上工作时，其两端须装良好的接地线。

8）对带有 220V 及以上电压的设备进行检修时，应切断电源；设备停电作业时，须派专人负责断电，并取下保险装置，悬挂停电作业牌。

9）对低压交、直流配电屏和整流器进行带电检修作业时，应使用绝缘良好的工具，站在绝缘垫上，并穿绝缘鞋（靴）。

10）在电容器上作业前，要逐个充分放电并接地后，方可开始工作。

11）切割地下埋设的电缆外皮或打开电缆套管之前，要将断开处两端连通接地，铺设干燥绝缘垫或操作人员穿高压绝缘鞋，保证人员安全。

12）在电流互感器二次回路上作业时，二次回路严禁开路，以免高电压击穿设备和危及人身安全。

13）对高于 36V 电压的设备进行作业时有如下要求。

① 使用绝缘良好的工具，穿绝缘鞋（室内应站在绝缘板上）。

② 不得同时接触导电和接地部分。

③ 作业人员未脱离导电部分时，不得与站在地面的人员接触或相互传递工具、材料。

3. 低压配电专业作业安全注意事项

1）电气设备和配电线路的绝缘应良好。裸露的带电导体应该安装在摸不到的地方，否则应设置安全遮栏和明显的警告标志。

2）电气设备的金属外壳，应根据技术条件采取技术性接地或者绝缘措施。

3）电气设备拆除后，电源线的接线端子应做好绝缘处理。

4）电气设备应设有漏电保护开关或可熔保险器。

5）电气设备检修，原则上应停电作业。若需带电作业，作业前应做好安全防护措施。

6）低压电气线路应采用低卤无毒阻燃电缆；有特殊要求的场所，应采用低卤无毒耐火阻燃电缆。

7）低压电气线路在车站公共区内的布线，应在公共区顶棚以上或公共区地下线槽内。

8）严禁私自改变低压系统运行方式、利用低压线路输送广播或通信信号以及采用"一相一地"等方式用电。

9）严禁私设电网防盗、防鼠等，严禁攀登、跨越电力设施的保护围墙或遮栏。

10）通信线、广播线和电力线要明显分开，发现电力线与其他线混合布线时，要立即通知责任部门处理。

11）长时间停用的电器，应拔下电源插座。

12）移动电缆线应做好保护，防止机械损伤或破损造成人员触电事故。

13）在同一线路上尽量只使用一个移动插座，严禁多个移动插座互相串联用电设备。

14）要求选用带开关和保护装置的移动插座。停电时，避免频繁插拔插头，尽量使用开关。如插座长期不使用，应切断电源，收放妥当。

15）避免长时间在高温或潮湿环境中使用插座；各用电插座应连接牢固，防止松脱造成接触不良。

16）使用电器时，应先插入插头，再开启电源开关。使用完毕后，须先关掉电源开关，再拔下插头。

17）室外露天场所应使用防水灯具和开关，爆炸危险场所应使用防爆灯具和开关。

18）使用电热器具，应与可燃物体保持安全距离，人离开时应断开电源。照明灯具下方禁止堆放可燃物。

19）发生电气火灾时，应先断开电源再使用专用灭火器灭火；严禁使用水和泡沫灭火剂。

20）安全电压要采用隔离变压器提供电源，禁止使用自耦变压器、分压器和半导体整流装置提供电源。

21）工作在安全电压下的电路，必须与其他电气系统和任何无关的可导电部分实行电气上的隔离。

22）发现有人触电，严禁赤手接触被触电人的裸露部位。

23）发现用电设备异常、有焦味，要立即断电检查，及时处理，严禁带故障运行。

4. 机电设备检修安全注意事项

1）检修人员作业时，必须按规定使用相关劳动防护用品，并严格遵守相关规定。

2）环控电控室母排检修时，应停止该段母排供电，在该段母排段挂接保护地线。

3）检修环控电控室开关柜所控设备及电路时，应将相应开关柜抽出在锁定位置，取下熔断器，用挂锁将操作手柄锁定，并悬挂上"禁止合闸，有人工作"的标志牌。

4）检查和维修机电设备前，应先确认设备已断电，机械部分完全停止，才可进行作业。

5）风机起动时，严禁在风机的前方或后方站立。

6）机电设备检修作业时，应设专人监护，禁止单独作业。

7）设备进行拆装时，禁止违规拆装与野蛮拆装。

8）检修人员进行挥发性液体的更换、添加时，应做好防泄漏措施。

9）管道切割后，作业人员应及时做好切口的处理，防止切口导致人员意外伤害。

10）对气体自动灭火系统进行检修作业时，应断开气瓶的电气启动回路，防止误喷，并做好被保护区的防护，以防止造成人身伤害。

11）对气体自动灭火系统的检修完成后，需将启动装置恢复到正常状态，恢复电气接线之前应保证接线端子无压降。

12）车站的自动扶梯或垂直电梯，在检修或故障处理时，自动扶梯的上、下梯头或各层梯门处应设置可靠防护，并设置相关安全警示标志。

13）发生火灾时，电梯应停止使用。电梯发生故障或困人情况时，应由专业人员处理。

5. 通信及信号设备检修安全注意事项

1）电缆芯线发生故障，需在区段上进行作业时，要把区段两端接线盒上故障芯线的专用插头拔掉，同时挂上告示牌写明"正在作业，禁止接入"的字样。

2）在站内、区间检修信号设备时，应注意以下问题。

① 禁止在机车行驶中检修机车外部的信号设备，机车入库或在车站停车检修机车外部的信号设备时，应及时降弓断电，并在列车两端悬挂防护。

② 雷雨或暴风时，禁止在信号机及电杆上作业；正在打雷时，禁止修理避雷器、地线。

③ 检修电动转辙机作业时，应打开遮断器。

④ 挖坑、沟时，应了解地下设备的情况，土质松软处所应设防护和加固措施，以防坍塌。坑、沟一般不过夜，不得已时，须采取防护措施。

3）在信号机上作业时，应注意以下问题。

① 离开梯子或站在梯子架外侧及在电杆上工作，须使用安全带；禁止上、下同时作业；不得将工具、材料放在信号机上；不准上下抛递工具、材料；列车通过时，禁止在该股道两

侧信号机上停留。

② 不准人扛、手提笨重物品攀登信号机。

4）检修及配制需加液蓄电池的注意事项。

① 穿戴耐酸碱防腐工作服、口罩、手套和绝缘胶鞋。

② 配制酸性电解液时，必须先注入蒸馏水，再缓缓注入硫酸，以玻璃棒随注随搅。

③ 极板的焊接应尽量在蓄电池室外进行，如在室内焊接时，须停止充电，排净氢氧混合气体后方可进行。

④ 在保管硫酸和配制电解液的地点，应备有净水、药棉、肥皂及2%苏打水，以备遇硫酸沾染皮肤时洗涤。

⑤ 充电间要保持通风良好，严禁烟火，确保消防器材按照要求配备，无关人员不得入内。

⑥ 充电时，充电人员注意观察，做好记录，经常检查充电状况，确保充电安全。

6. 工建及房建专业作业安全注意事项

1）对机具设备，要严格管理、经常检修、精心使用，动力机械必须由经过考试合格的人员操作。

2）对易燃、易爆及有毒物品，必须有专人保管，储藏时应与建筑物、烟火及水源隔离。搬运、装卸及使用时，应慎防起火、爆炸和中毒等。

3）野外作业遇雷雨时，作业人员应放下手中的金属器具，迅速到安全处所躲避，严禁在大树下、电杆旁或涵洞内躲避。酷暑、严寒季节应采取切实措施，防止中暑、冻伤等。

4）上班前，施工负责人和安全员要对各种机具进行机械检查，不得将有碍安全的机具带到工地使用。

5）在步行上下班时，应在路肩或路旁走行。在通过道口或横越线路时，应做到"一站、二看、三通过"，严禁来车时抢越。

6）在车辆段（停车场）线内作业时，应设专人防护并按规定请点上道；作业中来车时，应及时下道避车，下道后要站在限界以外，面向列车尾部，防止车上的车门或坠落物等伤人。

7）休息时不准坐在钢轨、枕木头及道床边坡上，绕行停留车辆时其距离应不少于3m，并注意车辆动态和邻线上开来的列车。

8）线路施工作业时，须在符合规定的施工负责人领导下进行，施工负责人应根据人员作业项目、天气等情况，具体布置安全注意事项。

9）施工作业时，作业地段不宜安排过长，严禁指派任何人到作业范围以外的线路上进行作业。

10）搬运及装卸重物时，应尽量使用机械作业。人力操作时，要统一指挥、动作一致，夜间要有充足的照明。用滑行钢轨装卸钢轨及其他重型机械设备时，滑行钢轨应支撑牢固、坡度适当，滑行前方禁止站人，后方应有保险缆绳。

11）搬运、装卸有毒和有害物品时，必须按规定穿戴防护用品。

7. 车辆专业作业安全注意事项

1）工作前必须按规定穿戴好防护用品。下地沟作业时应戴安全帽，上车顶作业时应采取安全防护措施并确认状态良好。禁止穿拖鞋、高跟鞋以及硬底鞋进行作业。

2）无电作业时，不论何时、何地，首先落实接触网隔离开关是否关断，接触网地线是否连接好。未经批准，严禁上车顶作业。

3）隔离开关应加锁，钥匙由专人保管。操作时应有人监护，操作和监护人员均要有操作证，严禁擅自操作隔离开关。

4）进行检修作业或车辆静态试验时，应在列车两端挂上各自"严禁动车""严禁升弓"告示牌。最后一组取消"严禁动车""严禁升弓"告示牌的人员要确认车辆状态，并汇报检修调度。

5）进行无电作业时，驾驶室操作台要关闭，严禁进行任何有电操作。当需绝对禁止带电作业时，检修人员应将一列车中两个蓄电池箱中的熔断器取出，由本人保管，检修完毕后复原。

6）未经允许或车未停稳，不准对列车进行检修和解钩作业。

7）员工须以安全的方式上下、穿越列车和地沟，不得从车辆直接跳跃至地面，不得从非检修车下部钻越，不得跳跃越过地沟。

8）任何人未经允许和接地线未挂好不得进入车顶检修平台，任何时候不得有翻越车顶检修平台的行为。未经允许不得使用移动扶梯上车顶。

9）使用电动工具前，应首先检查确认手把、外壳、开关、电源线以及插头等技术状态和绝缘良好。操作时要注意本人及他人安全，中断作业时要立即切断电源。

10）使用各种千斤顶时，重心要找准，底座安放平稳、牢固，其行程不得超过3/4。如铁与铁接触要加防滑木垫。

11）当受电弓升起或接上车间电源时，严禁进行无电检修作业。禁止打开高速开关箱、滤波器箱、主逆变器箱、辅助逆变器箱、直流变换器箱、辅助设备箱及车间电源箱进行检修作业。进行试验时要采取严格的安全防护措施。

12）严禁带电更换熔断器和自动开关。

13）禁止带电情况下接触电气设备导电部分。电气设备未经验电，一律视为有电。

14）在移动列车前，必须停止车间电源向地铁车辆供电，拆除供电电缆和接地线，并确认车辆状态。

15）车间电源柜操作人员在送电前要断开隔离开关，挂好接触网地线，确认车辆检修状态，并保证车间电源接线正确。当车间电源向地铁车辆供电时，允许对辅助系统、空调系统和受电弓进行作业，禁止进行其他的无电检修作业。

16）禁止在车顶上抛掷工具或其他物品。禁止在车顶、工作平台边缘放置工具及零件，以免坠落伤人。

17）拆装车下电气、机械设备、半自动车钩、半永久牵引杆时必须使用能保证安全的起重工具和专用工具。

18）在有风压时，禁止拧下管堵、塞门、风阀等风动器具和拆卸风缸。

19）严禁私接电源线。机械设备的电气部分发生故障时，要立即关闭电源开关，通知电工进行修理，禁止非电工人员进行维修。

20）设备在无电状态下检修时，要关闭电源开关并悬挂"有人作业，严禁合闸"警示牌和取下熔断器，作业完毕后复原。

21）在接触网没有停电的情况下，禁止到电客车、内燃机车及工程车车顶上进行任何作业。

22）检修库内，在接触网停电并接地以前，禁止人员登上车顶平台。

23）在车顶平台铁门、静调库可登上车顶的梯子等处，应明显地挂有"接触网有电，禁止攀登"的警告标语。

8. 登梯作业安全注意事项

1）高处作业使用的各种梯子，在使用前应进行认真检查，确保梯子完整牢固。

2）在水泥或光滑的地面上，应使用梯脚装有防滑胶套或胶垫的梯子，使用人字梯时应挂好安全链钩。在泥土地面上，应使用梯脚带有铁尖的梯子。

3）禁止在不稳固的支持物或带电设备上使用梯子。

4）为了安全，注意保持梯子与地面的倾斜角为60°左右。

5）为了防止梯子倒落，不能两人同时站立在同一梯上作业，登梯作业时应有人监护并扶梯。

6）人员使用中的梯子，禁止移动，以防造成高处坠落。

7）靠在管道上使用梯子时，梯顶需有挂钩，或用绳索将梯子与管道捆绑牢靠。

8）在门前使用梯子，应派人看守或者采取防止门突然开启的措施。

9）使用人字梯前，应检查梯子的铰链和限制开度的拉链应完好。

10）在人字梯上工作（含有限制开度的拉链或铰链的人字梯除外），不能采取骑马或站立式，以防梯脚自动展开造成事故。

9. 工程车运输、装载搬运安全注意事项

1）须对工程车列车司机进行相关的安全培训，持证上岗，并明确平板车及机车的性能及相关的技术要求；危险化学品的操作人员须接受专业培训，持证上岗。

2）开行工程车时，列车司机和车长配备无线手持电台，确保能与车站或行车调度员联系。

3）工程列车在正线停车超过30min或进行装卸货物作业后再起动时，必须进行制动机简略试验。

4）工程运输时，严禁跟车人员爬登到装载货物顶上站立或坐卧。在有接触网区段的超限货物运输，如接触网与车辆装载货物的距离较近时，必须确认接触网已断电，而且工程车未出清线路禁止接触网恢复供电。

5）工程车运行时，列车司机与车长应加强联系、瞭望，准确判断路况，发现异常情况立即停车。工程车通过车站时，应减速通过。

6）长轨运输或超限货物运输时，工程列车运行路径应一次性出清，列车司机和车长应加强瞭望，做到平稳操纵列车、及早减速，尽量避免紧急停车。

7）进行装卸作业时，禁止移动机车车辆。由于货位需要，车长得到卸车部门（单位）负责人要求移动车辆时，在确认一切装卸作业停止、货物和人员已离开机车车辆至安全位置、

工程车具备动车条件后，方可显示信号移动列车。

8）安全线、渡线（连接线）严禁存放机车车辆（装卸作业除外）。

9）卸车后有下列情况时禁止开车。

① 未清好道或货物堆放不稳固。

② 平板车端、侧板未关闭好（特殊情况不能关闭时，在确认不侵限后用钢丝捆绑固定）。

③ 跟车人员未坐稳。

④ 车内剩余货物偏载，或未整理好、加固好。

10）使用平板车运送危险货物（包括氧气瓶、液化石油气瓶等易燃、易爆物品）时，相关部门应制定运输方案，组织实施、装卸、堆码加固作业，并由货物所属部门配备 4 瓶以上的灭火器和派两名押运人全程监护。

① 装车物品要分类存放，留有安全距离，各物品装载加固要牢靠，不得超限。

② 装卸危险货物禁止使用明火灯具照明。作业时要注意轻拿轻放，严禁倒放、层装。

③ 装载完毕，由相关维修、抢险部门作业负责人进行全面检查后报告车长。

④ 跟车人员注意人身安全，所有人员严禁吸烟，严禁攀登货物、机车顶部。

11）货物的捆绑加固材料可使用未损伤的钢丝绳、盘条、固定捆绑绳索、镀锌钢丝或绳子。使用钢丝绳时，需用钢丝绳夹头和紧线器作为连接装置，以便装拆。

① 钢丝的直径应在 4.0mm 以上，直径小于 4.0mm 的钢丝应以数股拧成一根使用。禁止使用直径小于 2.6mm 的钢丝。

② 一般绳子的抗拉力应在 8 000N 以上。加固轻浮货物的绳子的抗拉力不得小于 3 000N。使用绳网加固货物时，绳网的网眼为方正，边长最大规格为 200mm。

③ 为防止运行中磨损钢丝、钢丝绳等，必要时应采取防磨措施。

④ 外形特别的货物，使用钢丝绳、钢丝等加固困难时，可使用型钢作为斜承或支架并采用焊接方法加固。卸车时应由装车部门恢复原状，禁止在车辆上挖孔。

⑤ 捆绑加固方法不得影响车辆通过曲线时的转向，并将车钩提勾杆用钢丝捆好。

10. 人力辅助检修作业车辆的安全注意事项

1）人力辅助检修作业车辆主要是指接触网梯车、单轨手推车、移动检修平台、手推平板车、液压升降平台和三轮车等辅助检修作业的车辆。

2）人力辅助检修作业车辆必须符合下列要求。

① 结构结实、轻便、稳固、牢靠。

② 人力辅助检修作业车辆须有相应的防溜装置；在轨道上作业时，应有足够的行驶控制人员，能根据需要可靠地停稳人力辅助检修作业车，并做好防溜措施。

③ 在有轨道电路的区段上使用的人力辅助检修作业车辆，车轮必须采取可靠的绝缘措施，车轮、车轴等应符合轨道要求，防止对轨道、轨旁设备带来不良影响。

④ 人力辅助检修作业车辆应加贴荧光警示标志，在轨道上作业时须配置红闪灯。

⑤ 人力辅助检修作业车辆应定期进行维护、保养，确保状态正常。

⑥ 使用人力辅助检修作业车辆时，使用单位必须指定安全负责人。

3）在使用人力辅助检修作业车辆前，应先检查是否满足安全要求，重点检查轮轴、制动部位、轨道滚轮、液压系统、板架和扶手是否正常，确认状态良好后方可使用。

4）使用人力辅助检修作业车辆时，禁止人车分离，在湿滑线路、曲线上和大风天气作业时，应采取防止倾倒措施；在坡度上，应采取防溜措施。在大于15‰的坡度上作业，必须在该区域办理施工封锁后才能作业。

5）作业时，安全负责人负责在人力辅助检修作业车辆前方巡查，巡查人员不得在轨道中间行走，以免人力辅助检修作业车辆出现突发情况时撞人。

6）使用人力辅助检修作业车辆进行作业时，注意瞭望前方，走行速度不得超过5km/h，并不得发生冲击和急剧起、停车，禁止搭坐人员。

7）使用人力辅助检修作业车辆装载物品时，应按照车辆说明书的载荷要求使用，不得超重、超高装载物品，应确保前方视野宽阔，视线盲区位置不超过2m；装载的物品必须捆扎牢固，不得有松动。

8）作业完毕后，人力辅助检修作业车辆必须稳固在轨道建筑限界以外不影响瞭望信号，并加锁保管。

抢修作业组织

在城市轨道交通运营过程中，除了正常情况下的施工作业组织外，不可避免地会发生一些突发事件，如设备故障和轨道故障等。这些突发事件发生后，有些可以维持降级运营，但是有些故障将导致无法继续运营，必须立即组织抢修。这种应急抢修组织也是维修施工作业的一种。下面就一些常见的应急抢修组织进行简单的介绍。

1. 封锁区间抢修规定

1）正线、辅助线发生各类设备故障或事故需封锁区间抢修的程序。

① 由行车调度员负责组织故障情况下的行车，根据调度值班主任助理（维修调度，下同）要求进行相关问题的处理。

② 行车调度员向有关站发布封锁线路的命令。

③ 行车调度员根据需要通知电力调度员停电。

④ 调度值班主任助理负责组织封锁区间内的设备抢修工作，并指定一名施工负责人为现场指挥。

⑤ 抢修完毕，现场指挥确认线路出清后报调度值班主任助理，调度值班主任助理签认恢复行车时间，该封锁区间交回行车调度员解封、组织列车运行。

2）抢修、救援人员进出已交由调度值班主任助理控制、封锁的区间应使用无线电话（如无法联络时经车站）向调度值班主任助理申请，得到调度值班主任助理批准后进入封锁的区间。

3)故障、事故处理完毕,由现场指挥报调度值班主任助理、检修调度员或车辆段调度员线路开通;遇车辆在正线上起复救援时,由现场总指挥确认可以行车后,事故处理主任报告行车调度员开通线路。

2. **运营时间正线、辅助线发生各类设备故障需短时间进行临时抢修的规定**

1)进入隧道前,须先到车站控制室办理有关手续,在得到行车调度员批准并落实安全防护措施后,方可进入。

2)施工安全措施如下:

① 施工负责人按规定放置红闪灯进行防护。

② 值班站长(车站值班员)在IBP盘(综合监控后备盘)上使用紧急停车按钮,对相关轨道区段进行施工防护,并通知站台站务员。站台站务员要监督抢修人员进入正确的区域,并报告值班站长(车站值班员)。

③ 行车调度员把列车扣停在前方站。

④ 人员进入轨道时,应通过站台端墙的上下轨道楼梯进出。站台岗人员要监督施工作业人员进入正确的作业区域。

3. **运营时间到区间隧道抢修行车设备的规定**

1)需搭乘列车到区间隧道抢修行车设备时,需经调度值班主任批准。

2)由调度值班主任助理组织好抢修人员在车站等候,按行车调度员指定的车次上车(行车调度员通知所有列车司机和相关车站)。

3)抢修人员登乘驾驶室,通知列车司机在故障点前停车,从驾驶室门下车进入轨道(或进入疏散平台),尽快进入水泵房安全地带后,用手信号白色灯光作圆形转动(表示已到安全地点)以通知列车司机继续运行。

4)进入驾驶室的抢修人员,不得影响列车司机的工作,并以两人为限。如果超过两人时,其余人员到客室乘车,下车时通过驾驶室门进入轨道(或进入疏散平台)。

5)未经行车调度员同意,在水泵房的抢修人员只能在水泵房内作业,严禁侵入行车限界,影响行车及人身安全。

6)需从区间内返回车站时,维修人员使用无线电话向调度值班主任助理申请,调度值班主任助理分别通知抢修人员和列车司机,抢修人员使用手信号红色灯光给出停车手信号,指示列车司机停车,并打开驾驶室车门让检修人员上车。

在车站或线路两旁发生设备故障或事故,但不影响到列车正常运行时,由调度值班主任助理统筹处理。

理 论 复 习

一、填空题

1. _____ 是指施工作业结束后,作业人员确认施工区域出清,向作业批准部门申请结束施工状态的程序。

2. 影响正线、辅助线行车的施工为_____类施工作业,其中不开行工程列车、电客车的施工为_____类。

3. 施工计划一般分为月计划、周计划、_____和临时补修计划。

4. 站内线路施工时,需在车站两端端墙平行的_____设置红闪灯防护。

5. 施工作业需要进入气体保护房间的,必须在进入气体保护房间前将气体灭火系统手自动开关转至_____位,避免施工作业时气体保护系统误启动而造成危险。

6. 工程车(调试列车)开行时,非随车施工人员与列车应有_____m以上的安全间隔距离。

7. 凡进入线路施工的施工作业人员必须按要求穿_____,并根据作业性质及作业要求使用其他安全防护用品。

8. 在地铁车站内或其他区域进行动火作业时,都存在较大的消防安全风险,为此必须对动火作业进行重点管理,实施作业许可制度,由作业单位提报申请_____,经相应管理单位审批签发后,方可依据该许可证到作业地点办理施工作业手续,并做好相应防护。

9. 使用梯子时,不准垫高或驳接使用,梯子与地面之间的夹角以_____°为宜。

10. 在步行上下班时,应在路肩或路旁走行。在通过道口或横越线路时,应做到_____,严禁来车时抢越。

二、判断题

1. 工程车(调试列车)开行时,按施工前进方向,人员在前、列车在后,原则上不得颠倒或列车运行前后皆安排有作业。（　　）

2. 在开行高速调试列车的封锁作业区前后方必须保证至少有一个站台区间空闲。（　　）

3. 负责在站台端墙处线路设置和撤销区间作业的施工防护,是车站人员的职责。（　　）

4. 根据施工请点的相关要求,请点时必须确认相应的施工负责人在现场,同时如需配合人员的,配合人员可以电话签到。（　　）

5. 运营时间到区间隧道抢修行车设备时,进入驾驶室的抢修人员,不得影响列车司机的工作,超过两人时,应靠边站好,以免影响列车司机作业。（　　）

实 践 训 练

1. 试比较接触轨检修与接触网检修的安全注意事项的异同。
2. 制订轨道检修人身安全管理办法。

第五章

安全制度管理

城市交通拥堵直接催生了城市轨道交通的蓬勃发展，城市轨道交通线路可位于地下、地面或高架桥，节省了大量地面城市用地，污染小、噪声低、运量大、省时准时。但是，城市轨道交通存在的安全隐患也不容忽视。大量城市轨道线路深埋于地下，空间密闭狭小，通风条件差，一旦发生紧急情况，救援困难，疏散能力弱。地面及高架线路则严重受制于气候条件，风霜雨雪雾都会影响列车运行安全和乘客人身安全。城市轨道交通列车载客量较大，车站是公共候车地点，无论列车还是车站，都是人员高度密集的场所，一旦发生事故，很容易造成群死群伤的局面。同时城市轨道交通具有公共交通的性质，乘客来源复杂，人为的安全隐患较高。在城市轨道交通运营生产活动中，必须把安全放在首要位置，防患于未然，预先设想各种不安全状况，并制订相应的应对措施，防止一旦发生意外而手忙脚乱。

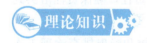

第一节　安全生产预防制度

某地铁公司对所辖车站和线路的汛期风险分析

1. **地域汛期风险**

本市地处北方，雨量集中于夏秋季节，6～9月期间为汛期，降水占全年降水量的63%～70%，易发生洪涝灾害。

2. **地铁车站和隧道的总体风险**

本市地铁车站和隧道大都处于地面标高以下，容易受到洪涝灾害积水回灌危害，同时受到岩土介质中地下水渗透浸泡危害。

3．地下水或地表水灌入地铁车站和隧道的风险

1）会使装修材料霉变，并会造成电气线路、通信、信号元件等受潮浸水损坏失灵，从而造成事故。

2）可能造成人员伤害、设备损坏，从而导致地铁局部或全线停止运营。

3）积水导致钢轨湿滑，影响轮轨粘着，导致列车空转滑行；车站站台或站厅积水，影响乘客人身安全。

4）大量乘客长时间滞留车站，影响车站运作。

5）排水不畅造成水淹道床、轨道，影响正常行车。

 相关知识

城市轨道交通运营安全应遵循"安全第一、预防为主、综合治理"的原则，以满足城市轨道交通建设和运营安全、可靠、节能、环保、高效、便捷的要求。为此，交通运输部颁布了《城市轨道交通运营安全风险分级管控和隐患排查治理管理办法》，于2019年11月1日起施行。城市轨道交通运营单位应建立风险分级管控和隐患排查治理的双重预防制度，以全面提升安全生产整体预控能力。

城市轨道交通运营安全风险分级管控和隐患排查治理工作坚持目标导向、全面覆盖、科学施策、闭环管理的原则。城市轨道交通运营主管部门对本行政区域内运营单位运营安全风险分级管控和隐患排查治理工作实施监督管理，督促运营单位采取安全防护措施，尽快消除重大隐患。对跨城市运营的城市轨道交通线路，由线路所在城市的城市轨道交通运营主管部门按职责协商组织开展运营安全风险分级管控和隐患排查治理的监督管理工作。运营单位承担运营安全风险分级管控和隐患排查治理工作主体责任，逐级分解责任，确保责任落实到部门和岗位。

城市轨道交通运营主管部门应将运营单位运营安全风险分级管控和隐患排查治理工作情况纳入年度监督检查计划，重点检查以下内容：运营安全风险分级管控和隐患排查治理工作制度建设情况；风险数据库、隐患排查手册建立情况；重大风险管控措施落实情况；重大隐患治理情况。

一、风险分级管控

城市轨道交通运营单位应按照交通运输部于2018年11月颁布的《公路水路行业安全生产风险辨识评估管控基本规范（试行）》，积极推进安全生产风险管理工作，提升管理部门业务指导能力，以人为本，全员参与，全过程各环节控制，主动辨识和评估风险，实施针对性的风险管控，有效预防和减少各类风险事件的发生，保证生产经营活动的顺利进行，保障人民群众生命财产安全。

1．基本概念

风险是指不确定性对目标的影响。影响是偏离预期，通常指负面的。目标可以是不同

方面（如生命财产安全、环境保护、社会影响等）和层面（如战略、组织范围、项目、产品和过程）的目标。

风险管理是指在风险方面，指导和控制组织的协调活动。风险管理的原则包括业务融合原则、系统化原则、动态管理原则。

风险辨识是指发现、确认和描述风险的过程，包括风险原因和潜在后果的辨识。风险辨识首先应划分作业单元，然后再确定风险事件。划分作业单元是指运营单位按照风险管理需求"独立性"原则，根据业务范围、生产区域、管理单元、作业环节、流程工艺等进行作业单元划分，并建立作业单元清单；确定风险事件是指运营单位针对不同作业单元，按照人、设施设备、环境、管理四要素进行主要致险因素分析。

风险管控是指生产经营单位应根据不同作业单元的风险等级，明确风险管控责任、制定相关制度、实施风险管控，将安全生产风险控制在可接受范围之内，防范安全生产事故发生。生产经营单位应严格落实风险管控主体责任，结合生产经营业务风险管控需求以及机构设置情况，按照"分级管理"原则，明确不同等级风险管控责任分工，并细化岗位责任。

城市轨道交通运营安全风险分级管控是对城市轨道交通运营过程中存在的安全生产风险点进行辨识、评估，确定风险等级，采取相应管控措施，实施风险动态管理的活动。

2. 风险分类及风险等级

（1）运营安全风险分类 基于城市轨道交通技术特点和行业经验，运营安全风险按照业务板块分为设施监测养护、设备运行维修、行车组织、客运组织、运行环境等。

设施监测养护类风险包括桥梁、隧道、轨道、路基、车站、控制中心和车辆基地等方面的风险；设备运行维修类风险包括车辆、供电、通信、信号、机电等方面的风险；行车组织类风险包括调度指挥、列车运行、行车作业、施工管理等方面的风险；客运组织类风险包括车站作业、客流疏导、乘客行为等方面的风险；运行环境类风险包括生产环境、自然环境、保护区环境、社会环境等方面的风险。

（2）运营安全风险等级 城市轨道交通运营安全风险等级从高到低划分为重大、较大、一般、较小四个等级。

风险等级（D）由风险点发生风险事件的可能性（L）和后果严重程度（C）决定，即 $D=L \times C$。

1）可能性统一划分为极高、高、中等、低、极低五个级别。可能性指标是针对不同作业单元，搜集生产经营单位近年来突发事件发生情况频次数据，并根据最新辨识到的主要致险因素，结合行业实践经验，进行风险事件发生可能性评价，并通过可能性判断标准，进行突发事件发生可能性评分。

2）后果严重程度统一划分为特别严重、严重、较严重、不严重四个级别。后果严重程度指标是针对不同作业单元，分析风险事件发生后，可能造成的最大人员伤亡、经济损失、环境污染、社会影响，综合参考历史上类似事件后果损失，根据后果严重程度判断标准，进行后果严重程度指标评分。

3. 风险分级管控的实施

（1）运营安全风险辨识　城市轨道交通运营单位每年对所辖线路开展一次风险全面辨识，持续发现未知安全风险，并及时更新风险数据库。城市轨道交通新线投入初期运营和正式运营时，运营单位应同步组织开展风险全面辨识。初期运营期间，可视情况增加辨识频次。遇到以下情况之一的，还应对特定领域、特定环节、特定对象开展风险专项辨识。具体包括：运营环境发生较大变化；运营单位部门分工进行较大调整；发生运营险性事件；新设备、新技术、新工艺投入使用；车辆、信号等关键系统更新以及车站、线路等改造后投入使用；法律法规、规章制度发生较大变化；需开展风险专项辨识的其他情况。

运营风险危险源辨识范围应涵盖轨道交通运营范围内的常规和非常规活动、工作人员、乘客、其他相关人员、设施设备及环境因素。运营单位应根据大客流、设施设备老化等风险源致险因素及其指标控制要求，对风险源进行监测、评估、预警，及时掌握安全风险状态和变化趋势，并做好安全防范。运营单位应将辨识出的风险源及其应急措施等信息及时告知相关人员，包括本单位员工、进入危险源工作区域的外部人员及乘客等。

（2）制订风险管控措施　运营单位应按照"分级管控"原则建立健全风险管控工作机制。对于重大风险，应由运营单位负责人牵头组织制订管控措施；对于较大风险，应由专业部门负责人牵头组织制订管控措施；对于一般风险及较小风险，应由班组负责人组织制订管控措施。

运营单位应对重大风险编制监控方案和专项应急措施，并对重大风险影响区域的相关人员组织开展安全防范、应急逃生避险和应急处置等的宣传、培训和演练；重大风险管控失效发生运营险性事件的，应急处置和调查处理后，应及时对相关工作进行评估总结，对管控措施进行完善改进。

（3）建立风险数据库　运营单位应结合运营管理水平和运营险性事件等情况，逐项确定安全风险等级并制订风险管控措施，形成本单位运营安全风险数据库（以下简称风险数据库），内容至少包括业务板块、风险点（工作单元/操作步骤）、风险描述、风险等级、管控措施、责任部门及责任岗位、责任人等。

风险点及可能产生的风险应进行细化。设施监测养护和设备运行维修类应细化到各设施设备维护工作单元，行车组织、客运组织、运行环境类应细化到岗位或人员的关键操作步骤。

风险数据库中的风险管控措施应符合设施设备运行维护、行车组织管理、客运组织管理、从业人员管理、保护区管理等有关规定，并及时纳入本单位相关管理制度、作业标准或应急预案。

（4）动态更新　因人员、设施设备、作业环境、管理等因素变化，台风、洪涝、冰雪等气象灾害和地震、山体滑坡、地质塌陷等地质灾害，或其他因素引起安全风险上升、管控效果降低、安全问题凸显时，运营单位应及时将风险预警和管控要求通知到相关管理和作业人员。

运营单位应结合隐患排查、事故经验教训等，对风险管控措施的有效性进行跟踪，掌握风险状态和变化趋势，补充新认知风险，补强和完善风险管控措施，并及时更新风险数据库。

新增或更新的风险管控措施应及时修订到本单位的相关管理制度、作业标准或应急预案。其中，重大风险管控措施应在 3 个月内修订完成。

二、隐患排查治理

隐患排查治理是对城市轨道交通运营过程中人的不安全行为、物的不安全状态、环境的不安全因素、管理上的缺陷导致的风险管控措施弱化、失效、缺失等进行排查、评估、整改、消除的闭环管理活动。

1. 隐患分类

隐患分为重大隐患和一般隐患两个等级。

（1）重大隐患　重大隐患是指可能直接导致安全生产事故或列车脱轨、列车冲突、列车撞击、列车挤岔、火灾、桥隧结构坍塌、车站和轨行区淹水倒灌、大面积停电、客流踩踏等运营险性事件发生的隐患，一般具有危害和治理难度大、易造成全线/区段停运或封闭车站、关键设施设备长时间停止运行、需要较长时间治理方能排除、本单位自身难以排除等特点。

（2）一般隐患　一般隐患是指除重大隐患外，其他可能影响运营安全的隐患，一般具有危害或治理难度较小、能够快速消除等特点。

2. 隐患排查治理的实施

（1）确定隐患等级　运营单位应对照风险数据库，逐项分析所列风险管控措施弱化、失效、缺失可能产生的隐患，确定隐患等级，并按照"一岗一册"的原则分解到各岗位，形成各岗位的隐患排查手册，明确排查内容、排查方法、排查周期等内容。

（2）隐患排查　隐患排查包括日常排查、专项排查等方式。

日常排查是指结合班组、岗位日常工作组织开展的经常性隐患排查，排查范围应覆盖日常生产作业环节，每周应不少于 1 次；专项排查是运营单位在一定范围、领域组织开展的针对特定隐患的排查，可与运营单位专项检查、安全评估、季节性和关键时期检查等工作结合开展。

开展专项排查的情况：关键设施设备更新改造；以防汛、防火、防寒等为重点的季节性隐患排查；重要节假日、重大活动等关键运输节点前；重点施工作业进行期间；发生重大故障或运营险性事件；根据政府或有关管理部门安全部署；需开展专项排查的其他情况。

隐患排查过程中，发现情况较为紧急的，运营单位应立即采取划定隔离区域、员工现场盯控等防范措施，并及时告知相关人员，防范事态扩大；情况特别紧急的，应视情采取人员疏散、停止作业或停用有关设施设备、封锁线路或关闭车站等安全控制措施，确保运营安全。

（3）隐患治理

1）一般隐患治理。对于排查出的一般隐患，运营单位应立即组织消除，并加强源头治理，避免问题重复发生；无法立即消除的隐患，应分阶段细化整治措施，未整改完毕前应制订可靠的安全控制和防范措施。一般隐患整改完成后，由运营单位部门负责人或相关专业技术人员复核确认销号。

2）重大隐患治理。对于排查出的重大隐患，运营单位应立即上报城市轨道交通运营主管部门，由城市轨道交通运营主管部门挂牌督办，督促有关责任单位制订并实施严格的隐患治理方案，做到责任、措施、资金、时限和预案等落实到位。隐患治理方案应自排查出重大隐患之日起 15 个工作日内报送城市轨道交通运营主管部门。重大隐患未整改完毕前应制订可靠的安全控制和防范措施，整改完成后，由运营单位负责人组织验收销号，形成明确验收结论，并于 3 个工作日内报送城市轨道交通运营主管部门。

对于治理难度大、影响范围广、危险程度高、涉及部门多、难以协调整治的重大隐患，城市轨道交通运营主管部门应及时报告城市人民政府协调解决。

（4）建立隐患排查治理台账　运营单位应建立隐患排查治理工作台账，记录隐患排查治理情况，内容至少包括隐患内容、排查人员、排查时间、隐患等级、主要治理措施、责任人、治理期限、治理结果、未能立即消除时的临时措施等。

第二节　运营险性事件管理制度

案例引入

某地铁公司对运营险性事件的调查要求

城市轨道交通运营险性事件发生后，地铁公司立即组织调查组（由上级部门组织调查时，调查组按照上级部门要求成立）。

调查组取证内容包括运营险性事件的事实材料、证人材料、监控录音、监控录像、工作台账记录、设备运行记录等，现场的拍照、摄像，绘制的运营险性事件现场图，其他与运营险性事件相关的材料。

为了完成上述调查内容，形成技术分析报告，调查组有权进行一系列调查，相关人员应予以配合。调查组的调查权限包括勘查事件现场，收集有关物证，调取有关录音、录像及设备运行记录等，询问有关人员并进行笔录，要求被调查的部门和当事人提供书面材料和证明，要求当事人提供工作记录、相关设备操作记录以及其他必要的文件资料，查验设施设备和财产等损坏和人员的伤亡情况，核实事故（事件）发生前的设备运行状态、设施技术状态、配员及职务状态，要求有关部门提供财产损失价值、人员伤害等有关证明。

相关知识

交通运输部出台的《城市轨道交通运营险性事件信息报告与分析管理办法》于 2019 年 8 月 1 日起施行，是在《生产安全事故报告和调查处理条例》《国家城市轨道交通运营突发事件应急预案》《国务院办公厅关于保障城市轨道交通安全运行的意见》《城市轨道交通运营管理规定》等基础上制定的。该办法是城市轨道交通运营险性事件的信息报告与分析工作的依据，能够有效指导督促各地及时、准确报送事件信息，为综合研判、妥善应对处置争取宝贵时间，并对已发生险性事件开展分析和总结评估，可更好提升运营安全管理水平，夯实运营安全管理基础。

城市轨道交通运营主管部门负责监督管理本行政区域内城市轨道交通运营险性事件的报告与分析工作。对跨城市运营的城市轨道交通线路，由线路所在城市的城市轨道交通运营主管部门协商确定运营险性事件报告与分析工作的分工和职责。

一、运营险性事件的含义

城市轨道交通运营险性事件是指在城市轨道交通运营过程中因隐患排查治理不到位造成风险失控而发生的，对城市轨道交通运营安全和服务造成较大影响的事件。

在范围上，运营险性事件比运营生产安全事故的内涵更加广泛，所有运营生产安全事故都属于险性事件，但险性事件的范围远不止事故。

二、运营险性事件等级

城市轨道交通运营险性事件达到国务院规定的事故等级的，按国务院规定的等级和分类标准，分为特别重大事故、重大事故、较大事故和一般事故。

划分事故等级的主要依据是事故造成的人员伤亡或者直接经济损失。事故构成条件中所称的"以上"包括本数，所称的"以下"不包括本数。

（1）特别重大事故　造成 30 人以上死亡，或者 100 人以上重伤（包括急性工业中毒，下同），或者 1 亿元以上直接经济损失的事故。

（2）重大事故　造成 10 人以上 30 人以下死亡，或者 50 人以上 100 人以下重伤，或者 5 000 万元以上 1 亿元以下直接经济损失的事故。

（3）较大事故　造成 3 人以上 10 人以下死亡，或者 10 人以上 50 人以下重伤，或者 1 000 万元以上 5 000 万元以下直接经济损失的事故。

（4）一般事故　造成 3 人以下死亡，或者 10 人以下重伤，或者 1 000 万元以下直接经济损失的事故。

三、主要运营险性事件清单

1) 列车脱轨。脱轨是指车辆在正线、配线、车场线等线路运行时，车轮落下轨面（包括脱轨后又自行复轨）或车轮轮缘顶部高于轨面（因作业需要的除外）而脱离轨道。

2) 列车冲突。冲突是指在正线、配线、车场线等线路，列车、机车车辆相互间或与工程车、设备设施（如车库、站台、车挡等）发生冲撞。

3) 列车撞击。撞击是指在正线、配线、车场线等线路，列车或机车车辆在运行过程中与行人、机动车、非机动车及其他障碍物发生碰、撞、轧。其他障碍物是指声屏障、防火门、人防门、防淹门等构筑物及射流风机、电缆、管线等吊挂构件或其他设备脱落侵入限界。

4）列车挤岔。挤岔是指在正线、配线、车场线等线路，由于道岔位置不正确、尖轨未能与基本轨密贴，导致列车通过道岔时将尖轨与基本轨挤开或挤坏的过程，造成尖轨弯曲变形、转辙机损坏。

5）列车、车站公共区、区间、主要设备房、控制中心、主变电所、车辆基地等发生火灾。

6）乘客踩踏。

7）车站、轨行区淹水倒灌。车站、轨行区淹水倒灌是指雨水等通过出入口、风亭、过渡段洞口等倒灌车站和轨行区，导致车站公共区积水浸泡或漫过钢轨轨面。

8）桥隧结构严重变形、坍塌，路基塌陷。

9）大面积停电。大面积停电是指单个及以上车站、变电所、控制中心或车辆基地范围全部停电。

10）通信网络瘫痪。通信网络瘫痪是指行车调度指挥通信、车地无线通信、通信网络传输系统等中断30min（含）以上。

11）信号系统重大故障。信号系统重大故障是指中央和本地自动监控系统（ATS）均无法监控列车运行或联锁故障错误持续60min（含）以上。

12）接触网断裂或塌网。

13）电梯和自动扶梯重大故障。电梯和自动扶梯重大故障是指载客电梯运行中发生冲顶、坠落或电梯轿厢滞留人员90min（含）以上，自动扶梯发生逆行、溜梯。

14）夹人夹物动车造成乘客伤亡。夹人夹物动车是指乘客或物品夹在列车车门或站台门时动车，含乘客或物品夹在列车和站台门之间时动车。

15）网络安全事件。网络安全事件是指因系统漏洞、计算机病毒、网络攻击、网络侵入等对运营安全造成严重影响的事件。

16）造成人员死亡、重伤、3人（含）以上轻伤以及正线连续中断行车1h（含）以上的其他运营事件。中断行车是指线路中有2个及以上车站或区间发生单向行车中断。

四、信息报告

1. 信息报告的时限

发生运营险性事件的，城市轨道交通运营单位应在1h内向城市轨道交通运营主管部门报告。城市轨道交通运营主管部门应将信息逐级上报至交通运输部，每级上报时限不超过2h，重大情况可越级上报。

其中构成特别重大和重大运营安全事故的，按照国务院规定报告，逐级上报至国务院安全生产监督管理部门和负有安全生产监督管理职责的有关部门。国务院安全生产监督管理部门和负有安全生产监督管理职责的有关部门以及省级人民政府接到发生特别重大事故、重大事故的报告后，应当立即报告国务院。

2. 信息报告的内容

报告运营险性事件应包括下列内容：

1）发生单位。
2）发生的时间、地点、现场情况及简要经过。
3）已经造成或者可能造成的伤亡人数（包括下落不明的人数）和初步估计的直接经济损失。
4）已经采取的措施。
5）对运营造成的影响。
6）初步原因分析。
7）下一步措施和需要协调事项。
8）其他应报告的情况。

对运营险性事件处置的新进展、新情况应及时续报。

五、技术分析

1. 技术分析的权限

城市轨道交通运营单位应组织设备供应商以及相关责任单位对运营险性事件开展技术分析，并在运营险性事件发生之日起 30 日内形成分析报告。城市轨道交通运营主管部门可共同参与技术分析工作，并视情况邀请专家或第三方专业机构共同参加，参与专家和专业机构不得擅自对外发布技术分析有关情况。

相关单位和个人应配合开展运营险性事件技术分析工作，按要求及时提供相关技术文件、数据和资料，并对所提供材料的真实性负责。

2. 分析报告的内容

运营险性事件技术分析工作应坚持客观公正的原则，真实还原事发经过，形成运营险性事件技术分析报告，报告应包括以下内容：

1）发生单位概况。
2）发生经过和处置情况。
3）造成的人员受伤和直接经济损失。
4）事件发生的原因分析。
5）事件整改与防范措施。
6）有关图文、视频、音频、数据等资料。

3. 分析报告的报送时限

城市轨道交通运营单位应在形成运营险性事件技术分析报告后 5 个工作日内，报送至城市轨道交通运营主管部门。城市轨道交通运营主管部门应在收到报告后逐级报送至交通运输部，每级报送时限不超过 10 个工作日。

重大运营安全事故调查报告按规定程序经批复后，省级交通运输主管部门应在 10 个工作日内报送至交通运输部。较大和一般运营安全事故调查报告批复后，城市轨道交通运营主管部门应逐级报送至交通运输部，每级报送时限不超过 10 个工作日。

六、总结提升

1．总结评估

运营单位应按年度对本单位城市轨道交通运营险性事件的发生情况、发生原因、发展趋势、变化规律以及既往运营险性事件整改及防范措施实施效果等进行总结评估，形成书面报告并及时报送至城市轨道交通运营主管部门。城市轨道交通运营主管部门汇总分析后，形成本辖区运营险性事件分析报告，于次年 1 月底前逐级报送至交通运输部。

2．制订整改措施

（1）运营主管部门　城市轨道交通运营主管部门应督促运营单位吸取运营险性事件经验教训，制订相应整改措施消除隐患并监督落实，不断改进提升运营安全水平。

城市轨道交通运营主管部门应督促运营单位及时对本单位发生的运营险性事件制作安全警示片等多种形式的安全警示材料，开展警示教育活动。安全警示片内容应包括运营险性事件基本情况、主要原因、造成后果、经验教训等。

（2）交通运输部　交通运输部根据行业运营安全动态，不定期发布警示案例、情况通报、分析报告，持续记录、动态跟踪行业安全态势，提出行业安全发展策略。

交通运输部总结行业出现的共性问题、新问题或可能带来严重后果的问题，组织年度研讨，并邀请行业专家参加，提出改进意见和措施，不断提升行业安全管理水平。

第三节　应急处置管理制度

 案例引入

某地铁公司汛期防洪应急预案

一、总则

1．编制目的

为了确保汛期轨道交通行车安全，有效地预防、减小洪水灾害，提高轨道交通汛期防洪突发事件的处置能力，特制订本应急预案。

2．适用范围

本预案适用于公司所辖车站、线路、车场等，汛期暴雨、洪水产生的灾害及其次生灾害的应急处理。

3．编制依据

《中华人民共和国突发事件应对法》《中华人民共和国安全生产法》《生产安全事故报告和调查处理条例》《国家突发公共事件总体应急预案》《国家城市轨道交通运营突发事件应急预案》《行车组织规则》等。

4. 处置原则

坚持"常备不懈"的原则，提前做好防洪物资储备，定期开展防洪演练。

坚持"安全第一"的原则，必要时疏散或隔离相关人员、封锁相关区域。

坚持"统筹兼顾"的原则，在防洪抢险的同时，在确保安全的前提下，最大限度地维持地铁运营。

二、组织指挥体系

组织指挥应急机构由防洪领导小组、防洪指挥中心、现场处置指挥部三部分组成。防洪领导小组是地铁公司突发事件应急救援工作的全面领导、指挥和决策的机构，防洪指挥中心为防洪领导小组的辅助机构，现场处置指挥部为现场应急指挥机构。

1. 防洪领导小组

防洪领导小组包括组长、副组长、成员、专家组。组长由地铁公司经理担任，副组长由分管副经理与总工程师担任，成员由各部门领导组成，专家组由工务、车辆、供电、通信、信号、环控、运输等方面的专家组成。

防洪领导小组的主要职责：负责地铁公司层面的统一指挥、协调，积极参与、配合水灾救援工作。

专家组的主要职责：研究分析水灾风险，为应急处置提供决策建议和技术支持，参与事件调查。

2. 防洪指挥中心

控制中心（OCC）为运营防洪指挥中心，统一领导、指挥防洪救灾工作。防洪指挥中心总指挥由运营分管领导担任。

防洪指挥中心的主要职责：负责信息的收集、传达、汇报，负责应急响应的启动和结束，负责应急救援工作的协调，负责应急联动处置工作，负责及时联系公安、消防、公交、医疗等社会力量参与地铁应急救援，负责统筹管理地铁公司内部及社会的应急资源。

3. 现场处置指挥部

现场处置指挥部由现场指挥人和专业防洪抢险救援队伍负责人组成，是防洪指挥中心的现场派出机构。

（1）现场指挥人　现场指挥人由现场职位最高的领导担任。先期处置时，可由值班站长、车场调度员、值班工班长等暂时承担现场指挥工作。

现场指挥人的主要职责：与应急指挥中心联系，及时反馈救援现场情况，负责救援现场的指挥协调工作。

（2）各专业防洪部门　现场处置指挥部的成员为各专业防洪抢险救援队伍负责人，参与防洪抢险的专业部门主要包括综合维修部、调度部、车务部、综合部。

1）综合维修部负责本专业系统设备的抢险工作，负责本专业抢险人员进出封锁区及工器具管理，负责组织维修人员在接到抢险令后按规定时间赶赴现场开展抢险工作，负责向现场指挥报告抢险行动中的新情况及重大问题。

2）调度部负责事件、事故信息收集和报送工作，负责应急抢险期间的正线行车指挥，负责组织应急抢险期间的停送电作业，负责对环控、电力系统进行监控，负责发布抢险令、协调抢险相关工作。

3）车务部负责维持站内乘客秩序，负责组织人员疏散和伤员救助，负责与公安、医疗等外单位的协调与配合。

4）综合部负责救援车辆和列车司机的调配，负责必要的后勤保障工作（饮用水、工作餐等），负责本部门防洪物资管理工作，负责对外媒体接待工作。

三、信息报告

1．信息报告内容

事件发生的时间、地点，水灾规模、积水情况、水灾性质、人员伤亡及被困情况、设备损坏情况及影响范围等事件概况，已采取的处置措施，请求支援的事项。

2．信息报告流程

对于市政府发布的汛情预警，由控制中心（OCC）向各部门发布相关信息。

对于地铁公司管辖范围内发生的水灾，发现人报告本部门领导，再由各部门领导向控制中心（OCC）报告，控制中心（OCC）接到报告后通知各专业防洪抢险救援队并报告分管安全副经理。

四、应急响应

1．响应分级

根据市气象台的天气预报及异常来水、暴雨、水灾情况、对中断行车影响等，地铁防洪应急响应分为Ⅰ、Ⅱ、Ⅲ三级，由地铁公司领导或控制中心（OCC）值班主任根据条件启动。

2．响应措施

（1）防洪预警响应　市气象台发布暴雨蓝色预警信号时，各部门进入预警状态。

各生产部门安排人员检查关键防洪部位设备状况，检查防洪应急物资和防洪设备，确保其物资齐全、功能有效，并做好防洪抢险应对计划。

（2）防洪Ⅲ级响应　市气象台发布黄色暴雨信号时，地铁公司启动防洪Ⅲ级响应。

分管领导及各部门负责人24小时电话值班，各级防洪抢险救援队成员保证通信畅通，以便随时掌握和处理防洪事宜。环控调度员每1小时检查一次水位报警信息和排水设备状态，发现异常立即组织处理。车务部、综合维修部、车辆部等部门加强本部门所辖设备或区域的巡视检查，发现问题及时向控制中心（OCC）报告，必要时组织人员登乘列车或在车站设置观察点以便随时观察所管设备的水患情况，水患危及行车安全时及时对相关地段限速或封锁，水患影响车站运行时做好乘客的宣传、疏散、服务工作，本部门所辖设备或区域受水影响时立即安排部门防洪抢险救援队伍参与抢险。

（3）防洪Ⅱ级响应　市气象台发布橙色暴雨信号时，地铁公司启动防洪Ⅱ级响应。

公司领导及车务部领导线上值班，其他部门负责人24小时电话值班。环控调度员每1小时检查一次水位报警信息和排水设备状态，发现异常立即组织处理。各部门加强所辖设备或区域的巡视，安排人员到关键防洪部位值守，将排水设备准备，并将相关沙袋搬运至防洪关键部位。故障设备管理部门或受水患影响部门立即启动部门级相关区域的防洪抢险救援队参与抢险或集结至指定地点待命，必要时组织部门全部防洪抢险救援队参与抢险，可视情况请求其他部门协助抢险。必要时对列车进行限速或停止运营，做好乘客的宣传、疏散、服务工作。

（4）防洪Ⅰ级响应　市气象台发布红色暴雨信号时，地铁公司启动防洪Ⅰ级响应。

防洪应急机构自动成立，各生产部门执行应急预案。公司领导及车务部领导线上值班，其他部门负责人24小时电话值班。环控调度员每30分钟检查一次水位报警信息和排水设备状态，发现异常立即组织处理。各部门安排人员到关键防洪部位检查值守，发现问题及时报告，在做好防护的前提下开展临时应急抢险工作。各专业防洪抢险救援队成员以最快速度赶赴抢险或赶赴集结驻点待命。各职能部门负责人以最快速度赶赴现场协助指挥，协调后勤、物资保障。发现危及行车安全时，对列车限速或停止运营，做好乘客的宣传、疏散、服务工作。水势蔓延有可能损害信号、通信轨旁设备时，将该区段轨旁设备进行拆卸或迁移至安全地方。

五、保障措施

1. 设备保障

（1）照明保障　当现场判断需要应急照明时，抢险队必须立即准备好专用电源、抢修灯及其他抢修工具、备品，立即携带抢险用品、用具进入现场。了解需要特殊照明的重点位置后，迅速从最近的隧道电源箱接取电源，提供现场照明网。抢修作业完成后，及时拆除临时照明，并检查其他机电设备，确认无行车隐患后，撤离现场。

（2）通讯保障　发生Ⅰ、Ⅱ防洪响应时，综合维修部要主动了解现场指挥部通信保障需求，根据各级领导或控制中心（OCC）的要求安排人员派送应急通信无线手持台，确保突发事件时现场通信顺畅。发生Ⅲ级及以下防洪响应时，综合维修部要根据各级领导或控制中心（OCC）的要求安排人员派送应急通信无线手持台，做好突发事件的通信保障。派送应急无线手持台人员到达突发事件现场后要到现场指挥部报到，听从现场指挥部人员安排，同时要将报到信息反馈至控制中心（OCC）。相关部门提供无线手持台，使用专用救援抢险频道，供防洪领导小组与现场处置指挥部联系使用。事故处理完毕后，清点收回抢修现场使用的临时通信设备，交还给相关部门，以备再次使用。

2. 后勤保障

当发生Ⅰ级响应水灾事件且抢险过程持续时间较长时，综合部应协调提供饮用水、工作餐，必要时准备一些简便药品，并按相关要求保障用车。

相关知识

随着运营里程和客流的快速增长，城市轨道交通安全运行压力日益加大。面对运营过程中发生的各类突发事件，需要及时、妥善应对，防止事态扩大升级，积极保障人民群众生命财产安全。为指导和提升城市轨道交通安全运营水平和应急处置能力，国务院办公厅于2015年颁布了《国家城市轨道交通运营突发事件应急预案》，交通运输部发布的《城市轨道交通运营突发事件应急处置管理办法》也于2019年11月1日起施行。城市轨道交通运营单位应在其指导下积极建设应急管理体系，有效预防、预测突发事件的发生，最大限度减少其可能造成的损失或负面影响。

该应急预案与应急处置办法均适用于城市轨道交通运营过程中发生的因列车撞击、脱轨，设施设备故障、损毁，以及大客流等情况，造成人员伤亡、行车中断、财产损失的突发事件。因地震、洪涝、气象灾害等自然灾害和恐怖袭击、刑事案件等社会安全事件以及其他因素影响或可能影响城市轨道交通正常运营的情形，则参照该应急预案与应急处置办法开展工作。

一、突发事件应急预案

1. 工作原则

运营突发事件应对工作坚持统一领导、属地负责，条块结合、协调联动，快速反应、科学处置的原则。

2. 组织指挥体系

（1）国家层面组织指挥机构　由交通运输部负责运营突发事件应对工作的指导协调和监督管理。

（2）地方层面组织指挥机构　由城市轨道交通所在地城市及以上地方各级人民政府负责本行政区域内运营突发事件应对工作，明确相应组织指挥机构。

（3）现场指挥机构　由负责运营突发事件处置的人民政府根据需要成立现场指挥部，负责现场组织指挥工作。

（4）运营单位　城市轨道交通运营单位是运营突发事件应对工作的责任主体，要建立健全应急指挥机制，完善应急预案体系，建立与相关单位的信息共享和应急联动机制。

（5）专家组　各级组织指挥机构及运营单位根据需要设立运营突发事件处置专家组，由城市交通各部门的专家组成，对运营突发事件处置工作提供技术支持。

3. 监测预警和信息报告

（1）监测和风险分析　城市轨道交通运营单位建立健全城市轨道交通运营监测体系，加大设施设备、环境状态、客流情况等的监测力度，定期排查安全隐患，开展风险评估，健全风险防控措施。当正常运营可能受到影响时，要及时报告当地城市轨道交通运营主管部门。

城市轨道交通运营主管部门加强日常监测，并会同公安、气象、水利等部门和运营单位建立健全定期会商和信息共享机制，收集各类风险信息并进行分析研判，对于可能导致运营突发事件的信息及时告知运营单位。

有关部门应及时将可能影响城市轨道交通正常运营的信息通报同级城市轨道交通运营主管部门。

（2）预警

1）预警信息发布。城市轨道交通系统内设施设备及环境状态异常可能导致运营突发事件时，运营单位要及时向相关岗位专业人员发出预警。

因突发大客流、自然灾害等原因可能影响城市轨道交通正常运营时，要及时报请当地城市轨道交通运营主管部门，通过电视、广播、报纸、互联网、手机短信、楼宇或移动电子屏幕、当面告知等渠道向公众发布预警信息。

2）预警行动。运营单位研判可能发生运营突发事件时，根据情况采取相应措施。

①防范措施：对于设施设备及环境状态预警，组织专业人员迅速检查确认并排除故障，并做好故障排除前的各项防范工作；对于突发大客流预警，及时调整运营组织方案，加强客流情况监测，在重点车站增派人员加强值守，做好客流疏导，视情况采取限流、封站等控制措施，必要时申请启动地面公共交通接驳疏运；对于自然灾害预警，加强地面线路、设备间、车站出入口等重点区域的检查巡视，加强重点设施设备的巡检紧固，加强重点区段设施设备的值守监测，做好相关设施设备停用和相关线路列车限速、停运准备。

②应急准备：应急救援队伍和人员进入待命状态，动员后备人员做好参加应急救援和处置工作准备，并调集运营突发事件应急所需物资、装备和设备，做好应急保障工作。

③舆论引导：预警信息发布后，及时公布咨询电话，加强相关舆情监测，主动回应社会公众关注的问题，及时澄清谣言传言，做好舆论引导工作。

3）预警解除。运营单位研判可能引发运营突发事件的危险已经消除时，宣布解除预警，适时终止相关措施。

（3）信息报告　运营突发事件发生后，运营单位应当立即向当地城市轨道交通运营主管部门和相关部门报告，同时通告可能受到影响的单位和乘客。

事发地城市轨道交通运营主管部门接到运营突发事件信息报告或者监测到相关信息后，应当立即进行核实，对运营突发事件的性质和类别做出初步认定，按照国家规定的时限、程序和要求向上级城市轨道交通运营主管部门和同级人民政府报告，并通报同级其他相关部门和单位。

运营突发事件已经或者可能涉及相邻行政区域的，事发地城市轨道交通运营主管部门应当及时通报相邻区域城市轨道交通运营主管部门。

事发地城市及以上地方各级人民政府、城市轨道交通运营主管部门应当按照有关规定逐级上报，必要时可越级上报。

对初判为重大以上的运营突发事件，省级人民政府和交通运输部要立即向国务院报告。

4. 应急响应

（1）响应分级　根据运营突发事件的严重程度和发展态势，将应急响应设定为Ⅰ级、Ⅱ级、Ⅲ级、Ⅳ级四个等级。

初判发生特别重大、重大运营突发事件时，分别启动Ⅰ级、Ⅱ级应急响应，由事发地省级人民政府负责应对工作。

初判发生较大、一般运营突发事件时，分别启动Ⅲ级、Ⅳ级应急响应，由事发地城市人民政府负责应对工作。

对跨城市运营的城市轨道交通线路，有关城市人民政府在建立跨区域运营突发事件应急合作机制时应明确各级应急响应的责任主体。对需要国家层面协调处置的运营突发事件，由有关省级人民政府向国务院或由有关省级城市轨道交通运营主管部门向交通运输部提出请求。

运营突发事件发生在易造成重大影响的地区或重要时段时，可适当提高响应级别。应急响应启动后，可视事件造成损失情况及其发展趋势调整响应级别，避免响应不足或响应过度。

（2）响应措施　运营突发事件发生后，运营单位必须立即实施先期处置，全力控制事件发展态势。各有关地方、部门和单位根据工作需要，组织采取以下措施。

1）人员搜救。调派专业力量和装备，在运营突发事件现场开展以抢救人员生命为主的应急救援工作。现场救援队伍之间要加强衔接和配合，做好自身安全防护。

2）现场疏散。按照预先制订的紧急疏导疏散方案，有组织、有秩序地迅速引导现场人员撤离事发地点，疏散受影响城市轨道交通沿线站点乘客至城市轨道交通车站出口；对城市轨道交通线路实施分区封控、警戒，阻止乘客及无关人员进入。

3）乘客转运。根据疏散乘客数量和发生运营突发事件的城市轨道交通线路运行方向，及时调整城市公共交通路网客运组织，利用城市轨道交通其余正常运营线路，调配地面公共交通车辆运输，加大发车密度，做好乘客的转运工作。

4）交通疏导。设置交通封控区，对事发地点周边交通秩序进行维护疏导，防止发生大范围交通瘫痪；开通绿色通道，为应急车辆提供通行保障。

5）医学救援。迅速组织当地医疗资源和力量，对伤病员进行诊断治疗，根据需要及时、安全地将重症伤病员转运到有条件的医疗机构加强救治。视情增派医疗卫生专家和卫生应急队伍、调配急需医药物资，支持事发地的医学救援工作。提出保护公众健康的措施建议，做好伤病员的心理援助。

6）抢修抢险。组织相关专业技术力量，开展设施设备等抢修作业，及时排除故障；组织土建线路抢险队伍，开展土建设施、轨道线路等抢险作业；组织车辆抢险队伍，开展列车抢险作业；组织机电设备抢险队伍，开展供电、通信、信号等抢险作业。

7）维护社会稳定。根据事件影响范围、程度，划定警戒区，做好事发现场及周边环境的保护和警戒，维护治安秩序；严厉打击借机传播谣言制造社会恐慌等违法犯罪行为；做好各类矛盾纠纷化解和法律服务工作，防止出现群体性事件，维护社会稳定。

8）信息发布和舆论引导。通过政府授权发布、发新闻稿、接受记者采访、举行新闻发布会、组织专家解读等方式，借助电视、广播、报纸、互联网等多种途径，运用微博、微信、手机应用程序（APP）客户端等新媒体平台，主动、及时、准确、客观地向社会持续动态发布运营突发事件和应对工作信息，回应社会关切，澄清不实信息，正确引导社会舆论。信息发布内容包括事件时间、地点、原因、性质、伤亡情况、应对措施、救援进展、公众需要配合采取的措施、事件区域交通管制情况和临时交通措施等。

9）运营恢复。在运营突发事件现场处理完毕、次生灾害后果基本消除后，及时组织评估；当确认具备运营条件后，运营单位应尽快恢复正常运营。

5. 后期处置

（1）善后处置　城市轨道交通所在地城市人民政府要及时组织制订补助、补偿、抚慰、抚恤、安置和环境恢复等善后工作方案并组织实施。组织保险机构及时开展相关理赔工作，尽快消除运营突发事件的影响。

（2）事件调查　运营突发事件发生后，按照《生产安全事故报告和调查处理条例》等有关规定成立调查组，查明事件原因、性质、人员伤亡、影响范围、经济损失等情况，提出防范、整改措施和处理建议。

（3）处置评估　运营突发事件响应终止后，履行统一领导职责的人民政府要及时组织

第五章　安全制度管理

对事件处置过程进行评估，总结经验教训，分析查找问题，提出改进措施，形成应急处置评估报告。

6. 保障措施

（1）通信保障　城市轨道交通所在地城市及以上地方人民政府、通信主管部门要建立健全运营突发事件应急通信保障体系，形成可靠的通信保障能力，确保应急期间通信联络和信息传递需要。

（2）队伍保障　运营单位要建立健全运营突发事件专业应急救援队伍，加强人员设备维护和应急抢修能力培训，定期开展应急演练，提高应急救援能力。公安消防、武警部队等要做好应急力量支援保障。根据需要动员和组织志愿者等社会力量参与运营突发事件防范和处置工作。

（3）装备物资保障　城市轨道交通所在地城市及以上地方人民政府和有关部门、运营单位要加强应急装备物资储备，鼓励支持社会化储备。城市轨道交通运营主管部门、运营单位要加强对城市轨道交通应急装备物资储备信息的动态管理。

（4）技术保障　支持运营突发事件应急处置先进技术、装备的研发。建立城市轨道交通应急管理技术平台，实现信息综合集成、分析处理、风险评估的智能化和数字化。

（5）交通运输保障　交通运输部门要健全道路紧急运输保障体系，保障应急响应所需人员、物资、装备、器材等的运输，保障人员疏散。公安部门要加强应急交通管理，保障应急救援车辆优先通行，做好人员疏散路线的交通疏导。

（6）资金保障　运营突发事件应急处置所需经费首先由事件责任单位承担。城市轨道交通所在地城市及以上地方人民政府要对运营突发事件处置工作提供资金保障。

二、突发事件应急演练

1. 应急演练的原则

运营突发事件应急演练应遵循全面覆盖、总专结合、协同联动、有效融合的原则。

2. 应急演练的职责

（1）运营主管部门　城市轨道交通运营主管部门依法承担职责范围内本行政区域运营突发事件应急演练的组织实施和监督管理工作。

对跨城市运营的城市轨道交通线路，线路所在城市的城市轨道交通运营主管部门应联合建立运营突发事件应急演练协调机制。

城市轨道交通运营主管部门应根据城市专项应急预案、部门应急预案，组织完善运营突发事件应急处置体系，协调建立健全部门间应急处置联动机制，并细化行业内部的职责分工和工作要求等。

（2）运营单位　城市轨道交通运营单位应建立城市轨道交通运营突发事件综合应急预案、专项应急预案和现场处置方案。运营单位综合应急预案、专项应急预案应报城市轨道交通运营主管部门备案。新编制或修订的，应在预案生效20个工作日内报城市轨道交通运营主管部门。

3. 应急演练内容

（1）综合应急预案　城市轨道交通运营单位综合应急预案应与政府层面的专项应急预

案相衔接，总体阐述本单位运营突发事件的应急工作原则、应急组织机构及职责、专项应急预案体系、预警及信息报告、应急响应及保障措施等内容。

（2）专项应急预案　城市轨道交通运营单位专项应急预案应针对重大风险、关键设施设备故障等某一类型或某几种类型的运营突发事件，明确风险分析、应急指挥机构及职责、处置程序和措施等内容。专项应急预案应至少涵盖以下重点内容，并开展演练。

1）列车脱轨、撞击、冲突、挤岔。

2）土建结构病害、轨道线路故障。

3）异物侵限、车站及线路淹水倒灌。

4）车辆故障、供电中断、通信中断、信号系统故障。

5）突发大客流、客伤。

6）列车、车站公共区、区间及主要设备房等区域火灾。

7）网络安全事件。

（3）现场处置方案　城市轨道交通运营单位现场处置方案应根据不同运营突发事件类型，针对具体的场所、设施设备等明确现场作业人员的应急处置流程、处置措施、安全注意事项等内容。关键岗位的现场处置方案应至少涵盖以下重点内容，并开展经常性演练。

1）行车调度员：列车事故/故障、列车降级运行、列车区间阻塞、设施设备故障清客、火灾、临时调整行车交路、线路运营调整及故障抢修、道岔失表等。

2）电力调度员、环控调度员：大面积停电、供电区段失电、电力监控系统离线、区间火灾、区间积水等。

3）列车司机：列车事故/故障、列车降级运行、区间乘客疏散、列车连挂救援、非正常交路行车等。

4）行车值班员：非正常情况下的行车进路办理、列车接发作业、道岔失表、车站乘客疏散、抢修作业办理、火灾、客伤等。

5）车站服务人员：大客流组织、乘客应急疏散、火灾、客伤、站台门故障等。

6）设施设备维护人员：土建结构、轨道线路、车辆、供电、通信、信号等关键设施设备故障抢修。

4. 应急演练频次

（1）运营主管部门组织的应急演练　城市轨道交通运营主管部门应在城市人民政府领导下，会同公安、应急管理、卫生等部门开展专项应急预案演练、部门应急预案演练。演练应设置具体场景，每年至少组织一次实战演练，重点磨合和检验各单位和部门间的协同联动机制等，专项应急预案演练与部门应急预案演练可合并开展。

对跨城市运营的城市轨道交通线路，线路所在城市的城市轨道交通运营主管部门每3年至少组织一次联合应急预案演练。

（2）运营单位组织的应急演练

1）综合应急预案。城市轨道交通运营单位综合应急预案演练应依托专项应急预案，每半年至少组织一次实战演练，重点检验运营单位各部门、应急救援组织及相关单位间的协同联动机制。城市内有多家运营单位的,运营单位之间应针对换乘线路每年至少组织一次联合应急预案演练。

2) 专项应急预案。城市轨道交通运营单位每半年至少组织一次专项应急预案演练。每个专项应急预案每 3 年至少演练一次。年度应急演练计划中实战演练比例不得低于 70%。鼓励采用事前不通知演练时间、地点和内容的突击式演练。

运营单位综合和专项年度应急演练计划应在确定后的 20 个工作日内报城市轨道交通运营主管部门。

3) 现场处置方案。城市轨道交通运营单位应根据岗位特点和运营需要,有针对性地加强重点岗位、重点内容的演练,磨合和检验作业人员现场处置能力。现场处置方案演练应纳入日常工作常态化开展,每个班组每年应将有关的现场处置方案至少全部演练一次,不同现场处置方案的演练可合并开展。

鼓励在收车阶段开展列车降级运行演练;在运营结束后开展列车区间阻塞、列车火灾、车站火灾、站台门及车门故障等演练。

5. 应急演练方式

(1) 做好组织协调工作 城市轨道交通运营单位应根据演练计划统筹安排应急演练经费,并纳入本单位安全生产费用,做好人员、场地、物资器材的筹备保障和有关沟通协调工作,确保应急演练工作安全有序开展。

在演练过程中,演练组织部门(城市轨道交通运营主管部门和运营单位)应注重发挥智能管理系统应急指挥协同作用,加强信息获取和传递的时效性。

(2) 鼓励公众参与演练 涉及可能对社会公众和正常运营造成影响的演练,运营单位要提前评估,落实安全防护措施,并提前对外发布宣传告知信息。

鼓励邀请"常乘客"、志愿者等社会公众参与应急演练,对参与应急演练的社会公众,应提供必要的培训和安全防护。

(3) 设立国家级城市轨道交通应急演练中心 交通运输部在具备条件的运营单位、科研院所、职业院校等单位,分区域组织设立国家级城市轨道交通应急演练中心。

国家级城市轨道交通应急演练中心应具备开展运营突发事件应急演练的线路、站场、相关专业设施设备系统、应急物资和安全防护设施等基础条件,具有采用三维场景构建、虚拟现实技术等建立的应急演练专用仿真系统。

鼓励运营单位在国家级城市轨道交通应急演练中心组织开展拉练式实战演练,特别是针对列车脱轨、列车冲突、接触网事故、列车火灾等具有破坏性的、运营单位不具备开展实战演练条件的专项演练项目。

交通运输部适时组织区域内不同运营单位开展运营突发事件应急演练交流。

6. 应急演练评估与整改

(1) 演练评估

1) 评估方式。演练组织部门应当建立健全应急演练评估工作机制,全面评估应急演练工作,及时总结经验教训。

政府专项、部门应急预案演练和运营单位综合、专项应急预案演练应形成演练评估报告。运营单位现场处置方案演练可通过现场总结和点评的方式开展评估。

鼓励邀请行业专家或委托第三方机构开展演练评估工作。运营单位应对行业专家或第三方机构评估人员开展工作提供便利及必要的安全保障措施。

2）对评估人员的要求。评估人员应当具备相应专业技能和工作经验，提前熟悉相关应急预案、演练实施方案和管理制度，全程观察研判应急演练开展情况，独立、客观地开展评估工作。

3）评估内容。演练评估内容应包括演练准备、组织与实施的效果、演练主要经验、演练中发现的问题和意见建议等，重点包括应急预案是否科学、联动组织是否高效、人员操作是否熟练、应急保障是否充分等。

（2）演练整改

1）公布评估报告。演练组织部门应将评估报告向参演人员和相关单位公布，反馈演练中发现的问题并及时整改。涉及应急处置机制、作业标准、操作规程和管理规定等有缺陷的，应在3个月内修订完善相关预案和制度。

评估报告中涉及其他单位、部门的应急预案及应急准备完善建议，应及时反馈相关单位和部门。

2）建立演练档案库。演练组织部门应当建立应急演练档案库，以电子文档等方式妥善保存演练工作计划、实施方案、记录材料、评估报告等资料。

3）形成演练总结报告。运营单位应在年度演练计划周期结束后20个工作日内，将演练总结报告报送城市轨道交通运营主管部门。演练总结报告应包括演练计划完成情况、演练总体评估情况及整改情况等内容。

城市轨道交通运营主管部门应对运营单位应急演练工作情况开展监督，重点检查运营单位演练计划落实情况、演练记录、演练评估和整改情况等，对于未按规定开展应急演练、演练流于形式或弄虚作假的，要及时督促整改并纳入相关考核。

城市轨道交通初期运营前安全评估

新建城市轨道交通工程项目初期运营前安全评估，改扩建城市轨道交通工程项目和城市轨道交通甩项工程需进行初期运营前安全评估时，均执行交通运输部发布的《城市轨道交通初期运营前安全评估管理暂行办法》（2019年7月1日起施行）。

城市轨道交通工程项目未经竣工验收合格不得开展初期运营前安全评估，未通过初期运营前安全评估不得投入初期运营。

初期运营前安全评估工作由城市轨道交通运营主管部门负责组织第三方安全评估机构实施。第三方安全评估机构应当依据交通运输部于2019年发布的《城市轨道交通初期运营前安全评估技术规范》开展评估工作。

通过初期运营前安全评估并且发现的问题整改到位后，城市轨道交通运营主管部门依法向城市人民政府报告评估情况并申请办理初期运营手续，运营单位与建设单位签订运营接管协议，正式接管线路调度指挥权、设备使用权、属地管理权，并向社会公告开通时间和运营安排。城市轨道交通运营主管部门应当在线路开通初期运营后1个月内，将初期运营前安全评估报告、评估发现问题整改情况以及线路初期运营时间、线路制式、里程、车站数、换乘车站数、配属车辆数、车辆类型、列车编组等运营基本情况报省级交通运输主管部门和交通运输部。

理论复习

一、填空题

1. 城市轨道交通运营单位应建立_____和_____的双重预防制度。
2. 城市轨道交通运营安全风险等级从高到低划分为_____、_____、_____、_____四个等级。
3. 城市轨道交通运营安全隐患分为_____和_____两个等级。
4. 城市轨道交通运营险性事件分为_____事故、_____事故、_____事故和_____事故。
5. 中断行车是指线路中有_____及以上车站或区间发生单向行车中断。
6. 根据运营突发事件的严重程度和发展态势，将应急响应设定为_____、_____、_____、_____四个等级。
7. 运营单位应建立城市轨道交通运营突发事件_____应急预案、_____应急预案和_____方案。

二、简答题

1. 什么是城市轨道交通运营安全风险管控？
2. 什么是城市轨道交通运营安全隐患排查治理？
3. 什么是列车脱轨？
4. 什么是列车冲突？

实践训练

1. 去所在城市某地铁站的站厅层，观察各种客运设备的设置、安检人员的作业、客运站务员作业等，分析是否存在客运方面的安全隐患。
2. 去所在城市某地铁站的站台层，观察各种行车设备的设置、行车站务员作业等，分析是否存在行车方面的安全隐患。

参 考 文 献

[1] 李宇辉. 城市轨道交通应急处理 [M]. 北京：人民交通出版社，2011.

[2] 阎国强，仇海兵. 城市轨道交通概论 [M]. 2 版. 北京：人民交通出版社，2012.

[3] 仇海兵，汪成林. 城市轨道交通车站设备 [M]. 2 版. 北京：人民交通出版社，2012.

[4] 耿幸福，宁斌. 城市轨道交通运营安全 [M]. 2 版. 北京：人民交通出版社，2012.

[5] 徐新玉. 城市轨道交通运营管理规章 [M]. 北京：人民交通出版社，2011.

[6] 耿幸福，车广侠，刘卫民. 城市轨道交通行车组织 [M]. 2 版. 北京：人民交通出版社，2012.

[7] 李显川，丁洪东. 城市轨道交通车辆运用 [M]. 北京：电子工业出版社，2012.

[8] 永秀. 城市轨道交通车站运作管理 [M]. 北京：机械工业出版社，2012.

[9] 牛凯兰，牛红霞. 城市轨道交通行车组织 [M]. 北京：机械工业出版社，2009.

[10] 李建国. 城市轨道交通系统概论 [M]. 3 版. 北京：机械工业出版社，2019.

[11] 裴瑞江. 城市轨道交通客运组织 [M]. 2 版. 北京：机械工业出版社，2014.

[12] 何宗华，汪松滋，何其光. 城市轨道交通运营组织 [M]. 北京：中国建筑工业出版社，2003.

[13] 李晓江. 城市轨道交通技术规范实施指南 [M]. 北京：中国建筑工业出版社，2009.

[14] 上海申通地铁集团有限公司轨道交通培训中心. 城市轨道交通设备调度 [M]. 北京：中国铁道出版社，2011.

[15] 马国龙. 城市轨道交通安全管理 [M]. 北京：中央广播电视大学出版社，2010.